Care und Migration

Ursula Apitzsch
Marianne Schmidbaur (Hrsg.)

Care und Migration

Die Ent-Sorgung menschlicher
Reproduktionsarbeit entlang
von Geschlechter- und Armutsgrenzen

Verlag Barbara Budrich
Opladen & Farmington Hills, MI 2010

Bibliografische Information der Deutschen Nationalbibliothek
Die Deutsche Nationalbibliothek verzeichnet diese Publikation in der Deutschen
Nationalbibliografie; detaillierte bibliografische Daten sind im Internet über
http://dnb.d-nb.de abrufbar.

*Ufa
Cat / 100*

Gedruckt auf säurefreiem und alterungsbeständigem Papier.

Alle Rechte vorbehalten.
© 2010 Verlag Barbara Budrich, Opladen & Farmington Hills, MI
www.budrich-verlag.de

ISBN   978-3-86649-326-1

Umschlaggestaltung: disegno visuelle kommunikation, Wuppertal – www.disenjo.de
Satz und Layout: D.A.S.-Büro Schulz, Zülpich
Druck: paper & tinta, Warschau
Printed in Europe

Vorwort

Das vorliegende Buch geht auf die Idee zurück, zwei Forschungsschwerpunkte im Cornelia Goethe Centrum für Frauenstudien und die Erforschung der Geschlechterverhältnisse (CGC) der Goethe-Universität Frankfurt am Main zusammenzuführen: ‚Care' und ‚Migration'. In beiden Forschungsschwerpunkten geht es um gesellschaftlich brisante Probleme. Gegenstand des Forschungsfeldes ‚Care' sind wissenschaftliche Analysen und die Entwicklung politischer Konzepte u.a. in den Bereichen Kinderbetreuung, Sorge für alte und hochbetagte Menschen oder der Bewältigung vorübergehend erhöhten Hilfebedarfs in besonderen Lebenssituationen. Darüber hinaus zielt die an Untersuchungen und Forderungen historischer sowie aktueller feministischer Bewegungen orientierte Forschung auf die gesellschaftliche Anerkennung und geschlechtergerechte Verteilung von ‚Care-Aufgaben', generell auf gesamtgesellschaftliche Strukturen und Prozesse der Sorge und Fürsorge. Die Migrationsforschung im CGC analysiert, wie Migrationen eine zunehmend globalisierte Welt prägen. Fragen der Integration und des wechselseitigen Einflusses von Herkunfts- und Ankunftsgesellschaften im Kontext von Geschlechter- und Generationenverhältnissen sind Schwerpunkte der Forschung. Eine aktuelle empirische Beobachtung wurde schlaglichtartig zum Ausgangspunkt der Verknüpfung von Care und Migration: Wanderungsbewegungen aus armen in reiche Länder tragen dazu bei, die Care-Krise in westlichen Ländern zu entschärfen. Dabei begegnen die neuen, häufig illegal beschäftigten Care-Arbeiterinnen und -Arbeiter einer doppelten Diskriminierung: Sie werden als Beschäftigte in einem durch prekär gewordene Geschlechterarrangements widersprüchlich geglätteten, gesellschaftlich ‚hoch geschätzten' und zugleich missachteten Arbeitsfeld einerseits und als Migrantinnen und Migranten andererseits gering bezahlt und unsichtbar gemacht.

Die gemeinsame Diskussion führte zu weiteren Anschlussstellen und Verknüpfungen. Ein erstes Ergebnis dieser Debatten war die Planung und Durchführung einer internationalen Konferenz ‚Care+Migration' im April 2009, die auf ein außerordentliches, internationales Interesse stieß. Vertreten waren nicht nur Wissenschaftlerinnen und einige wenige Wissenschaftler, sondern auch Vertreterinnen und Vertreter von Nichtregierungsorganisationen und Gleichstellungsstellen, Bildungseinrichtungen, Medien und last, but not least Migrantinnen und Migranten, die gekommen waren, um ihre Erfahrungen in die Konferenz einzubringen. An die Vorträge in deutscher und englischer Sprache schlossen sich lebhafte Diskussionen an.

Um weitere Diskussionen zu unterstützen und Repliken und Querverweise zu fördern, haben wir die Zweisprachigkeit für diese Veröffentlichung beibehalten. Für das Buch, das nach der internationalen Konferenz das zweite Ergebnis der Verknüpfung der Forschungsschwerpunkte ,Care' und ,Migration' im CGC darstellt, konnten wir nicht nur eine große Anzahl der Konferenzreferentinnen gewinnen, die hier die Debatten der Tagung einbeziehende und zum Teil neue, weiterführende Beiträge veröffentlichen. Sondern es ist uns darüber hinaus gelungen, weitere namhafte Autorinnen für unsere Fragestellungen zu interessieren. Ein dritter Schritt ist bereits in Vorbereitung: Die Diskussion wird im Rahmen des Jubiläumskongresses der Deutschen Gesellschaft für Soziologie im Oktober 2010 in Frankfurt am Main in einer Plenarveranstaltung zum Thema „Die transnationale Neuformierung der Geschlechterordnung" fortgesetzt werden.

Allen, die mit ihren Vorträgen, Diskussionsbeiträgen und Aufsätzen für dieses Buch dazu beigetragen haben, das Thema ,Care+Migration' zu beleuchten, indem sie ihre Forschungsergebnisse einbrachten oder mit eigenen Erfahrungen Analysen und politische Folgerungen untermauerten, möchten wir an dieser Stelle sehr herzlich danken. Unser besonderer Dank gilt Kyoko Shinozaki für die Mitwirkung an der Vorbereitung und Durchführung der Konferenz sowie dem Organisationsteam des CGC und des Lehrstuhls Soziologie/Politologie im Schwerpunkt Kultur und Entwicklung: Stefan Fey, Stefica Fiolic, Darja Klingenberg, Barbara Kowollik und Anke Ptak. Außerdem danken wir für die finanzielle Unterstützung dem Hessischen Ministerium für Wissenschaft und Kunst, das die Konferenz durch eine Förderung aus dem Forschungsschwerpunkt „Fokus Geschlechterdifferenzen" unterstützt hat, sowie dem Förderkreis des Cornelia Goethe Centrums und den Freunden und Förderern der Goethe-Universität Frankfurt a. M. Namentlich gilt unser Dank besonders Monika Völker, Gisela Brackert und Barbara Ulreich sowie Andrea von Bethmann, Barbara David und Gerhild Frasch, die unsere Arbeit beständig nicht nur materiell, sondern auch inhaltlich engagiert begleitet haben.

Frankfurt, August 2010   Ursula Apitzsch
                                                             Marianne Schmidbaur

Inhaltsverzeichnis

Teil I:
Care und Migration –
die Hinterbühne des
globalen freien Marktes

1 Care und Reproduktion. Einleitung

Ursula Apitzsch/Marianne Schmidbaur

Internationale Debatten um ‚Care', enger gefasst als Betreuung, Sorge und Fürsorge oder weit umrissen mit den drei C's, ‚cooking, cleaning and caring', haben inzwischen die Auseinandersetzung mit dem Konzept der ‚Reproduktion' fast ersetzt. In den 1960er und 1970er Jahren argumentierte die feministische Kritik mit und gegen Engels und Marx und wider die gesellschaftliche Präferenz der Produktionsverhältnisse für die Zentralität der lebenserhaltenden Reproduktion, der „Erzeugung von Lebensverhältnissen, Nahrung, Kleidung, Wohnung" und der „Erzeugung von Menschen selbst", der „Fortpflanzung der Gattung", wie Engels es formulierte (Engels 1975/ 1884: 28).

Die Geringschätzung der Arbeiten und Tätigkeiten in der Reproduktionssphäre wurde von Engels und Marx geteilt, sonst hätten sie einer Theorie der Reproduktion mehr Aufmerksamkeit gewidmet. Vielleicht hätten sie dafür auch einen anderen Begriff gefunden. Aber – es bleibt ihre revolutionäre Einsicht, dass nicht nur die Erzeugung der Menschen selbst, sondern auch Nahrung, Kleidung und Wohnung essentiell sind und auch in kapitalistischen Gesellschaften offenbar anderen Regeln unterliegen als denen, die für die Produktion und Zirkulation von Waren gelten. Dass diese irgendwie andere Sphäre überwiegend von Frauen gestaltet wird, machte es sicher nicht leichter, quere Wirkungsmechanismen, die in kapitalistischen Wirtschafts- und Herrschaftsverhältnissen nicht aufgehen, zu durchschauen und in eine stimmige Gesellschaftsanalyse einzubauen. Einerseits, so ist zusammenfassend festzustellen, brachten Engels und Marx mit der Beschreibung gesellschaftlicher Reproduktionsverhältnisse eine in der Moderne zur Unsichtbarkeit verurteilte gesellschaftliche Sphäre ins Licht, andererseits blieb sie untertheoretisiert, im Biologischen verhaftet und dem gesellschaftlichen Verhältnis von Kapital und Arbeit nachgeordnet.

> „Marx did not investigate the organisation of (biological or sexual) reproduction itself. Birth, family arrangements and so on were seen as part of the means by which society produced 'labour-power', such that the family's future labourers are important rather than the production of prior organisation of production." (Hearn 1987: 36)

Frauenbewegungen und feministische Theoretikerinnen der 1970er und 1980er Jahre entwickelten vor allem drei Konzepte in der Auseinandersetzung mit dem marxistischen Konzept des Reproduktionsbereichs: Die einen argumentierten, dass auch Haushaltsarbeiten und die Erhaltung der Gattung nicht als ‚Natur', sondern als produktive Tätigkeiten zu begreifen sind, darüber hinaus wurde festgehalten, dass ‚direkte Löhne' in der Moderne national verfasst in der Regel auch ‚indirekte Löhne' wie Sozialleistungen und Bildungsinvestitionen beinhalten – zum Nachteil für Alleinerziehende und MigrantInnen –, schließlich wurde betont, dass eine kapitalistische Gesellschaft ohne kapitalistisch nicht verwertbare Ressourcen überhaupt nicht funktionieren könne. Alle drei Strömungen kritisierten die gesellschaftliche Geringschätzung der ‚Reproduktion', ob in der Form von ‚Natur', von ‚Arbeitsbedingungen' oder von ‚Emotionen'.

Seit den 1990er Jahren wird in der feministischen Theorie immer weniger von ‚Reproduktion' und immer mehr von ‚Care' gesprochen. ‚Reproduktion' wurde als „männliche Ideologie" (Jaggar/McBride 1989) kritisiert, als ein Konzept, das die Distinktion und Nachordnung von subsistenzerhaltenden (‚reproduktiven') Tätigkeiten und die Hierarchie von ‚männlichen' und ‚weiblichen' Sphären befestigt, statt der Tatsache ins Auge zu sehen, dass Erzeugung und Erhaltung immer zusammen gehören und nicht nach Geschlechtern getrennt werden können.

Das ist eine substanzielle und zentrale Kritik. Aber – obwohl theoretisch nicht weiter verfolgt –, es bleibt das Reproduktionskonzept präsent. Die Debatte um ‚Care' hat das Konzept ‚Reproduktion' eben nur *fast* ersetzt. Wie kommt es zu dieser Verschiebung? Und wie kommt es dazu, dass der Begriff der ‚Reproduktion' trotz aller Kritik immer wieder durchdringt? Was geht verloren, wenn allein von ‚Care' die Rede ist?

Unsere These ist: Bei der Auseinandersetzung mit ‚Care' geht es um Sorge und Fürsorge, es geht um Haushaltstätigkeiten und um die Verteilung von Aufgaben, es geht um Gerechtigkeit und Ungerechtigkeit in Bezug auf Wertschätzung und Bezahlung und es geht um Ressourcen, die anscheinend ‚natürlich' vorhanden sind, die ganz offensichtlich aber auch knapp werden können. Darüber hinaus geht es um gesellschaftspolitische Fragen und um Ökonomie, denn es ‚lohnt' sich, zu sorgen – in ethischer wie in wirtschaftlicher Hinsicht. Was im Konzept von Care in der gesamten Debatte immer wieder benannt wird, jedoch untertheoretisiert bleibt, ist die Tatsache, dass Care-Arbeit nicht nur die soziale Einbettung von Produktion darstellt, nicht nur ein *Teil* des sozialen Lebens ist, sondern dass diese Tätigkeit selbst außerordentlich zentrale gesellschaftliche Produktion ist, nämlich die Produktion der *Form* des gesellschaftlichen Lebens selbst, die immer Reproduktion ist (Hearn 1987: 58). Um diese bedeutende Erkenntnis festzuhalten, bleibt der Begriff der Reproduktion neben dem von Care unverzichtbar.

Es ist zu fragen, was mit dieser reproduktiven Form gesellschaftlichen Lebens geschieht, wenn sie sich immer wieder unter der Bedingung kapitalistischer Waren-Produktion vollzieht. Die amerikanische Soziologin *Arlie Hochschild* hat in ihren Arbeiten dazu die weitestgehenden theoretischen Überlegungen angestellt. Sie hat mehrere der wesentlichen Auswirkungen auf die Entwicklung des Kapitalismus selbst benannt. Zum einen hat sie in ihrem zusammen mit Barbara Ehrenreich herausgegebenen Buch „Global woman" (2002) die Folgen der weltweiten „gender revolution" (ebd.: 3) beschrieben, die darin besteht, dass in reichen wie in armen Ländern immer weniger Familien entsprechend dem Modell des männlichen Familienernährers leben können und wollen und Frauen in großer Zahl die Arbeitsmärkte erreichen. Dieser Prozess dauert bereits seit Jahrzehnten an. Das neue Phänomen des globalen Kapitalismus ist die große Zahl weiblicher Migrantinnen aus weit entfernten Regionen der Welt, die die traditionell schlecht bezahlte Care-Arbeit in den Haushalten übernehmen. Zugleich wird von Hochschild die immer intensivere Subsumtion der privaten Sphäre unter die Bedingungen der Reproduktion des Kapitals in der Weise beschrieben, dass immer mehr Stunden des Lebens insbesondere von Frauen am Arbeitsplatz außerhalb der Wohnung verbracht werden und dass andererseits die private Sphäre immer mehr von den Anforderungen der beruflichen Arbeit überformt wird. Der Untertitel der deutschen Ausgabe ihres Werkes „The Time Bind" lautet entsprechend: „Wenn die Firma zum Zuhause wird und zu Hause nur Arbeit wartet" (Hochschild 2002). Für die USA hat sie aufgezeigt, dass notwendigerweise als Kompensation eine Form des „emotional capitalism" entsteht, in dem die den Menschen für das emotionale Leben verbleibende geringe „quality time" selbst zunehmend fremdbestimmt produziert wird. „Vor diesem Hintergrund bieten Dienstleister und die Werbung den Menschen an, sich das Familienleben, das ihnen erst geraubt wurde, Stück für Stück wieder zurückzukaufen" (Hochschild 2006: 8) durch Agenturen für Geburtstagsplaner, Heiratsplaner, Dating-Planer usw.

In ihrem Beitrag im vorliegenden Band führt Arlie Hochschild nun die verschiedenen Stränge ihrer Argumentation zusammen und fokussiert sie in dem neuen beängstigenden Phänomen der transnationalen Leihmütter, der „Surrogate Mothers". Während in der traditionellen Familie Kinderreichtum oder Kinderlosigkeit als Schicksal begriffen wurden, wird die Forderung nach dem Recht auf das eigene Kind im „emotional capitalism" für viele – auch homosexuelle – Paare zu einem wichtigen Merkmal eines erfüllten Lebens. Dieses erfüllte Leben wird durch jene Menschen auf der „Hinterbühne" des globalen, kapitalistischen freien Marktes möglich gemacht, die

nicht nur ihrerseits lange Reisen aus der globalen Peripherie auf sich nehmen, um die Kinder auf der Vorderbühne in der Ersten Welt durch ihre emotionale Zuwendung zu versorgen, sondern zu denen umgekehrt zunehmend
Paare aus den reichen Ländern kommen, um bei ihnen das eigene Kind gegen
Bezahlung austragen zu lassen. Im Falle der Unfruchtbarkeit eines oder beider Partner mit Kinderwunsch stehen in indischen Reproduktionskliniken
ganz legal auch Eispenden und Spermien zur Verfügung, die nach Katalog
ausgesucht und gekauft werden können. Menschliche Reproduktion im eng-
sten biologischen Sinn, die Herstellung eines Wunschkindes, wird so zur ulti-
mativen Ware auf einem globalen „freien" Markt. Im Unterschied zu den be-
fremdlichen Visionen von Aldous Huxley und Margaret Atwood handelt es
sich bei dem Export menschlicher Reproduktion aus der Familie in die
Fruchtbarkeitsfabrik nun nicht mehr um brutale Aktionen übermächtiger
terroristischer staatlicher Akteure, sondern um „freie" Aushandlungen zwischen Verkäufern und Klienten auf einem globalen „freien" Markt, auf dem
alle Handlungen von den Subjekten als „freiwillig" qualifiziert werden. Arlie
Hochschild weist darauf hin, dass solche Situationen oft als „win-win"-Situa-
tionen beschrieben werden, in denen alle Partner Vorteile gewinnen, dass es
sich aber hier tatsächlich um den emotionalen Gewinn der Klienten sowie
den materiellen Gewinn insbesondere dritter Parteien handelt, nämlich den
der Vermittlungsagenturen und Kliniken sowie der Staaten, die deren Gewinn wiederum mit Steuern belegen. Der Verkäuferin ihrer Gebärmutter und
ihrer Lebenszeit bleibt als „Gewinn" die Möglichkeit der Reproduktion auch
des eigenen Lebens und des Lebens ihrer Familienangehörigen, das jedoch
zum Anhängsel einer neuen Art von Produktion im emotionalen Kapitalismus geworden ist.

   Die Frage ist, ob es sich hier um eine fatale, nicht mehr steuerbare Entwicklung eines entlaufenen globalen Kapitalismus handelt oder ob alternative Regulierungen denkbar sind. In vielen Staaten – so der Bundesrepublik –
ist Leihmutterschaft verboten, und die Tätigkeit von ‚care workers' aus der
Dritten Welt ist in vielen Fällen illegal. Helfen solche Regulierungen den
Betroffenen?

   Arlie Hochschild eröffnet mit ihrem Beitrag eine breite theoretische und
politische Auseinandersetzung, die in den folgenden Schwerpunkten des
Buches weiter aufgefächert wird. Im Abschnitt ‚*Care-Debatten – Care-Defi-
zite*' (Brückner, Jurczyk, Rerrich) geht es um das Konzept ‚Care' und die
Entwicklung der feministischen Debatte in den westlichen Industrieländern,
ihre Bedingungen, mangelnde Wertschätzung (im doppelten Sinne des Wor-
tes) auf der einen Seite und die zivilgesellschaftliche ‚Lösung' der Care-
Krise durch die meist irreguläre Beschäftigung von Migrantinnen auf der
anderen Seite. ‚Care' und ‚Reproduktionsarbeit' wird so entlang von Ge-

schlechter- und Armutsgrenzen neu verteilt. Wie jedoch sind geschlechtergerechte Konzepte zu denken, die soziale und politische Rechte für alle, die
‚Care-Arbeit‘ leisten, in Anschlag bringen? Der Abschnitt ‚*Citizenship und
Geschlechtergerechtigkeit*‘ (Gerhard, Apitzsch, Parreñas) befasst sich mit der
Frage, wie ein neues Konzept von Citizenship den Subjekten selbst helfen
kann, ihre schwache und daher ausbeutbare Situation zu verbessern. Im Mittelpunkt des Abschnitts ‚*Haushaltsarbeit und Migration*‘ (Lutz/Palenga-Möl-
lenbeck, Karakayalı, Satola, Schwenken) stehen konzeptionelle Analysen
und Fallbeispiele sowie transnationale Organisierungsprozesse. Der Begriff
‚Haushaltsarbeit‘ (Geissler 2002: 31) fasst ‚Hausarbeit‘, ‚Pflege‘ und ‚Erziehungsarbeit‘ zusammen und lenkt den Blick darauf, dass sich in diesem Abschnitt der Fokus von normativen Fragen auf die empirisch-analytische Ebene sowie konkrete politische Initiativen verschiebt.

1.1   Care-Debatten – Care-Defizite

Margrit Brückner gibt einen umfassenden, differenzierten Überblick zu Wur-
zeln, Themen und Schwerpunkten feministischer Debatten. Sie definiert
‚Care‘ als den gesamten Bereich weiblich konnotierter, personenbezogener
Fürsorge und Pflege, d.h. familialer und institutionalisierter Aufgaben der
Versorgung, Erziehung und Betreuung. Ausgehend von Fragen der Umverteilung, Anerkennung und Teilhabe skizziert sie Care-Diskurse in Deutschland, Großbritannien, Skandinavien und den USA und stellt aktuelle Diskus-
sionsschwerpunkte und Forschungsdesiderate vor. Eine Herausforderung ist
die Auseinandersetzung mit Care und Migration insbesondere im Hinblick
auf Illegalität, Rückwirkungen der Beschäftigung ausländischer MigrantInnen auf die Situation in ihren Heimatländern sowie die Gewährung sozialer
Bürgerrechte für alle, die Care-Aufgaben übernehmen. Durchgängig thematisiert Brückner zwei miteinander zusammenhängende Felder der Care-Debatte: bezahlte wie unbezahlte „Care-Leistungen“ im Kontext sozialer Sicherung
auf der einen Seite und ethisch-normative Aspekte auf der anderen Seite. In
ihrer Bilanz zum Beitrag der Care-Debatte im Ringen um soziale Gerechtigkeit im Geschlechterverhältnis hebt sie hervor, dass es der feministischen
Care-Debatte gelungen ist, einen erweiterten Arbeitsbegriff zu etablieren und
Forderungen nach angemessener Entgeltung und sozialstaatlicher Einbeziehung auf die Tagesordnung zu bringen. Ambivalent sind dagegen Bemühungen zur Lösung des Care-Defizits durch illegalisierte Niedriglohnarbeit von
Migrantinnen und die neoliberale Restrukturierung personenbezogener sozia-

ler Dienstleistungen einzuschätzen. Als Misserfolg schließlich wertet sie den bislang vergeblichen Versuch, Männer stärker an Care-Aufgaben zu beteiligen.

Karin Jurczyk knüpft an Entstehungsbedingungen von Care-Defiziten an. Sie analysiert die ‚doppelte Entgrenzung' von Erwerbsarbeit auf der einen Seite und Familie auf der anderen Seite. Diese ‚doppelte Entgrenzung' ist der aktuelle, brisante Hintergrund für Fragen zum Verhältnis von Care und Familie. Sie führt zu massiven Belastungen bei der Erbringung von Care-Leistungen. Familien agieren „am Limit". Die Belastungsgrenzen sind erreicht und ‚Care' für andere und die ‚Herstellung' familiärer Bindung und Sorge geschieht nicht selten auf Kosten der Sorge für sich selbst. Alle derzeit gewählten Bewältigungsstrategien sind, so ihre Einschätzung, nicht nachhaltig. Denn, auch wenn die aufgebrochenen Sorgelücken durch innovative Alltagspraktiken bewältigt werden, sie können gesellschaftliche Lösungen nicht ersetzen. Die Care-Lücken werden sich verschärfen und nicht zuletzt durch alltagspraktische Bewältigungsversuche weitere Probleme und Widersprüche hervorbringen. Hierzu gehört die Verschärfung der Ungleichheit zwischen Frauen durch die Delegation weniger geschätzter Care-Anteile an MigrantInnen oder durch die Aufspaltung von ‚Care' in geschätzte und ungeliebte Anteile.

Maria Rerrich beobachtet derzeit vier dominante politische Diskussionsstränge zu ‚Care': 1) die ‚Integration der Väter in die frühkindliche Familienerziehung', 2) das Interesse der Pflegeverbände an der ‚Aufwertung traditioneller Frauenberufe und der Schließung des Beschäftigungsfeldes ‚Care' im privaten Haushalt gegenüber MigrantInnen', 3) die Frage der ‚Ausbeutung und Rechtlosigkeit von Haushaltsarbeiterinnen aus weniger privilegierten Ländern' und 4) die ‚Regulierung eines Teilarbeitsmarktes im Niedriglohnsektor'. Sie vertritt in ihrem Beitrag die These, dass Care-Leistungen, Sorge und Fürsorge im privaten und öffentlichen Bereich, unbezahlt und/oder bezahlt, nach wie vor weitgehend unsichtbar sind, gesellschaftlich ungenügend thematisiert und anhaltend trivialisiert werden. Frauen sind heute zwar im Kern der Produktionssphäre angekommen. Ihre steigende Erwerbstätigkeit hat jedoch nicht zu einer Neuverteilung der Arbeit zwischen den Geschlechtern geführt. Stattdessen werden Pflege- und Haushaltsarbeiten in Care-Kooperationen organisiert und vor allem zwischen Frauen neu verteilt. MigrantInnen haben einen großen Anteil an dieser Umverteilung von Care-Arbeit und sie teilen mit ihren ArbeitgeberInnen das Interesse, ihre Tätigkeit in den Grauzonen aufenthalts- und arbeitsrechtlicher Regulierung unsichtbar zu machen. Solange die politischen Debatten auf Einzelfragen bezogen nebeneinander herlaufen, ist kein Fortschritt möglich, so Rerrich. Erfolgversprechende Lösungsansätze müssen die Teilaspekte zusammenbringen und ‚Care' als

Gesamthandlungsfeld und eine der wichtigsten gesellschaftlichen Gestaltungsaufgaben sichtbar ins öffentliche Bewusstsein rücken.

1.2   Citizenship und Geschlechtergerechtigkeit

Ute Gerhard sieht den modernen Wohlfahrtsstaat westlicher Gesellschaften nach dem II. Weltkrieg als basierend auf der traditionellen Geschlechterordnung des 19. Jahrhunderts. Die Freiheit, den Lebensunterhalt durch Arbeit zu bestreiten und so in den Besitz von Citizenship zu gelangen, erstreckte sich nicht auf die häuslichen Arbeiten von Frauen, die somit nicht die Möglichkeit hatten, durch ihre Tätigkeit gleiche Rechte zu erlangen. Die „Domestification" von ‚care work' bildete somit die Basis des Ausschlusses von staatsbürgerlichen Rechten. Entsprechend sieht Ute Gerhard den Kern feministischer Citizenship-Konzepte darin begründet, Care als integralen Teil staatsbürgerlicher Pflichten zu etablieren. Sie bezieht sich dabei auf Nancy Frasers Vision des „universal care giver" (Fraser 1997: 60f.), die ausbalancierte Verteilung von Arbeit und Care für jedermann, seien es Männer oder Frauen, wodurch die derzeitigen weiblichen Lebensmuster zur Norm für alle würden. Zugleich ist Ute Gerhard davon überzeugt, dass die Lösung des Care-Problems in westlichen Gesellschaften nicht darin liegen kann, dass Migrantinnen jene Arbeiten wahrnehmen, die der Paarbalance in westlichen Familien entgegenstehen. Vielmehr sollten neue Modelle der Geschlechtergerechtigkeit und Anti-Diskriminierung entwickelt werden, welche neue Weisen der Verbindung von Arbeit und Care lebbar machen.

Ursula Apitzsch geht in ihrem Beitrag ebenfalls – unter Kritik des Citizenship-Konzepts von T.H. Marshall – von der Voraussetzung aus, dass Citizenship, das Recht auf persönliche Freiheit wie politische und soziale Teilhabe, in den modernen Gesellschaften der Gegenwart nicht mehr nur auf Einkommen und abhängige Lohnarbeit begründet sein kann, sondern dass Citizenship auch Care-Tätigkeiten umfassen muss. Anders als für Ute Gerhard und Nancy Fraser bedeutet dies für sie aber nicht nur, dass Staatsbürgerschaft die Verpflichtung jedes „aktiven" Bürgers zu Care-Arbeiten beinhaltet, sondern dass umgekehrt Care-Tätigkeiten, auch wenn sie nicht die Form von versicherter Lohnarbeit haben, den Zugang zu Citizenship eröffnen können müssen. Apitzsch geht auch nicht davon aus, dass allein durch die normative Verpflichtung des „universal carer" die durch die Gender-Revolution entstandene Care-Lücke gefüllt werden kann. Selbst wenn man den besten Willen der männlichen Partner unterstellt, sich an der Care-Arbeit in gerechter Weise zu beteiligen (wogegen alle Statistiken sprechen), kann nicht erwartet werden, dass die in beruflicher Vollzeit tätigen Partner (und jede Verminderung oder Unterbrechung der Vollzeit-Tätigkeit bedeutet heute die Bedrohung durch Altersarmut) neben der Versorgung der Kinder auch die Versorgung der immer länger lebenden älteren Generation sowie kranker Familienmitglieder leisten könnten. Ganz ausgeschlossen ist dies für Alleinerziehende. Da diese Lücke durch staatliche Leistungen nicht kompensiert wird, ist davon auszugehen, dass Gesellschaften global auf die Arbeit von Migrantinnen zurückgreifen werden, die entlang von Armutsgrenzen in die reicheren Länder einwandern.

Apitzsch geht von diesem Faktum aus und diskutiert verschiedene Modelle, wie diese Migrantinnen durch Legitimation ihres Aufenthaltsrechts und Anerkennung ihrer Leistungen ihren staatsbürgerlichen Status und ihre Möglichkeit zu gesellschaftlicher Teilhabe verbessern können. Wie Joan Tronto sieht Apitzsch den Kern der Ausbeutungsmöglichkeit von Migrantinnen in verweigerten Staatsbürgerschafts-Regelungen begründet und erinnert an die auffälligen Ähnlichkeiten ihrer Lebenssituation mit denen der ausländischen „working slaves" in Thomas Mores „Utopia" aus dem Anfang des 16. Jahrhunderts, die den Bürgern in allem außer der Staatsbürgerschaft gleichgestellt sein sollen und die gerade aufgrund dieses minderen Status bereit gehalten werden sollen, all jene dehumanisierenden, schmutzigen Tätigkeiten zu verrichten, die den Bürgern nicht zugemutet werden sollten. Anders als Tronto verweist Apitzsch jedoch auch darauf, dass unter den schweren und schmutzigen Tätigkeiten die des Kochens und der Versorgung der Kleinkinder ausdrücklich den freien Frauen und nicht den Sklaven vorbehalten sein sollen. Frauen sind also aufgrund ihrer Natur in gewisser Weise den Arbeitssklaven gleichgestellt und aufgrund ihrer besonderen weiblichen Fähigkeiten zugleich in besonderer Weise dazu prädestiniert, die Behaglichkeit des anbrechenden bürgerlichen Zeitalters zu gewährleisten. Die Tatsache, dass diese Sonderbehandlung weiblicher Tätigkeiten sich bis heute auch in Bezug auf die schlechte Behandlung weiblicher ‚care worker' in westlichen Gesellschaften durchgehalten hat, sieht Apitzsch als Anzeichen für die fortdauernde Überdetermination der sich transformierenden Geschlechterverhältnisse durch eine global wirksame traditionelle Geschlechterordnung. Diese jedoch könnte durch neue Citizenship-Regelungen aufgebrochen werden.

Rhacel Parreñas thematisiert den anhaltenden Widerstand gegen die Entlassung von Frauen aus Care-Aufgaben. Die zunehmende Erwerbstätigkeit von Frauen hat nichts daran geändert, dass die Verantwortung für Haushaltsarbeit und Care nach wie vor auf ihren Schultern liegt. Statt einer Neuverteilung dieser Aufgaben durch Familie und Staat ist eine zunehmende Abhängigkeit von ausländischen Haushalts- und Care-ArbeiterInnen entstanden. Die Persistenz der Ideologie weiblicher Häuslichkeit, die „Force of Domesticity" (Parreñas 2008), blockiert auf der einen Seite den Fortschritt von Frauen. Auf der anderen Seite schafft sie Beziehungen zwischen Frauen in Zeiten der Globalisierung und eine mögliche Ausgangsbasis für eine transnationale feministische Solidarität. Im Umgang mit migrantischen HaushaltsarbeiterInnen gibt es auf der Seite westlicher Staaten vor allem zwei Strategien: 1) die Weigerung anzuerkennen, dass Familien von ausländischen Arbeitskräften abhängig sind, was dazu führt, dass keine aufenthalts- und/oder arbeitsrechtlichen Regelungen getroffen werden, 2) die Behandlung von HaushaltsarbeiterInnen als abhängige Familienmitglieder, nicht als unabhängige ArbeiterInnen. Beide Strategien machen HaushaltsarbeiterInnen zu Personen mit begrenzten Bürgerrechten.

1.3 Haushaltsarbeit und Migration

Helma Lutz und *Ewa Palenga-Möllenbeck* stellen ein auf drei Ebenen entwickeltes Modell der transnationalen Arbeitsmigration vor: auf der Makro-Ebene der gesellschaftlichen Institutionen, der Meso-Ebene der Netzwerke und Organisationen sowie der Mikro-Ebene der Individuen. Die von Lutz und Palenga vetretene These lautet, dass die billigen und flexiblen Arbeitskräfte aus Osteuropa zu einem wesentlichen Bestandteil des Care-Regimes in Deutschland geworden sind. Besonders interessant ist dabei die von den Autorinnen untersuchte öffentliche Diskussion über Kriterien guter Pflege. Dabei wird ein Trend gesehen eben erst verberuflichte „kommodifizierte" und notwendig zeitlich strikt begrenzte Pflegeleistungen durch solche zu ersetzen oder mit solchen zu kombinieren, die in einer Betreuung rund um die Uhr den KlientInnen authentische Zuneigung zukommen lassen und so als Familienersatz dienen. Gerade dieser Aspekt werde allerdings vom Staat, von privaten Pflegediensten ebenso wie den Gewerkschaften kritisiert, die die Pflege durch Familienmitglieder und/oder angestellte Professionelle fordern. Entsprechend werde von den gleichen Institutionen die Anwendbarkeit der europäischen Dienstleistungsrichtlinie für selbstständige Arbeit in diesem speziellen Sektor bezweifelt und angegriffen. Laut derzeitiger deutscher Gesetzeslage müssen selbstständige ArbeitnehmerInnen zum Beispiel über mehrere Auftraggeber verfügen, was bei den im Hause der KlientInnen wohnenden Pflegekräften gerade nicht gewährleistet ist. Ihre Tätigkeit wird daher als illegal betrachtet. Lutz und Palenga stellen allerdings selbst auch kritisch fest, dass selbstständige Tätigkeiten von Pflegekräften, die von einzelnen Haushalten abhängig sind, leicht marginalisiert werden können und in prekäre Beschäftigungssituationen einmünden können. Immer mehr Pflegekräfte lassen sich daher von den dramatisch zunehmenden transnationalen Pflegediensten und Agenturen vermitteln, die einen Großteil der Bezahlung einbehalten.

Juliane Karakayalı sieht kaum Vorteile durch die derzeitigen Formen der Legalisierung. Hinsichtlich ihrer Arbeitssituation und ihrer Arbeitsbedingungen unterscheidet sich die Situation regulär oder irregulär angeworbener Migrantinnen kaum, die in deutschen Haushalten mit pflegebedürftigen Personen arbeiten, so das Ergebnis der qualitativen Studie von Karakayalı zu ‚care workers' aus Osteuropa. Beide Gruppen sind überfordernden, sozial isolierenden, schlecht bezahlten und missbräuchlichen Verhältnissen ausgesetzt. In gewisser Weise scheinen irreguläre Arbeitskräfte sogar über günstigere Möglichkeiten zu verfügen, ihre Situation zu verbessern. Sie können sich z.B. mit anderen eine Stelle teilen oder auch leichter ihren Arbeitsplatz wechseln, als dies für regulär über die zentrale Arbeitsvermittlung der Bundesagentur für Arbeit angeworbene Migrantinnen möglich ist. Zwei typische Muster kennzeichnen den biografischen Umgang mit widersprüchlicher Klassenmobilität, fand Karakayalı bei ihrer Analyse von 14 biografischen Interviews mit ‚care workers' aus Osteuropa heraus: „Haushaltsarbeit als Dequalifizierungserfahrung" und Haushaltsarbeit als „Passage zur transnationalen Berufskarriere".

Agnieszka Satola wendet sich in ihrem Beitrag der Mikro-Ebene der biografischen Analyse von Aushandlungsprozessen und Ausbeutungsverhältnissen in der Pflegearbeit von polnischen Frauen in Deutschland zu. Ausgehend von der interaktionistischen Professionsforschung möchte sie zeigen, dass ‚Haushalts-Migrantinnen' in ihrer Arbeit nicht nur ‚natürlich' erworbene Kompetenzen anwenden, sondern den Anspruch haben, eine Tätigkeit auszuüben, die, selbst wenn sie illegal ausgeübt wird, Qualitäten professionellen Handeln besitzt. Sie präsentiert dazu die Fallrekonstruktion der polnischen Migrantin Jadwiga, die nach Erreichen des Rentenalters in Polen seit fünf Jahren illegal in Frankfurt am Main als Pflegekraft und Haushaltshilfe bei einer 90jährigen Frau wohnt. Anhand einer Analyse der Narration Jadwigas kann gezeigt werden, wie von ihr gegenüber ihrer Klientin und deren Sohn, ihrem Auftraggeber, moralische Standards durchgesetzt werden, durch die sie die Relevanz der eigenen Person und den Wert der eigenen Tätigkeit sichtbar machen kann. In begrenztem Umfang kann sie ihren Eigensinn und eigene Standards durchsetzen und sich somit Anerkennung verschaffen. Trotz der – ihre Handlungsmöglichkeiten extrem einengenden – äußeren Bedingungen ihrer illegalen Tätigkeit kann sie sich somit Handlungsfähigkeit

erhalten und eine biografische Kontinuität zu eigenen Optionen ihres Lebens
in Polen herstellen.

Helen Schwenken schließlich befasst sich mit transnationalen Organisierungsprozessen von HaushaltsarbeiterInnen und gibt nicht nur einen Aus-
blick für den Schwerpunkt ‚Haushaltsarbeit und Migration'. Ihr Beitrag ist
darüber hinaus als Aufforderung für eine weiterführende Auseinandersetzung
mit Policies im Bereich von „Care und Migration" zu lesen. Schwenken
untersucht, wie das Engagement und die Debatten um eine Haushaltsarbeitskonvention der International Labour Organisation (ILO) auf der einen Seite
das Selbstbewusstsein und die Verhandlungsfähigkeiten von HaushaltsarbeiterInnen und ihren Organisationen stärkt und auf der anderen Seite zu einer
Stärkung der Gewerkschaftsbewegung beiträgt. Engagierte GewerkschafterInnen und VertreterInnen der Netzwerke und Organisationen von HaushaltsarbeiterInnen haben in der Begleitung und Forcierung der „Decent Work for
Domestic Workers" – Konvention der International Labour Organisation
(ILO) – bisher vor allem drei Strategien entwickelt, so ihre Analyse: 1) Die
Herstellung eines Problembewusstseins für das Thema Haushaltsarbeit bei
den beteiligten InteressenvertreterInnen, 2) die Evaluation vergangener Prozesse und 3) die Entwicklung eines strategischen Umgangs mit der ILO-
Arena. Schwenken sieht die Bedeutung der Konvention vor allem in den damit angestoßenen Prozessen, nämlich der Herstellung neuer Öffentlichkeiten,
dem Erneuerungsprozess der Gewerkschaftsbewegung und der Unterstützung
der Forderungen von HaushaltsarbeiterInnen durch die neue Legitimation im
Prozess der Diskussion um eine ILO-Konvention.

Zusammenfassend sind vor allem zwei Anregungen und Ergebnisse der Beiträge und Diskussionen, die diesem Buch zu Grunde liegen, hervorzuheben:

1) In gesellschaftstheoretischer Hinsicht bleibt das Konzept ‚Care' untertheoretisiert. Dies zeigt sich gerade in der Auseinandersetzung mit Care
   und Migration, denn eine Reflexion gesellschaftlicher Makrostrukturen
   und -prozesse wird hier unumgänglich. Wir haben vorgeschlagen, Ansätze zu einer Theorie der gesellschaftlichen Reproduktion wieder aufzu-
   greifen und weiterzuentwickeln. Wichtige Bausteine hierfür werden in
   diesem Band ausgeführt: die Analyse von Care und Migration im Spannungsfeld von Privatheit und Öffentlichkeit, die gleichzeitige Wirksamkeit und das Spannungsverhältnis unterschiedlicher Ungleichheitsdimen-
   sionen, die Auseinandersetzung mit normativen Fragen von Citizenship
   sowie Lösungsvorschläge, die auf eine geschlechtergerechtere Verteilung
   von Care-Aufgaben einerseits und eine gerechtere internationale Verteilung von Lebenschancen andererseits fokussieren.

2) Das Politikfeld ‚Care und Migration' zu gestalten, ist eine Herausforderung, die Zugänge erfordert, die kommunale, nationale und internationale Bedingungen und Möglichkeiten in Rechnung stellt und die die Perspektive der Akteurinnen und Akteure in den Blick nimmt. Statt einer Ent-Sorgung menschlicher Reproduktion entlang von Geschlechter- und Armutsgrenzen, die das Problem auf zivilgesellschaftliche Bewältigungsversuche verlagert, ist eine gestaltende Politik gefordert, die Care und Migration als wertvolle soziale Ressourcen in einer globalisierten Welt begreift.

Literatur

Engels, Friedrich (1975): Der Ursprung der Familie, des Privateigentums und des Staats. 16. Auflage, Nachdruck von 1884, Berlin: Dietz.

Fraser, Nancy (1997): Justice Interruptus: Critical Reflections on the "Postsocialist" Condition. New York/London: Routledge.

Geissler, Birgit (2002): Die Dienstleistungslücke im Haushalt. Der neue Bedarf nach Dienstleistungen und die Handlungslogik der privaten Arbeit.In: Gather, Claudia/ Geissler, Birgit/Rerrich, Maria S. (Hrsg.): Weltmarkt Privathaushalt. Bezahlte Haushaltsarbeit im globalen Wandel. Münster: Westfäl. Dampfboot, S. 30-49.

Hearn, Jeff (1987): The Gender of Oppression. Men, Masculity, and the Critique of Marxism. Brighton: Wheatsheaf Books.

Hochschild, Arlie Russell (2002): Keine Zeit. Wenn die Firma zum Zuhause wird und zu Hause nur Arbeit wartet. Opladen: Leske+Budrich.

Hochschild, Arlie Russell/Ehrenreich, Barbara (2002): Global Woman. Nannies, Maids, and Sex Workers in the New Economy. New York: Metropolitan Books.

Hochschild, Arlie Russell (2006): Das gekaufte Herz. Die Kommerzialisierung der Gefühle. Frankfurt/New York: Campus.

Jaggar, Alison M./McBride, William L. (1989): Reproduktion als männliche Ideologie. In: List, Elisabeth/Studer, Herlinde (Hrsg.): Denkverhältnisse. Feminismus und Kritik. Frankfurt a. M.: Suhrkamp, S. 133-163.

Parreñas, Rhacel Salazar (2008): The Force of Domesticity. Filipina Migrants and Globalization. New York u.a.: New York Univ. Press.

2 The Back Stage of a Global Free Market
Nannies and Surrogates

Arlie Hochschild

An ever-widening two-lane global highway connects poor nations in the Southern Hemisphere to rich nations in the Northern Hemisphere, and poorer countries of Eastern Europe to richer ones in the West. A Filipina nanny heads north to care for an American child. A Sri Lankan cares for an elderly man in Singapore. A Ukrainian nurse's aide carries lunch trays in a Swedish hospital. Going in the other direction, an elderly Canadian migrates to a retirement home in Mexico. A British infertile couple travel to India to receive fertility treatment and hire a surrogate there. In both cases, Marx's iconic male, stationary industrial worker has been replaced by a new icon: the mobile and stationary female service worker.[1]

Drawing on research by Rhacel Parreñas, S. Umadevi, and others as well as on my own interviews with Filipina nannies and Indian surrogate mothers, I look behind the 'front stage' of global free market – the jet-setting brief-case-carrying businessmen forging deals in fancy hotels – to a lonelier 'back stage.' There we find the migrant worker. Increasingly the work she does is not the physical task of building roads and constructing buildings, but the emotional labor of caring for people. One part of that emotional labor is to address the wrenching ruptures in her relationship with her family and in her relationship with herself. This hidden part of the emotional labor of "back stage women" reflects the enormous costs of life in a total free market. Many in the First World fear the oncoming big Mack truck of an over-powerful Orwellian government. What they don't fear, or even clearly see, is another big Mack truck, coming from the opposite direction – a pure market world with no help or regulation from any government at all.

Until recently, scholars have focused on migratory flows as matters of money and labor while scholars of work-family balance have focused on

---

1   This article is based on a talk entitled, "Global Traffic, Female Service and Emotional Life: the case of Nannies and Surrogates" and given April 23, 2009, at a conference on transnational care relations held at the University of Frankfurt, Frankfurt, Germany.

First World populations where emotional life and work-family conflict is a plainly visible issue. But emotional life for migrant workers is as real as it is for anyone else – and often far more wrenching. The same is true for Third World women to whom clients travel for service.

Virtually everyone agrees that workers can earn more money if they migrate to better paying jobs. In the case of the Sri Lankan maids studied by Michele Gamburd and Grete Brochmann female migrant workers send remittances desperately needed for basic food and shelter. Studies by Rhacel Parreñas revealed that wages of lower middle class and middle class Filipina nannies far more often covered children's school fees, housing upgrades and money to hire a home-based nanny. Many people benefit from migrant's income – children, spouses, parents, and sometimes the local church. Third World governments also gain from the inflow of hard currency. Indeed, the Philippine government has long recruited, trained and supported female migrant workers to tax their earnings. At the other end, First World employers welcome the badly needed services migrants provide. All these parties agree on the benefits of female migration and discuss openly the decision to migrate as a family strategy, a government policy and over the last thirty years, a national cultural norm. The primary benefit of female migration is clearly the transfer of money from First to Third World. The remittances of all migrant workers in 2008 were almost three times higher than all of the world's foreign aid. One World Bank economist calculated that remittances in 2003 totaled nearly 300 billion dollars (DeParle 2008). At the same time, that money did not result in the economic development of Third World countries.

However, there is an emotional aspect to migration-for work, which is often ignored in lieu of the financial aspects. I focus on the emotional side here in order to point out the prevailing ideology of globalization – the ideology of 'free choice' in a 'free market'. This ideology rather addresses the life of those on the front stage of globalization than those on its back stage. The word 'free choice' holds a very different emotional and cultural price tags for each.

2.1   Parenthood and Migration

For the last century, migration studies have been dominated by the paradigm of a male migrant worker. And this was for a good reason. Half of the world's 200 million migrants (3 percent of the world population) are men. Historically, most people who migrated in search of paid work were men, while most women, migrated for the purpose of family reunification. However, today a growing proportion of female workers migrate to find paid work in the First World.

Many Third World male migrant workers have greatly suffered from poverty and from the low-wage work. We can picture a male Turkish migrant sweeping the streets of Amsterdam or a male Mexican gardener trimming the hedge in the yard of a California suburban home. Much of the literature on male migrants working in fields or factories has focused on his economic role – as a provider and as a human being. The emotional costs of his work often went unaccounted for. In the South African migrant labor system under the Apartheid regime, many men worked in coal, gold and diamond mines for eleven months at a time. They were far away from their homelands, and only allowed to return for one month a year. As one wise miner told the South African economist, Frances Wilson, "what I miss most is having my children bring me up." Still, his central role at home was as a provider.

Over the last forty years, a growing number of migrant workers are women. Their identity is more than that of men, based in nurturing their children. Today's female migrants travel in their late twenties, thirties or forties, leaving children behind in the care of grandmothers, aunts, fathers, nannies, and others. Research by Parreñas, Umadevi, D. Cox, Yen Le Espiritu suggests that – compared to migrant fathers – mothers leave behind children far more strongly attached to them. This creates very different emotional problems.

Without promoting 'maternalism' (the premise that only mothers can care for their children), or imposing Northern cultural ideals on families of the South, and without or being mistaken as opponents of migration – we can, I believe, open a full investigation into the emotional price these migrant workers pay. Usually children of migrant mothers are cared for by female relatives, husbands, nannies, or boarding schools. Sometimes they are left in orphanages as shown in Nilita Vachani's heartbreaking documentary "When Mother Comes Home for Christmas." It tells the story about a divorced Sri Lankan mother of three who works through their childhood years as a nanny in Greece. Since one out of four children in the Philippines has one or both parents working overseas, this issue of separation is not at all a small matter.

Partly because mother-child bonds have been taken for granted – and are indeed an invisible aspect of the migrant's family and community life. Also, family problems have been seen as sensitive and private and until recently this has remained a back stage part of back stage work.

2.2   Vicky and Maricel: Migrant Nannies

Vicky Diaz is a 34-year-old mother of five, and a migrant nanny. She had been a college-educated schoolteacher and travel agent in the Philippines before migrating to the United States to work as a housekeeper for a wealthy Beverly Hills family and as a nanny for their two-year old son. As Vicky explained to Rhacel Parreñas:

> My children ... were saddened by my departure. Even until now my children are trying to convince me to go home. The children were not angry when I left because they were still very young when I left them. My husband could not get angry either because he knew that was the only way I could seriously help him raise our children, so that our children could be sent to school. (Parreñas 2001: 87)

Vicky, (Parreñas' pseudonym for her), is 'freely' pursuing an economic strategy. In a sense, she is privately making up for the absence of good public schools and jobs in the Philippines. In a larger sense, she is, through her migration, compensating for missing actions by international institutions such as the World Bank, and the International Monetary Fund, as well as the government of the Philippines. In a small way, her "free choice" equalizes the world's wealth when there seems no other way to do it.

Paradoxically, Vicky inadvertently adds to a global *emotional inequality*. She subtracts daily maternal care from her own five children, and adds a second layer of loving care for an American child. As Vicky describes:

> Even though it's paid well, you are sinking in the amount of your work. Even while you are ironing the clothes, they can still call you to the kitchen to wash the plates. It ... [is] also very depressing. The only thing you can do is give all your love to [the two-year-old American child]. In my absence from my children, the most I could do with my situation is give all my love to that child. (Parreñas 2001: 87)[2]

While the American child enjoys one more caring adult, Vicky's children grow up with one less. One mother returned to the Philippines after a long period of absence, only to discover her grown child asking to be carried, as if time had stopped at the point her mother left.

---

2   I cited this quote in my essay "Love and Gold" (Hochschild 2002).

In my own interviews with over-seas nannies living in Redwood City, San Jose and San Francisco, California, similar stories emerged. One nanny, Maricel Kowalski, described leaving her children:

> You can't imagine... As I boarded the airplane, I told myself, *don't look back*. Just *go*. I didn't cry until I got on the airplane. It was like a death. My daughter was ten. I told myself, 'One year of sacrifice, and I'll go back or they'll come here.'

A year later Maricel returned to the Philippines. At the airport, she saw and embraced her son. But her eyes passed over the young woman quietly waiting to be noticed "My daughter was waiting for me to hug her, but I *didn't recognize her*; she was *mature*!"

Ana, a Thai nanny who had worked for fifteen years in San Jose, California, is married for the second time to an American man. She described in detail the personalities of each of her three children she'd had with her second husband, Photos of the three children were prominently displayed on her coffee table. When I asked if she had other children, she hesitantly described another son by a previous marriage, a boy she left behind with her mother and ex-husband. She recounted:

> My son by my first marriage ... I left him with my mother when I came here. And my husband wanted his son with him in the village. He wouldn't let me take him. Even at the hospital, I had my mother sign as the legal guardian. When I next went back to Thailand, my son was eight. I should never have gone back. Because then my son wanted to come with me. I tried to arrange for him to come here, but since I wasn't his legal guardian, I couldn't do it. My son *waited* and *waited*. But after he heard he couldn't come, he had a motorcycle accident. He died. (weeps)

In a large 1998 survey of 709 Filipino elementary school children (average age of 11) – Graziano Battistella and Cecilia Conaco compared children with both parents present, with a father absent, with a mother absent and with both parents absent. Most children "show an understanding of the main reason for parents being abroad, that is, for economic improvement of the family and for improving their own education" they say. But children also experience migration with "a sense of loneliness and sadness." (Battistella/Conoco 1998: 228). Children living with both parents had higher grades and a higher rank in the class than children with absent parents. (This was true even though the children of migrant parents were financially better off.) Also, children living without either parent or without their mothers more often reported feeling sad, angry, confused, and apathetic than children without fathers.

In one of the few in-depth studies of what she calls "parenting from afar," Leah Schmalzbauer studied 154 Honduran migrant workers of whom 34 migrant care workers lived in Chelsea, Massachusetts, and their children, parents and others they left behind in Honduras.

Both, migrant fathers and mothers, she found, worried that their children didn't truly understand that their parents were sacrificing for – and not abandoning – them. She also described "dissension within transnational families" as "common." (Schmalzbauer 2004: 28)

Sadly, in the absence of migrant mothers, Filipino husbands did not whole-heartedly take on primary care of their children. Rhacel Parreñas compared the Filipino children of absent fathers with children of absent mothers. When fathers migrated, mothers cared for their children. When mothers migrated, grandmothers, aunts, and in a minor way fathers pitched in. When Parreñas asked children to tell her who should dress them in the morning, they first named their grandmother, then aunt, and last, their "father." Indeed, a good number of fathers started relationships with new women and established new families in separate villages (Parreñas 2005). Migrant mothers tried to keep in touch with their children through letters, email and Skype. Those children did best whose mothers continually explained their departure as a sacrifice for the family. But when Parreñas asked the children of migrant mothers whether they, once they become adults, would migrate to earn money abroad, nearly all answered "no."

In another study of children left behind by migrant mothers, S. Umadevi interviewed twenty migrant women from Kerala, India who worked in the Persian Gulf, as well as a hundred children over age five, husbands, grandparents, or grandparents-in-law, and other relatives with whom the children lived in Trivandrum, Kerala, India. Mothers visited their minor children, on average, once every two years for a month.

In no way does this describe Keralan – and Indian – family ideal of childhood, which is to grow up in a joint family – elderly parents, their sons, the son's wives, and their children all in the same household. In fact, most Keralans now live in smaller, nuclear families; Umadevi notes that in one out of ten families, one parent has migrated abroad. Nine out of ten times, the migrant is a man. But with the growth of service jobs abroad, the missing parent is increasingly, the mother. Even so, the ideal of the stay-at-home mother living with and raising her children at home still exists. Leela, the daughter of a nurse working in the UAE lives with her father and brother in Kerala, told Umadevi,

> I cannot go home even for weekends (from her boarding school) because my father is alone at home and in a traditional setting I would not go and live with him, when he is alone ... You know you cannot discuss everything with your father. I wait for my mother's call every Friday, but from the hostel phone. Also, I cannot talk freely with her, because the matron (a nun) is always hovering around ... My father is very strict, he has become more strict now and is very conservative ... if I do anything non-conventional he tends to blame my mother for bringing me up the way she has, so I

try to be very careful to see that my mother is not blamed. This is a big burden, which I would not have if she was here.

A number of nurses worked for hospitals in the Persian Gulf that had stringent leave policies for their pregnant workers. Hospitals in which the migrants worked general allowed their employees only forty days post-partum leave for the birth of their infants. Thus, mothers would fly from the Gulf back to Kerala to give birth to their babies, stay for forty days, then return on the forty-first day to work in the Gulf. Many of them worked for a year or more before they were able to see their baby again.

Speaking, perhaps, for many children of migrant mothers, Priya, a Keralan college student and the daughter of a nurse practicing in the United Arab Emirate, told Umadevi:

> I want you to write about the human cost for people like us, to be apart for year after year. I'm living here in this hostel, and my classes are fine, but I can't talk to my mother. I can't tell her things. I can't see her face. I can't hug her. I can't help her. My mother misses me too. My mother will retire at some point, but how old will I be then?

The anguish of migrant mothers and children forms part of the invisible back stage of the global free market. We often see the terrible pains of migration as a temporary individual sacrifice that will bring about a larger structural change in the Third World economy. But sadly, that is not the case. Re-mittances sent home by migrant workers around the globe, according to Dilip Ratha of the World Bank, reduce poverty, but they do not foster economic development. Indeed they tend to create a new self- perpetuating dependency on remittances (see Ratha 2008; DeParle 2008). This culture of remittance-dependency, along with First World legal restrictions on citizenship, per-petuate the continuing global separation of mothers from their children.

2.3   Geeta and Saroj: Commercial Surrogates

Parallel to the movement of migrant women from the Third to First World is a less observed outbound flow of First World clients to care workers of many sorts in the Third World. Retirees from the North, for example, make long-term moves to cheaper care and sunnier climates in the South. Given cuts in pensions, a 65-year-old American whose middle-aged children hold full time jobs and live far away might live – at a third the cost according to a Metro-politan Life study – in an assisted living facility in Mexico. Indeed, 1.2 million American and Canadian retirees now live in Mexico. A divorced or childless Japanese man might retire to northern Thailand. A French elderly person of modest means might retire to Tunisia, or a Norwegian to Spain, to be cared for by Third World women who – in contrast to Vicky and Maricel – stay put.

Northern clients also make short-term trips south as so-called "medical tourists." Here we can picture a middle class American without health insurance flying to Mexico to get a tooth capped. A Canadian woman travels to Brazil for half-price cosmetic surgery. A Western European turns for less expensive treatment to a medical clinic in the Ukraine, Thailand or India.

India has attracted increasing numbers of Europeans seeking medical treatment. Advertisements describe India as a 'global doctor' offering First World skill at Third World prices, short waits, privacy, and – most important in the case of surrogacy – the absence of red tape. At various Indian offices and hospitals, a tooth can be capped, a knee replaced, a heart valve repaired. In addition to the medical or dental treatment itself, many facilities offer "pre-care" and "after care" that can last some time. In India, medical tourism has now become second only to internet technology as a source of national revenue.

A growing part of medical tourism centers on reproduction – and in particular the sale of eggs, sperm and the rental of wombs. To discover more about the work of surrogates, I visited the Akanksha Infertility Clinic in Anand, Gujarat, India, which houses probably the world's largest collection of gestational surrogates – women who rent their wombs to incubate the fertilized eggs from clients around the globe. Since 2004 when Akanksha began offering surrogate services, it has supervised the births of over 232 babies. Akanksha is not the only clinic open for business. Since 2002 when surrogacy was declared legal in India, well over 350 assisted reproductive technology (ART) clinics have opened their doors. Surrogacy is now a burgeoning part of India's medical tourism industry, which is itself slated to add $2 billion rupees to the nation's gross domestic product by 2012. To encourage this lucrative trend, the Indian government gives tax breaks to private hospitals treating overseas patients and lowers import duties on their medical supplies. In a sense, the Indian government treats surrogacy – a $445 million dollar business in India – as a type of economic development. Like migrant remittances, revenue from ART clinics helps alleviate the poverty of the surrogates but does not create an economy that offers another way out of poverty.

Commercial surrogacy in India is legal and as of yet, unregulated. Thus, a Westerner of moderate means can now legally go to an Indian clinic to purchase an egg, a vial of sperm, and hire a surrogate to carry the baby. Normally the surrogate is implanted with a fertilized egg of the female client. If the wife cannot produce an egg, one can be bought and fertilized with the husband's sperm. But it is possible to buy all the human elements necessary for pregnancy. – egg, sperm, and womb, in India, or as the documentary film, "Google Baby", shows, from many places around the globe.

As the clinic's charismatic director, Dr. Nayna Patel, views the transaction between client and provider an extraordinary 'win-win' deal. A childless couple gains a baby. A poor woman earns money. "What could be the problem?" If one looked only at the front stage of the global free market, Dr. Patel has a very good point. Even in the backstage of the free market, the story is complex. But what has been missing is both an understanding of the experience of the Third World surrogates and an appropriate lens through which to consider that experience.

Like the nanny, surrogates perform an invisible 'emotional labor' to suppress feelings that could interfere with doing their job – including feelings of attachment to the babies they carry. In January of 2009, I followed a kind embryologist, Harsha Bhadarka, to an upstairs office of the Akanksha Infertility Clinic in Anand, India, to talk with two surrogates whom I will call Geeta and Saroj. Akanksha reportedly houses the largest collection of surrogate mothers in the world. (Aditya Ghosh, a journalist with the *Hindustan Times*, was, happily, with me.) The two surrogate mothers entered the small room nodding shyly. Both lived on the second floor of the clinic, but most of its twenty-four residents lived in one of two hostels for the duration of their pregnancy. The women are brought nutritious food on tin trays, injected with iron (a common deficiency), and supervised away from prying in-laws, curious older children, and lonely husbands with whom they were not allowed to visit or have sex, for nine months.

Geeta, a 22-year-old, light-skinned, green-eyed beauty, is the mother of three daughters. One of them is sitting quietly and wide-eyed on her lap. To be accepted as a surrogate, Akanksha requires a woman to be a healthy, married mother. As one doctor explains, "If she has children of her own, she'll be less tempted to attach herself to the baby."

"How did you decide to become a surrogate?" I asked.

"It was my husband's idea," Geeta replies. "He makes *pav bhaji* [a vegetable dish] during the day and serves food in the evening [at a street-side fast-food shop]. He heard about surrogacy from a customer at his shop, a Muslim like us. The man told my husband, 'It's a good thing to do,' and then I came to madam [Dr. Patel] and offered to try. We can't live on my husband's earnings, and we had no hope of educating our daughters."

Typical of other surrogates I spoke with, Geeta had only a brief encounter with the genetic parents who paid her. "They're from far away. I don't know where," she said of the parents of the baby she was carrying. "They're Caucasian, so the baby will come out white."

As for the baby, she said, "I keep myself from getting too attached. Whenever I start to think about the baby inside me, I turn my attention to my own daughter. Here she is." She bounces the child on her lap. "That way, I manage."

Seated next to Geeta is Saroj, a heavy-set, dark woman with intense, curious eyes, and, after a while, an easy smile. Like other Hindu surrogates at Akanksha, she wears *sindoor* (a red powder applied to the part in her hair) and *mangalsutra* (a necklace with a gold pendant), both symbols of marriage. She is the mother of three children and the wife of a vegetable street vendor. She gave birth to a surrogate child a year and three months ago and is waiting to see if a second implantation has taken. The genetic parents are from Bangalore, India. (It is estimated that half the clients seeking surrogacy from Indian ART clinics are Indian and the other half, foreign. Of the foreign clients, roughly half are American.) Saroj, too, doesn't know anything about her clients. "They came, saw me, and left," she says.

Given her husband's wages, 1,260 rupees (or $25) a month, Saroj turned to surrogacy so she could move out of a shed with an earthen floor to a rainproof house and feed her family well. However, she faced the dilemma of all rural surrogates: being suspected of adultery – a cause for shunning or worse. I ask the women whether the money they earn has improved their social standing. For the first time the two women laugh out loud and talk to each other excitedly. "My father-in-law is dead, and my mother-in-law lives separately from us, and at first I hid it from her," Saroj says. "But when she found out, she said she felt blessed to have a daughter-in-law like me because I've given more money to the family than her son could. But some friends ask me why I am putting myself through all this. I tell them, 'It's my own choice.'"

Geeta and Saroj 'freely' chose to become surrogates. But in what context? Their villages reflected appalling government neglect, run-down schools, decrepit hospitals, and very few well-paying government jobs. Given these circumstances, the most lucrative job in town for uneducated woman was surrogacy. The decision to become a surrogate like the decision to migrate away from young children, made the woman violate social norms – in this case to carry the seed of a strange man, locally associated with adultery. But it also reaped large rewards.

At Akanksha, the director, Dr. Patel organized surrogacy much as she might have the manufacturing of clothes or shoes. She proudly sought to increase inventory, to safeguard quality, and to improve efficiency. In the case of surrogacy, that translated into the goals of producing more babies, monitoring surrogates' diet and sexual contact, and assuring a smooth, emotion-free exchange of baby for money. (For every dollar that goes to the surrogates, observers estimate, three go to the clinic.) In Akanksha's hostel, women sleep on cots, nine to a room, for nine months. Their young children sleep with them; older children were not allowed to stay in the hostel though they could visit. The women exercise inside the hostel, rarely leaving it and then only with permission. Dr. Patel also advises surrogates to limit contact with clients. Staying detached from the genetic parents, she says, helps surrogate mothers give up their babies and get on with their lives – and sometimes, on with the next surrogacy. This ideal of the de-personalized pregnancy is eerily reminiscent of Aldous Huxley's 1932 dystopian novel *Brave New World*, in which babies are emotionlessly mass-produced in the Central London Hatchery. In Huxley, and other popular dystopias, however, mothers are not voluntarily entering 'win-win' bargains with clients, but have rather turned over their function to government-regulated eugenic scientists. Not the market, but the government, is the source of power at hand.

In India, commercial surrogacy is legal but unregulated, although a 135-page regulatory law, has long been in preparation to be sent before Parliament. Even if the law passes many feel it would do little to improve life for women such as Geeta and Saroj. The draft law specifies that the doctor, not the surrogate, has the right to decide on all matters, for example, on 'fetal reduction' (abortion). Under no circumstances can the surrogate decide, because legally speaking this is not 'her' baby. Moreover, most Indian federal laws are considered "advisory" to powerful state governments. Courts – where such laws might be challenged – are also backlogged for years, often decades. The current proposal leaves the question unresolved what a surrogate can do if contracting parents don't pay, or most important of all, if they decide to reject – as has happened before– the baby she has borne.

Even if the law protected surrogates in such cases, and even if the law was effectively enforced, what surrogate could read the contracts they sign? Most surrogates have a 7th grade education in Gujarati and the contracts are written in English. Some illiterate surrogates sign contracts with thumb prints. Given their poverty, what surrogate could afford to hire a lawyer? Should it pass in the Indian parliament, the law would also do nothing to address the crushing poverty that presses Akanksha Indian women to 'choose' surrogacy in the first place.[3]

Even if surrogacy were safely regulated with the interests of surrogates well in mind, they are vulnerable to something else, inherent in the current global free market system – "a race to the bottom." Indian surrogates charge less than American ones by a factor of one to ten. But Thailand could undersell India. Cambodia could undersell Thailand. Laos could undersell Cambodia. Sri Lanka could undersell Laos. Each country could undercut the next cheapest, cutting fees and reducing legal protection for surrogates along the way. If the "race to the bottom," as William Greider calls it in *One World Ready or Not*, can apply in the production of cars, computers and shoes, it can also apply in the production of babies.[4]

Whatever the surrogate's vulnerability to structural forces outside of herself, she simultaneously faces a difficult, complex and basic task internal to herself: detaching herself from the baby she carries. Akansha's director, Dr. Patel, instructs surrogates to think of their wombs as 'carriers', and to think of themselves as prenatal baby sitters. She invites them to imagine their wombs as separate from themselves. But the womb is not separate from the rest of a pregnant woman's body. Even if body and mind can be separated during pregnancy, the surrogate still feels the baby's presence in many areas of her body apart from the womb – her digestive system, ankles, hips, breasts, not to mention her fantasies and dreams – some of which may focus on connection to the child and some of which on money and escape.[5]

The surrogates I spoke with did not talk as if they were naturally detached from the babies they carried. They talked as if they were *trying* to

---

3   For N.B. Sarojini, director of the Delhi-based Sama Resource Group for Women and Health, a nonprofit feminist research institute, the problem is one of distorted priorities. "The ART clinics are posing themselves as the answer to an illusory 'crisis' of infertility," she says. "Two decades back, a couple might consider themselves 'infertile' after trying for five years to conceive. Then it moved to four years. Now couples rush to ARTs after one or two. Why not put the cultural spotlight on alternatives? Why not urge childless women to adopt orphans? And what, after all, is wrong with remaining childless?"

4   Right now international surrogacy is a confusing legal patchwork. Surrogacy is banned in China and much of Europe but it's legal and paid for in Israel. It is legal in New Zealand but banned in Australia. In France one can't be or hire a commercial surrogate but one can use foreign surrogates and bring babies back to France after birth. Only 17 states in the United States have laws on the books among them, California which allows surrogacy and New York which bans it.

5   Psychologists have also found that babies respond with faster heart beats to their mother's voices in utero.

detach themselves from them. For example, one surrogate said, "I try not to think about the baby. Whenever I start to think of the baby in my womb, I focus on my *own* child." Another surrogate who had difficulties conceiving her own child, commented, "If I hold a jewel in my hand, I don't covet it as my own." Others commented "I think of my womb as a carrier." Or "I have three children, I don't need one more." Another said, in the spirit of sour grapes, "When children grow up, many become disloyal to their parents. They don't help you."

Both nannies and surrogates do emotional labor. Nannies do emotional labor to cope with grief, depression, anguish they feel apart from their own children; even as they work to positively attach themselves to the First World children they care for. Surrogates do the emotional labor of separating themselves from the baby they carry, and from the part of their body that carries that baby. We could describe both of these as the emotional labor of estrangement.

2.4   The First Big Mack Truck We Can Imagine and the Second One We Can't

Like other migrant nannies, Maricel 'freely' chose to leave her children behind. Like other surrogates Saroj 'freely chose' to give up her baby. Given their circumstances, these choices made great sense to them, as they would to many women in their circumstances. But in no sense were these choices easy or free.

Yet, the prevailing free market ideology invites us to look past their confining *circumstances* to their apparently free *choices*. In the imagination of a free market society, the object of fear and dread is 'big brother' government. Novels such as George Orwell's *1984*, with its "Ministry of Truth", Ray Bradbury's *Fahrenheit 451*, with its image of Nazi-type book burning – offer an image of a frightening state. Aldous Huxley's 1931 novel *Brave New World* describes a government-organized London Hatchery in which babies are designed by white-uniformed eugenic scientists. Margaret Atwood's disturbing 1998 novel, *The Handmaid's Tale* describes a right-wing Christian state that divides women into Handmaids who procreate;

Martha's who tend house, and wives who serve husbands.[6] In these night-
mares, governments coerce, intrude on and control the human being. They
undermine and replace family and community. They rob us of our highest
ideal – individual free choice.

But the stories of Maricel, and Saroj, just to mention these two, suggest a
very different nightmare, in which government does not exercises total control. No police, no jailer, no Big Brother government coerces or intrudes on
the human being . On the contrary, free market exchanges go on, without
virtually any government regulation at all. Instead of police helping you there
is a sense that no one is coming to one's aid in an hour of need. The individual is not forced to conform to rigid rules but is free to take the best available
option. They are free in a global free market lacking help for those in need.
We are called to ask whether the image of a neo-liberal world – a totally free
market – doesn't present a nightmare all of its own. Without government
intervention of any sort, we face an empty world composed of many des-
perate people making apparently 'free choice.' Migrants to First World countries make similar choices in a legal no man's land as well, as Ursula
Apitzsch observes in this volume,– in which the protection of civil rights
such as traveling freely, medical care, and education elude the migrant.

Curiously we have been culturally poised to look for a big Mack truck
representing 'big bad government' coming from the left, when another big
Mack truck – representing total market control – is approaching from the
right. Toward the left, we envision a presence of government. Toward the
right, we envision its absence. Although the second truck is hard to see. It
takes the form of millions of solitary 'win-win' deals in a context lacking
support. Erased from our imaginations is the inequality between the horrend-
ous circumstances of the provider and pleasant circumstances of the client.
This contrast comes to be accepted as a matter of 'how things are'. In the
absence of a positive alternative vision of sustainable world development,
Maricel and Saroj are therefore left to say they work as they do out of 'free
choice'. But they did not choose the terrible options they are forced to choose
between.

Nor did Maricel and Saroj choose the curious paradox within which they
find themselves. They do the backstage work of the home – gestating and
rearing children. They do work which symbolizes 'the milk of motherly
kindness'. The surrogate carries the baby lovingly in the womb. The nanny

---

6 Various films carry this theme further. Amerika (1987), a film about a United
   States taken over by communism, and strict martial law enforced by a U.N.-ap-
   pointed Russian general governing the U.S. from Moscow. To be sure, some recent films have focused on powerful corrupt companies.

cares for it lovingly afterwards. A nurse's aide helps the sick. An eldercare worker helps the old. This work was done by women locally. Now it's going global. Now a growing array of third world care workers, prepare first world individuals to go into the front stage market. They do work that sustains the image of – in the words of Christopher Lasch – "a haven in a heartless world." But the work that sustains that haven, the birthing and care of a child, or the sick and dying has now gone global.

Yet the care worker's job goes on within the 'heartless world'. Since she rents her womb or sells her caring labor, the third world worker operates pardoxically within the logic of the marketplace. There, transactions between First World client and Third World care giver can be fair or it can be a rip-off. Such a transaction, I would argue, do not inherently exploit. But the economic chasm dividing the two worlds tips the balance between client and provider. And a free market ideology provides no lens for exploring the consequences of that imbalance.

Let us look once again at Dr. Patel's picture of the 'win-win' deal. The surrogate receives money she needs. The client receives a yearned-for baby. Both benefit. This is true. But this is not all. With each transaction, the Third World clinic also makes a profit; so it is an invisible third 'win'. Insofar as those wins are taxed, the Indian government also 'wins'. As nannies are working for First World clients they free up time for careers in high-powered companies, the nannies contribute indirectly to the company's 'wins'.

But there is more. We rivet our focus on a 'win-win' deal. But what does that lead us to ignore? Although the work of Maricel and Saroj are not fully acknowledged – their work creates what I have called *emotional surplus value* (Hochschild 2000). They create more emotional 'value' through their work than others see or reward.

The free market lens can also lead us to ignore *cultural* surplus value. The First World client enjoys a care-free, honorific *identity*. The client is a manager, an accountant, a technician on the global front stage. He or she enjoys a more honored cultural identity because others adopt a less honored identity, the surrogate, the nanny, the eldercare worker. In addition, the care-free front stage worker often imagines himself as having a certain high-status temperament and set of emotional skills. A manager sees himself as a 'Type A personality'. A technician imagines himself as rational and efficient. Meanwhile back stage workers are imagined to 'have' and exercise subaltern temperaments involving less valued qualities like patience, sensitivity to the needs of others, qualities which make it possible to live up to the ideal of the First World citizen. We can call this cultural surplus value.

It is not my argument that every First World employer receives emotional surplus or cultural value from every Third World worker. Instead I fear, that we lack a lens through which we can really see or think about these issues. The neo-liberal lens narrows our focus on free-standing 'win-win' transactions between First and Third World people. This lens filters out the aspects of *reality* we need in order to think about what is and is not exploitation. If emotional life is rendered invisibley, so too, is emotional labor. If we can't see emotional labor, we can't appreciate it like the nanny's attachment to the client's child, the surrogate's readiness to give up 'her' baby to the client.

If we can't appreciate emotional labor, we also can't appreciate the toll it takes on the worker – the surrogate's estrangement from her body and baby, the nanny's grief at separation from the children she's left behind. Just as a nanny had to separate herself from her identity as an emotional mother to her children, so had the surrogate to separate herself from the fruit of her womb, the baby she bore. Indeed, these separations of oneself from maternal identity were *part* of the labor she sold.

The estrangement from her identity as an empathic mother, from the symbol she carries – all this she 'freely chooses'. And in feeling she does this freely, she is abiding by the free market logic that pervades all of life – free market choice. But we could change the structures that so powerfully influence the painful free choices of a Maricel or Saroj. We live in a world of constraints. But in the end, it is groups of people who make them. We could change them by pressing for more progressive national policies, international trade agreements, and a new cultural lens through which we see our way forward. Through that new lens we could recognize what it is we *aren't* seeing when we think we *are* seeing a simple 'win-win' or 'free choice'. We would see economic surplus, emotional and cultural value. Were we to alter the world based on what we see through such a lens, workers on the backstage of the global free market would enjoy a new dignity in doing emotional labor, and sharing the gift of doing it well. In fact, with such a lens, the back stage wouldn't be a back stage. It would be right up there in front.

References

Atwood, Margaret (1998): The Handmaid's Tale. New York: Anchor Books.

Battistella, Graziano/Conoco, Cecilia (1998): The Impact of Labour Migration on the Children Left Behind: A Study of Elementary School Children in the Philippines. In: SOJURN: Journal of Social Issues in Southeast Asia 13, 2, pp. 220-235.

Bradbury, Ray (2004): Fahrenheit 451. New York: Del Rey Publishers.

Brochmann, Grete (1993): Middle East Avenue: Female Migration from Sri Lanka to the Gulf. Boulder: Westview Press.

Cox, D. (1990): Children of Migrant Workers: A Family Relationship Issue. In: Children and Migration: A New Challenge for World-Wide Social Services. Hong Kong: International Social Service.

DeParle, Jason (2008): World Banker and His Cash Return Home. In: New York Times, March 17, 2008.

Espiritu, Yen Le (2003): Homebound: Filipino American Lives Across Cultures, Communities and Countries. Berkeley and Los Angeles: University of California Press.

Gamburd, Michele Ruth (2000): The Kitchen Spoon's Handle: Transnationalism and Sri Lanka's Migrant Housemaids. Ithaca: Cornell University Press.

Hochschild, Arlie R. (2000): Global Care Chains and Emotional Surplus Value. In: Giddens, T./Hutton, W. (eds.): On the Edge: Globalization and the New Millennium. London: Sage Publishers, pp. 130-146.

Hochschild, Arlie R. (2002): Love and Gold. In: Feminist Politics, Activism and Vision: Local and Global Challenges, Luciana Ricciutelli, A. Miles and M. McFadden, London & Toronto: Zed/Inanna Books.

Huxley, Aldous (2010, orig. 1932): Brave New World. New York: Harper Perennial Modern Classics.

Nayyar, Deepak (2002): Cross-border Movements of People. In: Nayyar, Deepak (ed.): Governing Globalization: Issues and Institutions. Oxford: Oxford University Press, pp. 144-176.

– (1994): Migration, Remittances and Capital Flows. Delhi: Oxford University Press.

Orwell, George (1949): Nineteen Eighty-Four. London: Secker and Warberg Ltd.

Parreñas, Rhacel Salazar (2005): Children of Global Migration: Transnational Families and Gendered Woes. Palo Alto: Stanford University Press.

– (2003): The Care Crisis in the Philippines: Children and Transnational Families in the New Global Economy. In: Ehrenreich, Barbara/Hochschild, Arlie Russell (eds.): Global Woman: Nannies, Maids and Sex Workers in the New Economy. New York: Metropolitan Books Henry Holt and Company, pp. 39-55.

– (2001): Servants of Globalization: Women, Migration, and Domestic Work. Stanford: Stanford University Press.

Ratha, Dilip (2008): Global Economic Prospects. In: World Bank's 2008 report, Migration and Remittances Factbook.

Schmalzbauer, Leah (2004): Searching for Wages and Mothering from Afar: The Case of Honduran Transnational Families. In: Journal of Marriage and Family, 66, pp. 1317-1331.

Teil II:
Care-Debatten –
Care-Defizite

3 Entwicklungen der Care-Debatte – Wurzeln und Begrifflichkeiten

Margrit Brückner

3.1 ‚Care' als Frage der Umverteilung, Anerkennung und Teilhabe

Seit drei Jahrzehnten findet eine internationale, feministische Debatte um ‚Care' statt, die sich aus verschiedenen disziplinären und interdisziplinären Strängen zusammensetzt, welche nicht ohne Weiteres zusammenzufügen sind. Sie haben aber alle das Anliegen, ‚Care' – als traditionell von Frauen ausgeübte Sorgetätigkeit – zu einem öffentlichen Thema der Gerechtigkeit zu machen und die Anerkennung von ‚Care' als notwendige gesellschaftliche Aufgabe einzufordern.

Zentrale Fragestellungen der Care-Debatte kommen aus so disparaten Praxisfeldern wie der Versorgung behinderter und alter Menschen und der Kinderbetreuung und aus so verschiedenen Wissenschaftsbereichen wie Sozialpolitik, Demokratietheorie, Ethik und Handlungstheorie. Dieser Heterogenität der Zugänge entspricht die Vielfalt semantischer Bedeutungen von ‚Care': „caring about" meint die emotionale, „taking care of" die aktiv tätige Seite des Sorgens, „take care of yourself" steht für den Zusammenhang mit Selbstsorge (Chamberlayne 1996). ‚Care' umfasst den gesamten Bereich weiblich konnotierter, personenbezogener Fürsorge und Pflege, d.h. familialer und institutionalisierter Aufgaben der Versorgung, Erziehung und Betreuung und stellt sowohl eine auf asymmetrischen Beziehungen beruhende Praxisform als auch eine ethische Haltung dar (Brückner 2008). Manche AutorInnen fassen den Begriff noch allgemeiner und verstehen ‚Care' als eine spezifische Zugangsweise zur Welt im Sinne einer alle Menschen einschließenden, fürsorglichen Praxis (z.B. Tronto 2000). Im Zusammenhang mit Migration steht häufig „Haushaltsarbeit" – verbunden mit unterschiedlichen Graden von Fürsorglichkeit – im Mittelpunkt des Interesses (Lutz 2009). Hingegen differenziert Kari Waerness (2000) zwischen notwendiger Sorgetätigkeit und persönlichen Dienstleistungen; eine moralisch aufgeladene und empirisch schwierige, aber – kontextabhängig – durchaus sinnvolle

Differenzierung. Ebenfalls je nach Anliegen unterschiedlich wird die (allerdings selten diskutierte) Einbeziehung oder Nichteinbeziehung von Sorgetätigkeiten mit Auflagen gesehen („statutory social care"), wie die Inobhutnahme von Kindern, bei denen der Zusammenhang von Sorge und Zwang hervortritt.

Der gesellschaftliche Bedarf an ‚Care' ist angesichts des demografischen Wandels, gestiegener Erwerbstätigkeit von Frauen und veränderter privater Lebensformen kontinuierlich gewachsen und wird weiterhin ganz überwiegend – ob familial oder beruflich – Frauen übertragen und von Frauen übernommen, was nicht unerheblich zur Stabilisierung bestehender Geschlechterordnungen beiträgt. Zudem gewinnen durch diesen zunehmenden Bedarf im Kontext der Globalisierung neue und alte Formen der Migration von Frauen, ob als illegal Beschäftigte oder professionell Tätige, an Bedeutung. Politisch gewollte Konsequenz ist nicht nur die Festigung des vorhandenen hierarchisierten Geschlechterarrangements, sondern auch eine Verschärfung ethnisch geprägter sozialer Differenzen in den Aufnahmeländern mit Auswirkungen weit hinein in die Herkunftsgesellschaften (Lutz 2009). Statt dass, wie von der internationalen Frauenbewegung gefordert, die zunehmende Teilhabe von Frauen am Arbeitsmarkt mit einer Männer einschließenden gerechteren Arbeitsteilung im privaten Bereich einhergeht, indem Männer sich an der Reproduktionsarbeit beteiligen und ausreichende sozialpolitische Rahmungen zur Neuverteilung von Care-Aufgaben geschaffen werden, ist eine neue internationale Arbeitsteilung unter Frauen im Privathaushalt entstanden, wo sich Frauen als Arbeitgeberin und zumeist ungeschützte Arbeitnehmerin gegenüberstehen (Lenz 2008: Kap. 26). Weil aus Kosten- und teils auch ideologischen Gründen öffentliche soziale Dienstleistungen nicht bedarfsgerecht ausgebaut, bereichsspezifisch sogar abgebaut werden, ist die berufliche Integration von Frauen in den reichen Aufnahmeländern zunehmend gekoppelt an die häufig illegalisierte, oft schlecht bezahlte und sozial nicht abgesicherte Tätigkeit „neuer Dienstmädchen" (Lutz 2000) aus armen Herkunftsländern (Brückner 2008).

Die meisten dieser Migrantinnen, die häufig bezogen auf ihr Herkunftsland eine überdurchschnittliche Berufsausbildung haben, arbeiten ohne vertragliche Regelungen und sind daher in sehr persönlicher Weise an die jeweilige ArbeitgeberIn gebunden, so dass ihre Lebenssituation – zumal unter Bedingungen der Illegalität – zumeist prekär bleibt, insbesondere in Zeiten von Wohnungs- und Arbeitsplatzverlusten und bei Erkrankungen (Rerrich 2006). Dennoch enthält Migration für Frauen auch die Chance, der Armut zu entkommen und schwierigen, oftmals gewalttätigen familialen Verhältnissen zu entfliehen (Metz-Göckel et al. 2009). Das gilt auch für illegalisierte Frauen, die – unter erschwerten Bedingungen – individuelle und zunehmend auch kollektive Handlungsmöglichkeiten für sich entwickeln (Hasenjürgen 2007) und über allerdings nicht zu romantisierende Ressourcen verfügen (Apitzsch/ Siouti 2008). Seit 2005 gibt es in Deutschland zumindest eine offizielle Zentralstelle für Arbeitsvermittlung für Haushaltshilfen aus den neuen EU-Ländern (bis 2011 haben Menschen aus diesen Ländern zwar Aufenthalts-, aber nur eingeschränkte Erwerbsmöglichkeiten), aber das Verfahren hat sich wenig durchgesetzt, da es den meisten ArbeitgeberInnen und Arbeitnehmerinnen zu teuer, zu kompliziert und zu eingeschränkt war, so dass bisher nur ein Bruchteil der geschätzten Betroffenen angemeldet wurde. Wie die Entwicklung weiter geht, wenn die Barrieren zu den neuen Beitrittsstaaten – aus denen ein großer Teil der Frauen stammt – fallen, bleibt zu beobachten und in die weitere Debatte um ‚Care‘ an prominenter Stelle einzubeziehen, ebenso wie die strukturellen Hintergründe der Situation von Frauen aus so genannten Drittländern, d.h. außerhalb der EU. Den hier nur umrissenen (und in vielen anderen Beiträgen dieses Bandes ausgeführten) Bedeutungen des internationalen Transfers von Care-Leistungen ist als eine der ersten Arlie Hochschild (2001) nachgegangen, die darin eine Gefühlsumlenkung im Kontext kosmobiler Sorgetätigkeit sieht, deren emotionaler Mehrwert im jeweiligen Aufnahmeland abgeschöpft wird. Auf der Basis ökonomischer und politischer Ungleichheit von Nord nach Süd und West nach Ost sowie der international hierarchisierten, geschlechtlichen Arbeitsteilung bilden sich zunehmend länderübergreifende „care chains" (Hochschild 2001), deren Einfluss auf Care-Prozesse und Wohlfahrtsregime weiter zu untersuchen ist und die seit einem Jahrzehnt einen wichtigen Aspekt der Care-Debatte darstellen.

Als Rahmen für das übergreifende Anliegen der unterschiedlichen Stränge der Gender durchdrungenen Care-Debatte bietet sich Nancy Fraser's (2003) Konzeption sozialer Gerechtigkeit an – als Ringen um Verteilung (der Care-Aufgaben zwischen den Geschlechtern) und um Anerkennung (bezogen auf eine geschlechtsübergreifende Wertschätzung von Care-Tätigkeit) auf der Grundlage der Norm paritätischer Teilhabe (sozialer Bürgerrechte für Sorgende)[1]. Gerechtigkeit wird auch von Maria Rerrich in diesem Bande in den Mittelpunkt gestellt, aber vor allem unter dem Gesichtspunkt der Auseinandersetzung mit heutigen politischen Debattensträngen. Hingegen steht in diesem Beitrag die Analyse der Begriffsentwicklung im Vordergrund mit dem Anliegen, den Vorteil des heute umfassend und kategorial genutzten Care-Begriffs gegenüber früheren Begriffsverständnissen herauszuarbeiten, um angesichts grundlegender, zwischenmenschlicher Interdependenz ‚Care‘ als gesellschaftliche Aufgabe von sozialpolitischer Bedeutung sichtbar zu machen.

---

1   Zu einer ausführlicheren Auseinandersetzung vgl. Brückner 2010.

3.2 Hausarbeits- und Fürsorgemoraldebatte als historische Vorläufer

Zwei internationale Diskussionsstränge lassen sich als Vorläufer der Care-Debatte bezeichnen und müssen in die Entwicklungsgeschichte einbezogen werden, da sie wichtige Stichwortgeber für die weitere Auseinandersetzung waren: der Blick auf ‚Care' als Arbeit und die Bedeutung der ethischen Dimension von ‚Care'.

Das ist zum einen in den 1970er Jahren die von England und Italien ausgehende, politische und wissenschaftliche Thematisierung von Hausarbeit mit der umstrittenen Forderung nach „Lohn für Hausarbeit" (vgl. Bock/Duden 1977). In deren Kontext wurden Begriffe wie „Beziehungsarbeit" und „Gefühlsarbeit" für die unsichtbare Tätigkeit von Frauen mit ihrer spezifischen Mischung aus Arbeit und Liebe geprägt und gewannen zunächst für die private, dann auch für die berufliche Frauenarbeit hohe Popularität (Sozialarbeiterinnengruppe Frankfurt 1978). Auf theoretischer Ebene entwickelte sich eine Kontroverse um den idealtypisch konstruierten Begriff eines auf Hausarbeit basierenden „weiblichen Arbeitsvermögens" (Ostner/Beck-Gernsheim 1979), welcher die Benachteiligung von Frauen auf dem Arbeitsmarkt erfassen sollte, indem stillschweigend erwartete Interaktionskompetenzen sichtbar gemacht wurden (Ostner 1993). Manche Feministinnen sahen darin eine problematische Festschreibung von Differenz, die in „frauentypischen" Berufen gegen Frauen verwandt werde (Knapp 1988; Rabe-Kleberg 1988). Das Benennen dieser Kompetenzen ist im Kontext der Care-Debatte gleichwohl ein Verdienst, da er wenig thematisierte Berufsanforderungen im Bereich des Sorgens zur Sprache bringt und damit der Auseinandersetzung zugänglich macht. (Zur feministischen Kontroverse um diese Thematik vgl. auch Rerrich in diesem Band.)

Zum anderen war ein Aspekt in den frühen 1980er Jahren die aus den USA kommende Thematisierung einer ebenfalls umstrittenen „weiblichen Fürsorgemoral" (care ethics) durch Carol Gilligan (1982) (zur Kritik vgl. Nunner-Winkler 1993). Auch hier ging es um eine stärkere Bindungsorientierung von Frauen, die Frauen auf eine höhere moralische Entwicklungsstufe stellte als Männer.

Beide Debatten spielten in der alten BRD eine wichtige Rolle, sicher nicht zuletzt, weil sie im ersten Fall mit einer klaren, wenn auch eher symbolisch gemeinten, provokanten Forderung und im zweiten Fall mit einer Selbstbewusstsein stärkenden Zuschreibung verbunden waren, die beide sowohl Frauen in ihrer Kompetenz als auch ihre Arbeit sichtbar machten. Hingegen wurde die überwiegend angloamerikanische und skandinavische De-

batte um ‚Care' erst recht spät in Deutschland aufgegriffen und hat im Gegensatz zur Bedeutung in ihren Ursprungsländern einen weitgehend akademischen Charakter behalten. Thematisch gibt es Überschneidungen zwischen
diesen Debatten und auch Fortführungen, aber insgesamt stellt die Care-Debatte einen Neuanfang dar. Sie hat sowohl eine weniger differenztheoretisch
unterlegte, frauenpolitische als auch eine dekonstruktionstheoretisch inspi-
rierte, geschlechterdemokratische Ausrichtung unter Einbeziehung intersek-
tioneller Ansätze, auch wenn sie ihrerseits Forderungen von Frauen aufgreift
und stärkt.

3.3   Heterogene Wurzeln – die frühen 1980er bis 1990er Jahre

In bester feministischer Tradition macht die Care-Debatte in den Ländern,
aus denen sie hervorgegangen ist, die Verknüpfung von Frauenbewegung
und Theoriebildung deutlich. Angestoßen wurde die Debatte in Westeuropa
sowohl von Engländerinnen, die das politische und theoretische Verständnis
von Arbeit anhand unbezahlter, familialer Frauenarbeit in der Angehörigen-
pflege kritisierten (z.B. Lewis/Meredith 1988), als auch von Skandinavierin-
nen, die sich mit den Unzulänglichkeiten des sozialen Dienstleistungssektors
auseinandersetzten – ausgehend von der Überlastung erwerbstätiger Mütter
(z.B. Leira 1992). Während der Begriff ‚Care' in Großbritannien zunächst im
Sinne eines „home-based kin-care"-Konzeptes (Graham 1993) sehr eng gefasst wurde (Pflege von Angehörigen in der Familie) und die britische Frauenbewegung sich als außerparlamentarische Opposition auf die Situation von
Frauen als „informal carers" konzentrierte, legten skandinavische WissenschaftlerInnen von Anfang an einen weiter gefassten Care-Begriff zu Grunde, da die skandinavische Frauenbewegung viel mehr in den Staat integriert
war (Leira 1994). Sie beschäftigte sich nämlich mit der Frage, wie Frauen
dort ihre Interessen vertreten können, nicht ohne zu erörtern, ob eine Art
Staatspatriarchalismus entstehe, wenn vor allem Frauen in staatliche Sozial-
maßnahmen eingebunden sind: als öffentlich Beschäftigte im Dienstleis-
tungssektor und/oder als privat Sorgende (Bergmann 2008).

Ein weiterer Strang ging von amerikanischen Wissenschaftlerinnen mit
einer demokratietheoretisch ausgerichteten Kritik an der Kategorie Abhängigkeit am Beispiel so genannter „welfare mothers" aus, als Inbegriff der
Nutznießerinnen von Wohlfahrtsleistungen, obwohl diese Mütter Care-Aufgaben erfüllen (z.B. Fraser 1994). Zudem beschäftigten sich WissenschaftlerInnen aus verschiedenen Ländern mit den Inhalten von Care als berufliche

Tätigkeit, die entweder zunehmend technizistisch verkürzt wird oder weiterhin traditionell als Aspekt von Weiblichkeit erscheint, mit entsprechend problematischen Konsequenzen für das jeweilige Professionalitätsverständnis (z.B. Waerness 2000).

Diese unterschiedlichen Zugänge zu ‚Care' spiegeln die spezifischen Debatten im geschlechtergeprägten, sozialpolitischen Kontext der jeweiligen Länder wider und verweisen auf die notwendige Kontextualisierung von Care-Analysen, da ähnlichen Begriffsbildungen und Entwicklungen unterschiedliche Bedeutungen und Erfahrungen zu Grunde liegen (Lister et al. 2007). Auch die Annahme einheitlicher Welfare-Regime bezogen auf Gender erweist sich als zu kurz gegriffen, da diese nicht aus einem Guss sind, sondern sich vielschichtig aus teils widersprüchlichen Maßnahmen und Überzeugungen zusammensetzen, verschiedenen Entwicklungsphasen entstammen, machtpolitische Kompromissbildungen darstellen und unterschiedlichen Interessen geschuldet sind.

3.3.1   Die Entwicklung der britischen Debatte

Ausgangspunkt der britischen Debatte war die Gründung nationaler Vereinigungen von Frauen Ende der 1970er Jahre aus Protest gegen die geringfügige Entlohnung häuslicher Pflegeleistungen, ohne die Care-Tätigkeiten verheirateter Frauen im Haushalt zu berücksichtigen mit dem Argument, dass diese Arbeiten zu deren familialen Aufgaben gehören (Ungerson 1990). Die angestrengte Klage auf Gleichbehandlung vor dem Europäischen Gerichtshof war 1986 erfolgreich (Lewis/Meredith 1988). Inhaltlich stand die ausbeuterische Seite von ‚Care' als unbezahlte Arbeit im Vordergrund. Erst später rückte aufgrund empirischer Untersuchungen zu Wünschen von Frauen, Angehörige zu versorgen (z.B. ebd.), die subjektive Dimension des Sorgens in den Vordergrund. Dies führte zur Forderung, informelle Care-Tätigkeiten in das System sozialer Rechte einzubetten und als wertvolle Tätigkeit im Sinne zwischenmenschlicher Bindung anzuerkennen, trotz der darin enthaltenen Festschreibung traditioneller Geschlechterrollen (Chamberlayne 1996). Nach Erstarken der in England prominenten Behindertenbewegung und deren Kritik an einer Vernachlässigung der „service user"-Perspektive galt es, die NutzerInnensicht nicht weiter außer Acht zu lassen: Care wurde mit Forderungen nach sozialen Bürgerrechten für „care giver" und „care receiver" verknüpft (Ungerson 1993).

WissenschaftlerInnen, die sich mit professioneller Sorge beschäftigten, bezogen sich schon früh auf die weiter gefassten Analysen skandinavischer ForscherInnen und forderten die Einbeziehung bezahlter „care givers", da es sich bei ihnen ebenfalls zumeist um Frauen handelt und diese genauso wenig Anerkennung finden wie unbezahlt Sorgende (z.B. Davies 1994). Aus dieser Erweiterung folgten im Verlauf der 1990er Jahre Auseinandersetzungen mit klassen- und ethniespezifischen Differenzen unter Frauen als „care givers" (Ungerson 1997).

3.3.2   Die Entwicklung der skandinavischen Debatte

Skandinavische ForscherInnen verstanden Care immer schon als eine die private und öffentliche Sphäre durchdringende und beide Sphären transzendierende Tätigkeit. Der hohe Anteil erwerbstätiger Frauen führte in den nordischen Ländern zu einem Primat von Forderungen rund um die Ausweitung von Kinderbetreuung, insbesondere für kleine Kinder (Leira 1992). Aufgrund des universellen Staatsbürgerrechtes gab und gibt es zudem eine je nach Land unterschiedlich ausformulierte, öffentliche Verantwortung für die Versorgung alter Menschen. Diese bewirkte schon seit den 1980er Jahren z.B. in Schweden die Entwicklung eines qualifizierten Berufsfeldes im Pflegebereich, zunehmend auch für dort lebende Migrantinnen (Theobald 2008). In den bis heute anhaltenden Debatten um eine sozialstaatliche Absicherung von Care kommt dem Zusammenhang von Geschlecht und sozialen Bürgerrechten ein hoher Wert zu, da trotz gebräuchlicher Qualifizierung dieser Länder als „Women-Friendly Welfare State" (Leira 1994) um gleiche Absicherungen für Frauen wieder verstärkt gerungen werden muss.

3.3.3   Die Entwicklung der nordamerikanischen Debatte

Anders als in Großbritannien und Skandinavien liegt der Ausgangspunkt der nordamerikanischen Debatte in der Auseinandersetzung mit der vorherrschenden gesellschaftlichen Definition von Abhängigkeit („dependency") (Fraser 1994) unter Verwendung eines teils sehr weiten Begriffes von Care. So definieren Bernice Fisher und Joan Tronto (1990) Care als soziale Tätigkeit zur physischen, personen- und umweltbezogenen Überlebenssicherung, die immer Konfliktpotenzial enthält, da sie persönlicher, sozialer und ökonomischer Ressourcen bedarf und daher politischen Entscheidungen unterliegt. Sie teilen die Praxis des Sorgens in vier Phasen, mit je eigenen Akteuren und Bedingungen des Gelingens respektive Scheiterns, je nach Grad der Entscheidungsfreiheit und der Strukturierungsmacht von „care giver" und „care receiver": Wahrnehmung des Problems („caring about"), Überlegungen zur Lösung des Problems („taking care of"), aktive Fürsorgeleistung („care giving") und die Reaktion/Antwort der AdressatInnen („care receiving").

Die Fokussierung auf das Spannungsverhältnis von Abhängigkeit und Unabhängigkeit geht mit einer prinzipiellen Kritik an einer einseitigen Verbindung von Care mit Abhängigkeit einher, da alle Menschen voneinander abhängig („interdependent") sind, nur zu unterschiedlichen Zeiten und in unterschiedlicher Weise (Nussbaum 2003). Daher fordern Nancy Fraser und Linda Gordon (1994) eine Re-Etablierung von notwendiger (im Gegensatz zu unnötiger) Abhängigkeit als eine auf einem Kontinuum anzusiedelnde, menschliche Normalsituation und von Unabhängigkeit als Fiktion, die auf männlich hegemonialen Geschlechterbildern aufbaut. Die Anerkennung von Interdependenz zwischen Generationen und Geschlechtern erfordert eine Neudefinition der Rechte und Bedürfnisse sowohl von „care givers" als auch von „care receivers" (vgl. auch Knijn/Kremer 1997), d.h. die Selbstbestimmung beider Seiten im Sorgeprozess muss ernst genommen und der Gedanke der Autonomie integriert werden (Schnabl 2003). Damit ist Care eine von den daran beteiligten Menschen gemeinsam gestaltete, soziale Praxis, der Machtdifferenzen innewohnen, die sowohl der Machtausübung (bis hin zur Gewaltanwendung) als auch der Ermächtigung (im Sinne von Empowerment) dienen können (Conradi 2001).

Zusammenfassend basiert diese philosophisch-politische Debatte auf einem „gegenhegemonialen Demokratiekonzept" (Sauer 2006), in dessen Gerechtigkeitsverständnis Situationen der Abhängigkeit und asymmetrische Handlungsformen ebenso einbezogen werden, wie angemessene Formen staatsbürgerlicher Repräsentanz von Sorgenden und Umsorgten, einschließlich der Berücksichtigung zunehmend bedeutsamer transnationaler Sorgesysteme (Bettio et al. 2006).

3.4 Begriffliche und inhaltliche Annäherungen seit den späteren 1990er Jahren

Wachsende internationale Netzwerke der Care-TheoretikerInnen führten zu einer begrifflichen Annäherung und die politischen Entwicklungen in Westeuropa zu einer inhaltlichen Annäherung, letzteres sowohl durch die verstärkt neoliberal geprägte Angleichung der Welfare-Regime als auch durch eine verstärkte Gleichstellungspolitik der EU – ausgerichtet an Erwerbsarbeit aller Erwachsenen („adult worker model") sowie der Vereinbarkeit von Familie und Beruf (Gerhard et al. 2003). Die genauere Analyse sich entwickelnder Varianten von Care-Regimen führte zu einer differenzierteren Wahrnehmung jeweiliger Geschlechterkulturen und Wohlfahrtspolitiken und mündete in zahlreiche, vergleichende Care-Studien mit den Schwerpunkten Versorgung von Kindern und/oder alten Menschen, häufig gefördert mit Mitteln der EU (Kulawik 2005).

Sozialpolitisch engagierte feministische TheoretikerInnen aus verschiedenen Ländern sehen Care seit den 1990er Jahren als Herzstück der Analyse von Wohlfahrtsregimen (Knijn/Kremer 1997), da die jeweilige Organisationsform von Care den Geschlechterbias der Regime offen legt und die Frage sozialer Inklusion aller Care-Leistenden und -Empfangenden auf die Tagesordnung setzt. Durch diese Zusammenschau von Aufgaben und Rechten bewegten sich die Diskurse zu Bürgerrechten (care as a social right) und Forschungen zu Wohlfahrtsregimen (care as work) aufeinander zu und führten zu einer höheren Komplexität des Begriffes ‚Care' (Leira 1994). Während Carol Thomas (1993) Anfang der 1990er Jahre noch davon ausging, dass Care lediglich eine empirische und keine theoretische Kategorie sein könne, da es keine klaren Parameter und keine nachgewiesene Verbindung zwischen den einzelnen Formen von Care gibt, bezeichnen Mary Daly und Jane Lewis (2000: 281) knapp ein Jahrzehnt später ‚Care' als „a concept of social care" und damit als bedeutsame Kategorie der Analyse von Wohlfahrtsstaaten auf der Makro- und der Mikroebene, die allerdings aufgrund des ursprünglichen Handlungsbezuges einer Rekonzeptualisierung bedarf. Die Autorinnen unterscheiden drei Dimensionen des Care-Konzeptes: 1. Arbeit, 2. normativer Rahmen von Verpflichtungen und Verantwortlichkeiten, 3.eine, die private und öffentliche Sphäre transzendierende, finanzielle und emotionale, Kosten verursachende Aktivität.

Zusammenfassend beschäftigt sich der Mainstream der Care-Debatte mit der Umverteilung von Erwerbs- und Sorgearbeit anhand einer Neubestimmung des Arbeitsbegriffes (Kurz-Scherf 1997; Sauer 1997) und mit der Anerkennung von Care als Basis für soziale Bürgerrechte („citizenship rights") einschließlich entsprechender Partizipationsmöglichkeiten. Lister et al. (2007) verweisen jedoch auf die Grenzen des Citizenship-Modells, da es immer ein- und ausschließende Wirkungen (z.B. für marginalisierte Gruppen wie Migrantinnen) und neben der emanzipatorischen, auch eine disziplinierende Seite hat (z.B. Ermöglichung von Erwerbsarbeit versus Verpflichtung zur Erwerbsarbeit, unabhängig von Care-Aufgaben). Dennoch zeigen vergleichende Untersuchungen, welch wichtige Wirkung – durch soziale Bürgerrechte definierte – Zugangsmöglichkeiten zu Leistungen (Dienste oder Geld) haben, bezogen auf die Frage, ob sich ein regulärer oder ein grauer Care-Arbeitsmarkt entwickelt mit entsprechenden Folgen für das Maß sozialer Gleichheit einschließlich der Migrantinnen (Newman et al. 2008; Theobald 2008).

3.5   Seitenstränge: Care als soziale Praxis auf der Basis ethischer Überlegungen

Neben der sozialstaatszentrierten Debatte blieb die philosophisch ethische Fragestellung mit ihrer normativen Ausrichtung in weiten Teilen ein eigenständiger Zugang zu Care (Conradi 2001). So kritisiert beispielsweise Selma Sevenhuijsen (1998) die von ihr als sozial-liberal bezeichnete feministische Strategie, Care als Arbeit zu begreifen und eine geschlechtsneutrale Verteilungsgerechtigkeit anzustreben. Sie setzt hingegen auf eine Care-Ethik der Verbundenheit zum Wohle aller und begreift Citizenship weniger als Rechtskonstrukt, denn als Handlungsform im Sinne einer republikanischen Tugend. Dabei weist sie dem Begriff der ‚Aufmerksamkeit' im Kontext eines asymmetrischen Aufeinanderbezogenseins einen hohen Wert zu, den sie verknüpft mit sowohl der Achtsamkeit gegenüber sich selbst als auch dem Raum zur Entfaltung des Selbst und des Anderen – die vorherrschende Trennung von Abhängigkeit und Unabhängigkeit überschreitend (Sevenhuijsen 2003). Dazu passt eine Konkretisierung von Care-Handlungen durch Elisabeth Conradi als „eine Gratwanderung zwischen Verantwortung und Bevormundung, zwischen Selbstachtung und Achtsamkeit, zwischen Desinteresse und Überforderung" (2001: 239). Care-Ethik basiert somit auf einer beziehungsorientierten, öffentlichen Verantwortung, welche alle Sorgenden, auch MigrantInnen, einbezieht: „Immigrants are, by virtue of caring relationships with others, citizens: Caring citizens" (Tronto 2008: 191).

Etwas ins Abseits geraten scheint ein anderer, häufig eng mit ethischen Fragen zusammenhängender Strang: die Beschäftigung mit Care als sozialer Praxis im handlungstheoretischen Sinne, in die Selbstsorge als Teil dieser Praxis eingebunden ist und den zentralen Unterschied zu Caritas (selbstloser Fürsorge) ausmacht (Schnabl 2005), wobei Selbstsorge nicht als Selbstoptimierungsanstrengung zu verstehen ist (Eckart 2004).

Zunächst hatte Care-Praxis in den frühen 1980er Jahren als Mischung von „labour and love" im Vordergrund gestanden und das Neue darin gelegen, Care im familialen Kontext als Arbeit zu begreifen (Finch/Groves 1983). Das Besondere dieser Arbeit ist die Verwobenheit von Aktivität mit emotionaler Verbundenheit, die für Frauen eine Falle darstellt (Graham 1983). Untersuchungen in den frühen 1990er Jahren über Motive von Frauen führten jedoch zu Differenzierungen dieser Einschätzung, denn die Analyse der Übernahme verwandtschaftlicher Care-Aufgaben zeigte, dass weniger allgemeingültige Richtlinien Ausschlag gebend sind, als dass – zumeist Frauen – beziehungsvermittelte, multidimensionale Vereinbarungen in konkreten

Situationen treffen, die sich nicht auf eine aufoktroyierte Verpflichtung reduzieren lassen (Finch/Mason 1993; vgl. hierzu auch Gröning 2005).

Wie komplex und wenig greifbar Care aufgrund der Beziehungsebene
auch für „professional carers" ist, untersuchte als eine der ersten Wissenschaftlerinnen im Kontext dieser Debatte Celia Davies (1994) am Beispiel
irischer Krankenschwestern, die unter der Sprachlosigkeit gegenüber dem
eigenen Tun litten. Jenseits einer instrumentell verstandenen Handlungskom-
petenz gab es keine anerkannte Form, welche die Gefühlsebene widerspie-
gelte, die so unterschiedliche Aspekte umfasste wie aktiver Umgang mit
eigenen und fremden Gefühlslagen, situationsangemessene Wahrnehmungs-
und Interpretationsfähigkeit und Kontaktaufnahme. Diese offizielle Sprachlosigkeit korrespondierte mit einer Verlustangst zwischenmenschlicher Fähigkeiten durch instrumentelles Training, die sich mit der kulturellen Norm
von Fürsorglichkeit als Liebesdienst – und nicht als erlernbare Arbeit – deckt
und auch nach deutschen Untersuchungen in den frühen 1990er Jahre Care-
Berufe wie ein roter Faden durchzieht (Rabe-Kleberg 1993; Rommelspacher
1992).

Zu fragen ist, wie das Verhältnis beruflich methodischen Handelns zu
Beziehungsaufnahme in Care-Berufen heute gesehen wird. Eva Senghaas-
Knobloch (2008) zeigt anhand ihrer Krankenpflege-Studie wie eine fürsorgliche Praxis – angesichts deren Einordnung in Markt- und Verwertungs-
prozesse – immer mehr unter Druck gerät und eine zugewandte Haltung
verunmöglicht. Zu ähnlichen Ergebnissen kommt eine Untersuchung zu Gefühlsarbeit in der Altenpflege in Österreich (Egger de Campo/Laube 2008),
die das Spannungsverhältnis zwischen emotionalen Arbeitsanforderungen
und organisatorischen Arbeitsbedingungen analysiert. Ausgehend von der
besonderen professionellen Beziehungsfähigkeit, „Beziehungen auf Abruf
empathisch herstellen und durch mentale Abgrenzung beenden zu können"
(ebd.: 20), zeigt sich aber auch, dass Rationalisierung und Bürokratisierung
zwar als problematisch, teilweise aber aufgrund der Abgrenzungsmöglich-
keiten auch als erleichternd gesehen werden; in jedem Falle aber eine individuell zu bewältigende Belastung darstellen.

Möglicherweise ist eine prinzipiell schwer vorstellbare Vereinbarung
von Care und bezahlter Tätigkeit einer Kritik an den Rahmenbedingungen in
vielen Care-Berufen gewichen. Während in den 1970er und 1980er Jahren
Nähe im Zuge von Wünschen nach einer nicht entfremdeten Verknüpfung
von Arbeit und Leben auch in der Frauenbewegung einen zentralen Wert
darstellte, steht heute das Credo professioneller Distanz im Vordergrund, basierend auf normativen Vorstellungen von Selbstbestimmung und Selbstver-
antwortlichkeit und einer klaren Trennung zwischen Beruf und Privatleben
(Bauer/Gröning 2008). Hier ist ein Forschungsbedarf zu verzeichnen, um

Care-Verständnisse und Care-Handeln von Akteurinnen und Akteuren heute in professionellen und informellen Kontexten zu analysieren, unter dem Einbeziehen möglicher kultureller Differenzierungen und der Bedeutung interkultureller Kontexte.

3.6   Fazit: die Care-Debatte als Ringen um soziale Gerechtigkeit im Geschlechterverhältnis

Die Entwicklungen der internationalen Care-Debatte lassen sich – ausgehend von Nancy Fraser's Analyse sozialer Gerechtigkeit (2003) – als Ringen um Geschlechtergerechtigkeit unter Einbeziehen klassenspezifischer und ethnischer Fragen zusammenfassen.

Erfolgreich hat die Care-Debatte durch ihre erweiterte Definition von Arbeit und ihre Kritik an gängigen Organisationsmustern des Sorgens die notwendige Umverteilung der „ganzen Arbeit" (Nickel 2008), deren angemessene Entgeltung und deren sozialstaatliche Einbeziehung deutlich gemacht. Damit einhergehend hat sie die mangelnde gesellschaftliche Anerkennung von Care auf der Basis einseitiger Vorstellungen von Abhängigkeit problematisiert und die daraus erwachsende Forderung nach Teilhabe durch soziale Bürgerrechte gestellt. Darüber hinaus ist es gelungen, die gesellschaftlichen Hintergründe des zunehmend transnationalen Charakters des wachsenden Care-Bedarfs in Zeiten der Globalisierung herauszuarbeiten und eine zu enge Rahmung zu vermeiden.

Ambivalent einzuschätzen ist, dass Care zwar heute thematisiert wird, real aber nicht ausreichende, alte Versorgungsformen (Familie, öffentliche Einrichtungen) nur unzureichend durch neue Formen ergänzt werden. Dadurch wächst die Care-Lücke in vielen Bereichen und wird zunehmend durch häufig illegalisierte Niedriglohnarbeit von Migrantinnen abgedeckt, wodurch nicht nur neue Ausbeutungsverhältnisse entstehen, sondern auch mühsame Professionalisierungsprozesse von personenbezogenen, sozialen Dienstleistungen in verschiedenen europäischen Ländern wieder abgebaut werden (Bettio et al. 2006). Ebenfalls uneindeutig scheint die zunehmende Durchsetzung von Wahlmöglichkeiten bezogen auf Care zu sein wegen der damit einhergehenden Individualisierung, die einerseits unterschiedlichen Gerechtigkeitsvorstellungen entspricht, andererseits neoliberalen Marktstrategien entgegenkommt und den Abbau öffentlicher Einrichtungen zur Folge hat.

Als Misserfolg muss der nach wie vor geringe Grad der Einbeziehung von Männern angesehen werden, welcher sowohl einer geschlechtergerechten Aufgabenteilung als auch der Ermöglichung einer männlichen fürsorglichen Praxis entgegensteht und zu einer globalisierten und hierarchisierten Arbeitsteilung unter Frauen führt.

Literatur

Apitzsch, Ursula/Siouti, Irini (2008): Transnationale Biographien. In: Homfeldt, H.-G./Schröer, W./Schweppe, C. (Hrsg.): Soziale Arbeit und Transnationalität. Weinheim/München: Juventa, S. 97-111.

Bauer, Annemarie/Gröning, Katharina (Hrsg.) (2008): Gerechtigkeit, Geschlecht und demografischer Wandel. Frankfurt: Mabuse.

Beckmann, Sabine (2008): Geteilte Arbeit? Männer und Care-Regime in Schweden, Frankreich und Deutschland. Münster: Westfälisches Dampfboot.

Bergman, Solveig (2008): Der neue Feminismus in den nordischen Ländern. In: Feministische Studien, 26. Jg., Nov., S. 187-196.

Bettio, Francesca/Simonazzi, Annamaria/Villa, Paola (2006): Change in Care Regimes and Female Migration: The ‚care drain' in the Mediterranean. In: Journal of European Social Policy, Vol. 16 (3), S. 271-285.

Bock, Gisela/Duden, Barbara (1977): Arbeit aus Liebe – Liebe als Arbeit. In: Gruppe Berliner Dozentinnen Frauen und Wissenschaft (Hrsg.): Zur Entstehung der Hausarbeit im Kapitalismus. Beiträge zur Berliner Sommeruniversität für Frauen. Berlin: Courage Verlag, S. 118-199.

Brückner, Margrit (2008): Kulturen des Sorgens (Care) in Zeiten transnationaler Entwicklungsprozesse. In: Homfeldt, H.-G./Schröer, W./Schweppe, C. (Hrsg.): Soziale Arbeit und Transnationalität. Weinheim/München: Juventa, S. 167-184.

Brückner, Margrit (2010): Care und soziale Arbeit: Sorgen im Kontext privater und öffentlicher Räume. In: Schröer, Wolfgang/Schweppe, Cornelia (Hrsg.): Enzyklopädie Erziehungswissenschaft Online, Fachgebiet Soziale Arbeit. Weinheim/München: Juventa.

Chamberlayne, Prue (1996): Fürsorge und Pflege in der britischen feministischen Diskussion. In: Feministische Studien 2, S. 47-60.

Conradi, Elisabeth (2001): Take Care, Grundlagen einer Ethik der Achtsamkeit. Frankfurt a. M.: Campus.

Daly, Mary/Lewis, Jane (2000): The Concept of Social Care and the Analysis of Contemporary Welfare States. In: British Journal of Sociology, Vol. 51, No. 2, S. 281-298.

Davies, Celia (1994): Competence versus Care? Gender and Caring Work Revisited. Vortrag im Research Comittee 19, 13, Weltkongress der Soziologie, Bielefeld.

Eckart, Christel (2004): Fürsorgliche Konflikte. In: Österreichische Zeitschrift für Soziologie, 29. Jg., H. 2, S. 24-40.

Egger de Campo, Marianne/Laube, Stefan (2008): Barrieren, Brücken und Balancen, Gefühlsarbeit in der Altenpflege und im Call Center. In: Österreichische Zeitschrift für Soziologie, 33. Jg., H. 2, S. 19-42.

Finch, Janet/Groves, Dulcie (Hrsg.) (1983): A Labour of Love: Women, Work and Caring. London: Routledge & Keagan.

Finch, Janet/Mason, Jennifer (1993): Negotiating Family Responsibilities. London: Routledge & Keagan.

Fisher, Berenice/Tronto, Joan (1990): Toward a Feminist Theory of Care. In: Abel, E. K./Nelson, M. K. (Hrsg.): Circles of Care: Work and Identity in Women's Lives. Albany: State University of New York, S. 35-62.

Fraser, Nancy (1994): Widerspenstige Praktiken: Macht, Diskurs, Geschlecht. Frankfurt a. M.: Suhrkamp, S. 222-248.

Fraser, Nancy (2003): Soziale Gerechtigkeit im Zeitalter der Identitätspolitik. In: Fraser, N./Honneth, A.: Umverteilung oder Anerkennung? Frankfurt: Suhrkamp.

Fraser, Nancy/Gordon, Linda (1994): „Dependency" demystified: Inscriptions of Power in a Keyword of the Welfare State. In: Social Politics, Vol 1, 1, S. 4-31.

Gerhard, Ute/Knijn, Trudie/Weckwert, Anja (2003): Einleitung: Sozialpolitik und soziale Praxis. In: Dies. (Hrsg.): Erwerbstätige Mütter. Ein europäischer Vergleich. München: Beck, S. 8-28.

Gilligan, Carol (1982): In a Different Voice: Psychological Theory and Women's Development. Cambridge: Harvard University Press.

Graham, Hilary (1983): Caring: A Labour of Love. In: Finch, J./Groves, D. (Hrsg.) (1983): A Labour of Love: Women, Work and Caring. London: Routledge & Keagan, S. 13-30.

Graham, Hilary (1993): Feminist Perspectives on Caring. In: Bornat, J. et al. (Hrsg.): Community Care. A Reader. London: Macmillan, S. 124-133.

Gröning, Katharina (2005): Hochaltrigkeit und häusliche Pflege als Problem der Bildung und Geschlechterforschung. Ein Problemaufriss. In: Zeitschrift für Frauenforschung und Geschlechterstudien. 23. Jg., H. 4, S. 41-51.

Hasenjürgen, Brigitte (2007): Illegale Migration entzaubern. Am Beispiel von Arbeitsmigrantinnen im Privathaushalt. In: Migration und soziale Arbeit, 3-4, S. 261-270.

Hochschild, Arlie (2001): Globale Betreuungsketten und emotionaler Mehrwert. In: Hutton, W./Giddens, A. (Hrsg.): Die Zukunft des globalen Kapitalismus. Frankfurt a. M.: Campus, S. 157-176.

Knapp, Gudrun-Axeli (1988): Das Konzept „weibliches Arbeitsvermögen" – theoriegeleitete Zugänge, Irrwege, Perspektiven. In: Frauenforschung, Jg. 6, 4, S. 8-19.

Knijn, Trudie/Kremer, Monique (1997): Gender and the Caring Dimension of Welfare States: Toward Inclusive Citizenship. In: Social Politics, Vol. 4, 3, S. 328-361.

Kulawik, Theresa (2005): Wohlfahrtsstaaten und Geschlechterregime im internationalen Vergleich. In: gender...politik...online. www:http://web.fuberlin.de/gpo/pdf/kuwalik.pdf, download: 3.9.2008.

Kurz-Scherf, Ingrid (1997): Kopfkrise der Frauenforschung. In: Die Frau in unserer Zeit, 26. Jg., 4, S. 11-16.

Lenz, Ilse (Hrsg.) (2008): Die Neue Frauenbewegung in Deutschland. Wiesbaden: VS-Verlag.

Leira, Arnlaug (1992): Welfare States and Working Mothers. The Scandinavian Experience. Cambridge: Cambridge University Press.

Leira, Arnlaug (1993): The „Women-Friendly" Welfare State? The Case of Norway and Sweden. In: Lewis, J. (Hrsg.): Women and Social Policies in Europe. London: Edward Elger, S. 25-48.

Leira, Arnlaug (1994): Caring and the Gendering of Citizenship. Vortrag im Research Comittee 19, 13. Weltkongress der Soziologie, Bielefeld.

Lewis, Jane/Meredith, Barbara (1988): Daughters who Care: Daughters Caring for Mothers at Home. London: Routledge.

Lister, Ruth et al. (2007): Gendering Citizenship in Western Europe. New Challenges for Citizenship Research in a Cross-National Context. Bristol: The Policy Press.

Lutz, Helma (2000): Geschlecht, Ethnizität, Profession. Die neue Dienstmädchenfrage im Zeitalter der Globalisierung. In: iks Querformat der Arbeitsstelle Interkulturelle Pädagogik.

Lutz, Helma (Hrsg.) (2009): Gender Mobil? Geschlecht und Migration in transnationalen Räumen. Münster: Westfälisches Dampfboot.

Metz-Göckel, Sigrid/Münst, Senganata/Kalwa, Dobrochna (2009): Migration als Ressource. Leverkusen/Opladen: B. Budrich.

Newman, Janet/Glendinning, Caroline/Hughes, Michael (2008): Beyond Modernisation? Social Care and the Transformation of Welfare Governance. In: Journal of Social Policy, 37, 4, S. 531-557.

Nickel, Hildegard Maria (2008): Care – Black Box der Arbeitspolitik. In: Berliner Journal für Soziologie, H. 2, S. 185-191.

Nunner-Winkler, Gertrud (Hrsg.) (1993): Weibliche Moral: Die Kontroverse um eine geschlechtsspezifische Ethik. Frankfurt a. M./New York: Campus.

Nussbaum, Martha (2003): Langfristige Fürsorge und soziale Gerechtigkeit. In: Deutsche Zeitschrift für Philosophie, 2, S. 179-198.

Ostner, Ilona (1993): Zum letzten Male: Anmerkungen zum „weiblichen Arbeitsvermögen". In: Krell, G./Osterloh, M. (Hrsg): Personalpolitik aus der Sicht von Frauen. München/Mehring: Rainer Hampp, S. 107-121.

Ostner, Ilona/Beck-Gernsheim, Elisabeth (1979): Mitmenschlichkeit als Beruf. Frankfurt a. M./New York: Campus.

Rabe-Kleberg, Ursula (1988): „Weibliches Arbeitsvermögen" und soziale Berufe – ein gutes Verhältnis? In: Frauenforschung, Jg. 6, 4, S. 28-31.

Rabe-Kleberg, Ursula (1993): Verantwortlichkeit und Macht. Bielefeld: Kleine.

Rerrich, Maria S. (2006): Die ganze Welt zu Hause – cosmobile Putzfrauen in privaten Haushalten. Hamburg: Hamburger Edition – Institut für Sozialforschung.

Rommelspacher, Birgit (1992): Mitmenschlichkeit und Unterwerfung. Frankfurt a. M./New York: Campus.

Sauer, Birgit (1997): Krise des Wohlfahrtsstaats. Eine Männerinstitution unter Globalisierungsdruck? In: Braun, H./Jung, D. (Hrsg.) (1997): Globale Gerechtigkeit? Feministische Debatte zur Krise des Sozialstaats. Hamburg: Konkret Literatur Verlag, S. 113-147.

Sauer, Birgit (2006): Geschlechterdemokratie und Arbeitsteilung. Aktuelle feministische Debatten. In: Österreichische Zeitschrift für Soziologie, Jg. 31., H. 2, S. 54-76.

Schnabl, Christa (2003): „Fürsorge": Anachronismus oder wegweisende soziale Praxisform? Reflexionen zu einem Schlüsselbegriff feministischer Ethik. In: Moser, M./Praetorius, I. (Hrsg.): Welt gestalten – im ausgehenden Patriarchat. Königstein: U. Helmer, S. 118-129.

Schnabl, Christa (2005): Gerecht sorgen. Freiburg/Wien: Herder.

Senghaas-Knobloch, Eva (2008): Care-Arbeit und das Ethos fürsorglicher Praxis unter neuen Marktbedingungen am Beispiel der Pflegepraxis. In: Berliner Journal für Soziologie, H. 2, S. 221-243.

Sevenhuijsen, Selma (1998): Citizenship and the Ethics of Care. Feminist Consideration on Justice, Morality and Politics. London: Routledge.

Sevenhuisen, Selma (2003): "A moral geography of the body", Schritte zu einer Ethik der Aufmerksamkeit. In: Moser, M./Praetorius, I. (Hrsg.): Welt gestalten – im ausgehenden Patriarchat. Königstein: U. Helmer, S. 104-117.

Sozialarbeiterinnengruppe Frankfurt (1978): Gefühlsarbeit. Sozialmagazin 9, S. 22-31.

Theobald, Hildegard (2008): Care-Politiken, Care-Arbeitsmarkt und Ungleichheit: Schweden, Deutschland und Italien im Vergleich. In: Berliner Journal für Soziologie, H. 2, S. 257-281.

Thomas, Carol (1993): Deconstructing Concepts of Care. In: Sociology, Nov. S. 649-669.

Tronto, J. (2000): Demokratie als fürsorgliche Praxis. In: Feministische Studien extra, 18. Jg., S. 54-66.

Tronto, Joan C. (2008): Feminist Ethics, Care and Citizenship. In: Homfeldt, H.-G./ Schröer, W./Schweppe, C. (Hrsg.) (2008): Soziale Arbeit und Transnationalität. Weinheim: Juventa, S. 185-202.

Ungerson, Clare (Hrsg.) (1990): Gender and Caring: Work and Welfare in Britain and Scandinavia. New York: Harvester Wheatsheaf.

Ungerson, Clare (1993): Caring and Citizenship: a Complex Relationship. In: Bornat, J. et al. (Hrsg.): Community Care. A Reader. London: Macmillan, S. 124-133.

Ungerson, Clare (1997): Social Politics and the Commodification of Care. In: Social Politics, Vol. 4, 3, S. 362-381.

Waerness, Kari (2000): Fürsorgerationalität. In: Feministische Studien extra: Fürsorge – Anerkennung – Arbeit. 18. Jg., S. 54-66.

4   Care in der Krise?
Neue Fragen zu familialer Arbeit

Karin Jurczyk

4.1   Vorbemerkung

Familie als die ‚andere‘, die private Seite von Erwerbsgesellschaft und Wohlfahrtsstaat erbringt unverzichtbare Leistungen für Wirtschaft und Gesellschaft. Diese familialen Care-Leistungen, d.h. Leistungen der materiellen und
immateriellen Reproduktion und Sorge für andere Familienmitglieder, liegen
immer noch weitgehend in der Verantwortung von Frauen.

Im Folgenden soll argumentiert werden, dass und warum familiales Care
in der Krise ist, wie diese Krise aussieht und welche Fragen sich neu an familiale Arbeit stellen. Dafür werden in Abschnitt 4.2 zunächst Dimensionen
und Begriffe des Zusammenhangs von Familie und Care ausgeleuchtet. In
Abschnitt 4.3 geht es um die Kontextbedingungen der Krise der sozialen Reproduktion in den wohlhabenden westlichen Ländern am Beispiel Deutschlands. Hierfür wird der gegenwärtige, in sich widersprüchliche soziale Wandel als ‚doppelte Entgrenzung‘ von Erwerbsarbeit und Familie beschrieben.
Zentrale These ist, dass dieser die Erbringung verlässlicher Sorgearbeit in Familien vor neue Herausforderungen stellt, denn Verhältnisse und Verhaltensanforderungen passen nicht mehr zusammen. In Abschnitt 4.4 werden empirische Untersuchungen über den Familienalltag referiert, die zeigen, dass
familiale Arbeit unter diesen Bedingungen oftmals an den Grenzen der Belastbarkeit erbracht und zunehmend prekär wird. Die sich abzeichnenden
‚Care-Gaps‘ werden derzeit noch wesentlich durch individuelles Handeln
kompensiert. Es zeigen sich verschiedene Strategien, mit den geschlechtlich
konnotierten Dilemmata von Care umzugehen, u.a. eine begrenzte Neu-
schneidung von öffentlichem und privatem Care sowie die Informalisierung
durch Delegation an Verwandtschaft oder an Arbeitskräfte im Schattenbe-
reich der Wirtschaft. Abschließend wird in Abschnitt 4.5 argumentiert, dass
damit weder die Frage der Anerkennung von Care gelöst wird, noch eine
neue tragfähige Balance eines ‚Public-Private-Divide‘ entsteht. Vielmehr
sind die Verhältnisse zwischen ‚Arbeit‘ und ‚Leben‘ labil geworden, Repro-

duktionslücken entstehen, der mit der Industriegesellschaft etablierte Reproduktionspakt[1] ist gefährdet, jedoch kein Neuer in Sicht.

4.2 Dimensionierung von Familie und Care

Vergleicht man die Thematisierung von Familie in der Genderforschung in Deutschland etwa mit der in den USA (Lloyd et al. 2009), so erweist sie sich hier nach wie vor tendenziell als ,vermintes Gelände'. Entweder wird Familie ignoriert oder auf ihre Negativseiten wie etwa ihre Gewaltpotenziale oder ungleiche Arbeitsteilungen der Geschlechter verkürzt. Dies ist umso erstaunlicher, als die Familie faktisch eine sehr hohe und weit überwiegend positiv besetzte Relevanz für Alltag und Lebensverlauf von Frauen und auch Männern sowie für die kindliche Entwicklung hat (Lange 2009), noch viel mehr aber, weil sie – strukturell betrachtet – die notwendige Ergänzung zu Markt und Wohlfahrtsstaat ist (Rosenbaum/Timm 2008). Hier werden im Kontext persönlicher Beziehungen zwischen Generationen und Geschlechtern Subjektivität, Reproduktion der nächsten Generation – und damit von Gesellschaft –, Bindung, Erziehung, Versorgung, Pflege und Wohlbefinden von Individuen ermöglicht.[2] Die nicht durch Marktlogiken dominierte Privatheit der Beziehungen in der Familie ist die Voraussetzung für ihre besondere Qualität, da Menschen zu ihrer Entwicklung offensichtlich auf nicht durch Zeit- und Geldökonomie eingeschränkte Sorgeleistungen anderer angewiesen sind (Bertram/Bertram 2009). Dies wird am Beispiel intimer Beziehungen und Bindungen, die zumindest hinsichtlich ihrer Gefühlsqualität, aber auch ihrer Exklusivität und Unabdingbarkeit, nicht über den Markt herzustellen sind, deutlich (Hochschild 2004). Insofern ist in Erwerbsgesellschaften die Privatheit von Familie bis zu einem gewissen Maß unverzichtbar für Wirtschaft

---

1 Der Begriff des Reproduktionspaktes meint die institutionell organisierte und politisch legitimierte gesellschaftliche Ordnung des Verhältnisses von Produktion und sozialer und individueller Reproduktion.

2 Dies bedeutet nicht, dass die Erbringung dieser gesellschaftlich relevanten Leistungen stets gelingt. Vielmehr erweist sich Familie gleichzeitig als Chance und Risiko für die individuelle Entfaltung, wie am Beispiel von Kindesvernachlässigung deutlich wird (Galm et al. 2010). Ebenso wenig sind auch alle derzeit in der Familie erbrachten Care-Leistungen – z.B. in der Haushaltsarbeit – notwendigerweise dort und in dieser Form zu verankern. Dies zeigen auch andere europäische Länder, in denen wesentlich mehr Haushaltsdienstleistungen über den Markt in Anspruch genommen werden. Muster der De- und Refamilialisierung von Care sind auch kulturabhängig.

und Gesellschaft und Care als zentrale Leistung von Familie nur partiell verlagerbar bzw. kommodifizierbar.

Care ist ein existenzielles Element der Funktionsfähigkeit von Gesellschaften:

> „Aus der Care-Perspektive sind wir alle sorgebedürftig, denn die Tatsache menschlicher Bedürftigkeit, Verletzlichkeit und Endlichkeit beinhaltet, dass alle Menschen am Anfang, viele zwischenzeitlich und sehr viele am Ende ihres Lebens versorgt werden müssen. Ebenso universell haben alle Menschen die grundsätzliche Fähigkeit zur Fürsorglichkeit und sind somit potentielle Sorgende." (Brückner 2009: 1, vgl. auch Nussbaum 2003).

Diese grundlegende zwischenmenschliche Interdependenz steht dem Autonomie-Ideal moderner Gesellschaften entgegen, sie ist negativ besetzt und löst Unbehagen aus (Nagl-Docekal 1994). Das hochgeschätzte Ideal war historisch zunächst Männern vorbehalten, dies zeigt auch die politische, zivile und soziale Konstruktion von ‚citizenship‘, es ist konnotiert mit Erwerbsarbeit und persönlichen Entfaltungsmöglichkeiten. Demgegenüber wird Abhängigkeit und die Übernahme bzw. Zuweisung fürsorglicher Tätigkeiten mit ihrem geringen Ansehen zumeist Frauen zugesprochen – und zwar sowohl im privaten als auch im professionellen Kontext etwa von Erziehungs- und Pflegeberufen (Friese 2010).

Begriffliche Präzisierungen weisen darauf hin, dass das Konzept ‚Care‘, betrachtet man es semantisch genauer, im Englischen vielfältige Bedeutungen hat (siehe Brückner in diesem Band): ‚caring about‘ betont die emotionale Seite, ‚taking care of‘ die aktiv tätige Seite des Sorgens; der Ausdruck ‚take care of yourself‘ thematisiert die Zusammengehörigkeit von Sorge für andere und Selbstsorge. Unter Care werden materiell-physische, emotionale und kognitive Leistungen der Sorge für andere, aber auch für sich selbst verstanden. Es umfasst Betreuen, Erziehen, Zuwenden, Versorgen inkl. Reinigen, Pflegen und ist typischerweise gleichzeitiges ‚vermischtes Tun‘, das oft beiläufig geschieht (Marchena 2004; Ostner/Pieper 1980).

Der Zusammenhang von Care und Familie lässt sich nun genauer fassen:

- Familie ist erstens ein *emotionsbasierter Sorgezusammenhang*. Die Basis persönlicher Sozialbeziehungen ist in modernen Gesellschaften die emotionale Bindung, die gegenseitige Zuneigung. Zuneigung beinhaltet drei wichtige Komponenten, den Aspekt des Sorgens (= Care), den Aspekt des Vertrauens (= Trust) sowie den Aspekt der Zugehörigkeit (= Belonging) (Witte 2007: 186). Zuneigung kann im Familienverlauf durchaus unterschiedliche Inhalte und Intensitäten haben, sie kann auch schwinden und einem Pflichtgefühl bzw. einer aktiven Verantwortungsübernahme weichen oder sich sogar in negative Gefühle umkehren. Dennoch ist der

Austausch von Emotionen in persönlichen Beziehungen hinsichtlich aller drei Komponenten der Aspekt, der (zumindest zwischen erwachsenen Partnern) den subjektiv ‚gemeinten Sinn' von Familie charakterisiert.

- Familie ist zweitens ein *generationenübergreifender Sorgezusammenhang,* der sich aus unterschiedlichen Altersgruppen zusammensetzt. Die Familienmitglieder haben aufgrund ihrer Zugehörigkeit zu verschiedenen Generationen je unterschiedliche Bedürfnisse, altersspezifische Kompetenzen (z.b. kommunikative Fähigkeiten) und sind auf unterschiedliche Art und Weise in Institutionen – wie z.b. Betreuungseinrichtungen, Schule, Arbeitsmarkt – eingebunden. Meist, aber nicht notwendigerweise ist dieser Fürsorgezusammenhang *auch geschlechterübergreifend,* denn auch gleichgeschlechtliche Paare mit Kindern bilden eine Familie. Aufgrund gesellschaftlicher Zuweisungsprozesse kann hiermit auch die Ausformung geschlechtstypischer Kompetenzen verbunden sein.

- Familie ist drittens ein *auf ungleichen Austausch von Care-Leistungen ausgerichteter Generationenzusammenhang* (Lüscher/Liegle 2003: 127ff.). Charakteristisch für Familie ist ihre jeweils lebensphasenspezifisch variierende Zusammensetzung von Familienmitgliedern, die – graduell durchaus unterschiedlich – von Sorgeleistungen abhängig sind (vor allem minderjährige Kinder, hilfebedürftige alte, kranke oder behinderte Familienmitglieder) und solchen Familienmitgliedern, die Fürsorge für erstere leisten (meist die Erwachsenen der mittleren sowie die noch nicht hilfebedürftigen Mitglieder der älteren Generation). Die Basis der ungleichen Austauschbeziehungen bildet die intergenerationale Solidarität (ebd.). Dieses Konstruktionsprinzip ist eine gesellschaftliche Norm, die in institutionelle Rahmungen eingelassen ist (‚Subsidiaritätsprinzip' in der Sozialpolitik; Fürsorgepflicht der Eltern im SGB VIII), aber auch im individuellen Handeln meist Entsprechungen findet (vgl. BMFSFJ 2006: 141ff.). Doch durch die Verknüpfung von Solidarbeziehungen mit intimen, emotionsbasierten Beziehungen, die in modernen Gesellschaften an die Idee der romantischen Liebe und der personalisierten Zuneigung gebunden sind, ist nicht in jedem Fall gesichert, dass Care-Leistungen wirklich erbracht werden.

- Familie ist viertens ein Sorgezusammenhang, in dem besonders viele *Leistungen* erbracht werden, die *notwendigerweise der räumlichen Anwesenheit der sozialen Akteure bedürfen (*Schier 2009). Liebe, Zuneigung, Intimität einschließlich Sexualität, Gefühle des ‚Dazu- und Zusammengehörens' sowie das ‚sich um jemanden Sorgen' basieren nicht nur auf verbalen Interaktionen und materiellen Transfers, die auch aus der

Ferne geleistet werden können, sondern ganz wesentlich sind hierbei der Austausch von Berührungen, körperliche Nähe sowie konkrete personen-bezogene Hilfeleistungen. Insbesondere bestimmte familiale Leistungen, wie die Entwicklung kindlicher Bindungen, Erziehung, informelles Ler-nen, Kohäsion und emotionale Stabilisierung sowie manche Fürsorge-leistungen, wie zum Beispiel die Säuglingspflege, die Pflege von kran-ken oder alten gebrechlichen Menschen, bedürfen zwingend der gleich-zeitigen Anwesenheit der sozialen Akteure und oft auch des direkten Körperkontaktes. Zwar können einige der materiellen, emotionalen und verbalen familialen Interaktionen auch technisch vermittelt – also z.b. via Telefon oder Internet – ausgeführt werden und durchaus familiale – z.b. emotionale oder organisatorische – Aufgaben unterstützen, doch meist nur in Ergänzung zu persönlichen, kopräsenten Interaktionen. Die Austauschbeziehungen verändern jedoch mit ihrer Mediatisierung und Virtualisierung ihre Qualität (vgl. Döring 2004: 270ff.).

Unter gesellschaftlichen Bedingungen der Entgrenzung (s.u.) ist Familie des-halb zu verstehen als ein – häufig – haushaltsübergreifendes Netzwerk, das zentriert ist auf persönliche Sorgebeziehungen zwischen Generationen und Geschlechtern. Der hier verwendete Begriff von Familie beschränkt sich da-mit weder auf verheiratete oder zweigeschlechtliche Eltern und ihre Kinder noch auf das Zusammenleben in einem Haushalt. Familiale Sorgebeziehun-gen in multilokalen Netzwerken umfassen vielmehr Eltern, die mit ihren Kin-dern zusammen wohnen, getrennt lebende Eltern und ihre Kinder sowie auch erwachsene Kinder, ihre alten Eltern und weitere, auch ,soziale' Verwandte. Dieses praxeologische Konzept weist die Vorstellung von Familie als gege-bene, geschweige denn ,natürliche' Ressource zurück und betont ihren Cha-rakter als aktive Herstellungsleistung im Alltag und Lebensverlauf (Schier/ Jurczyk 2007; Jurczyk 2010).

4.3   Gewandelte Kontextbedingungen –
die ,doppelte Entgrenzung'

Die historisch gewachsene, systematische Verknüpfung von Care und Weib-lichkeit im Kontext des Wandels zur Industriegesellschaft hält bis heute an. Die sich hieraus ergebenden gesellschaftlichen Fragen – insbesondere die der Mehrfachbelastung von Frauen und Müttern sowie die mangelnde Anerken-nung von Care *und* von Weiblichkeit – sind als *,alte' Fragen* in der Frauen-

und Geschlechterforschung etabliert. Zu diesen bekannten, ungelösten Fragen treten jedoch neue Probleme hinzu.

Der gegenwärtige, in sich widersprüchliche soziale Wandel stellt sich als ‚doppelte Entgrenzung' von Erwerbsarbeit und Familie dar, wobei beide durchzogen sind von einer partiellen Entgrenzung der Geschlechterverhältnisse (Jurczyk et al. 2009). Entgrenzung bezieht sich auf die Referenzfolie der industriegesellschaftlichen ‚fordistischen' Arbeitsteilung zwischen den Sphären Erwerb und Familie, die eng mit der hierarchisierten Arbeitsteilung der Geschlechter verbunden war. Entgrenzung umschreibt die durch den forcierten Wandel zu Wissens- und Dienstleistungsgesellschaften zunehmende Brüchigkeit bis dahin sicherer (oder zumindest für sicher gehaltener) struktureller Ab- und Begrenzungen innerhalb der Erwerbssphäre und der Sphären des persönlichen Lebens (Gottschall/Voß 2003) sowie des Verhältnisses zwischen ihnen. Diese makro- wie auch mikrostrukturell (z.B. durch veränderte Einstellungen) begründete Erosion des fordistischen ‚Reproduktionspaktes' stellt die Erbringung verlässlicher Sorgearbeit in Familien vor *neue* Herausforderungen. Denn weder haben sich in der späten Moderne die Strukturverhältnisse verschiedener Teilbereiche synchron geändert, noch passen Verhältnisse und Verhaltensanforderungen zusammen. Erwerbsarbeit, Familie, Geschlechterverhältnisse und Kontextinstitutionen wie Kindergärten und Schulen sind nicht mehr aufeinander abgestimmt, so setzen z.B. letztere immer noch die allzeit verfügbare Hausfrau und Mutter voraus.[3]

Aus der *Entgrenzung von Erwerbsarbeit* – etwa der Entstandardisierung und Flexibilisierung von Arbeitszeiten, dem Trend zur ‚24/7'-Gesellschaft, d.h. einer zeitlich entrhythmisierten Gesellschaft (Presser 2003), der zunehmenden Multilokalität von Erwerbsarbeit, ihrer Intensivierung und Beschleunigung sowie der Unsicherheit und Diskontinuität im Erwerbsverlauf – resultiert, dass in verschiedenster Hinsicht die Grenzen zwischen Erwerbsarbeit und dem familialen Leben verwischen (Jurczyk et al. 2009: 31ff.). Diese Grenzen – wie etwa der ‚Feierabend' – bedeuteten einerseits einen Schutz gegenüber Übergriffen der Marktlogik von Zeit und Kosten auf das private Leben, andererseits waren sie eng an das männliche Normalarbeitsverhältnis gekoppelt. Insbesondere vor dem Hintergrund der verstärkten Erwerbspartizipation von Frauen werden deshalb zeitliche Entgrenzungen nicht nur abgelehnt, viele Frauen und Männer versuchen eine individuell und flexibel handhabbare Verbindung zwischen Beruf und Familie herzustellen.

---

3   Dennoch war eine solche Abstimmung auch unter den Bedingungen des fordistischen Reproduktionspaktes der 1960er und 1970er Jahre – zumindest für Frauen – schon schwierig genug.

Die *Entgrenzung von Familie* zeigt sich – gegenüber dem Modell der ‚Normalfamilie' – in einer Diversifizierung von Familienformen und Familienpraxen. Familien sind durch sinkende Heiratsneigung und steigende nichteheliche Elternschaft, abnehmende Kinderzahlen sowie konstant hohe Trennungs- und Scheidungsraten gekennzeichnet, was in der Folge zu mehr multilokalen und mehr Patchwork-Familien führt, aber auch zu mehr Alleinerziehenden (ebd.: 37ff.). Die Erwerbstätigkeit von Müttern, die weit überwiegend in Teilzeit stattfindet, wird begleitet von einer auf bestimmte Segmente und bestimmte Phasen beschränkten, familialen Aktivität von – insbesondere jungen – Vätern, beispielsweise durch eine Teilhabe an der Elternzeit. Umgekehrt führen diese Entwicklungen – hier insbesondere in Verbindung mit der Entgrenzung von Geschlechterverhältnissen – dazu, dass zunächst überwiegend von Frauen, nun auch ansatzweise von Männern vormals private, lebensweltliche Interessen zunehmend in die Erwerbsarbeit hineingetragen werden. Familiale Interessen, spezifische Lebenslagen, familienbezogene Konflikte sowie Kompetenzen werden zunehmend in die Erwerbsarbeit transferiert; sie treten dort sowohl als Ressource wie als Störfaktor auf. Familie kann sowohl emotionalisierter Fluchtpunkt in einer ökonomisierten Welt sein, als auch ein Bereich von zusätzlicher, auch psychischer Belastung und Mühe, demgegenüber die Erwerbsarbeit zum Zuhause wird (Hochschild 2006).

Bezieht man die diachrone Dimension der *Lebens- und Erwerbsverläufe* mit ein, so zeigen sich Entgrenzungen durch verzögerte Berufseinstiege und Familiengründungsmuster, die sich von 1960 bis 2000 um ca. fünf Jahre nach hinten geschoben haben (BMFSFJ 2006). Junge Erwachsene der so genannten ‚JoJo-Generation' verbleiben dafür länger im Haushalt ihrer Eltern bzw. kehren dorthin kurzfristig zurück (Stauber 2007). Auch die verlängerte Lebenserwartung hat ambivalente Auswirkungen auf Familie: Zum einen kann die relativ gesunde Generation heutiger Großeltern Care-Ressourcen für Enkel bieten, zum andern können auch im hohen Alter die Pflegeanforderungen steigen. So sind Familienverläufe heute typischerweise durch eine gewisse Dynamik hinsichtlich des Wechsels der Familienform, aber auch der Anforderungen an Care gekennzeichnet.

Vor dem Hintergrund dieser vielfältigen Entgrenzungen sind auch die Ergebnisse unserer Studie[4] hinsichtlich der Verschiebungen im Geschlechterverhältnis interessant (Jurczyk et al. 2009: 221ff.). Befragt wurden erwerbstätige Mütter und Väter im Einzelhandel sowie in der Film- und Medienindustrie in Ost- und Westdeutschland; dabei wurde auch nach beruflichen Positionen differenziert. Darin erweist sich weibliche Teilzeitarbeit nicht mehr als ‚Königsweg' zur Vereinbarkeit von Familie und Beruf, sondern als Notlösung, denn auch sie selber entspricht aufgrund flexiblerer Arbeitszeiten am Abend und an den Samstagen immer weniger dem klassischen Muster der Vormittagsarbeit. Und der wachsenden Gruppe der Männer, die aktive Väter sein möchten, stellen sich ähnliche praktische und psychische Vereinbarkeitsprobleme wie den Frauen. Vor dem Hintergrund von (teilweise) enttraditionalisierten Geschlechterkonzepten und unsicheren Erwerbsverläufen, die zur Erosion der männlichen Ernährerrolle beitragen, wird ‚Vereinbarkeit' für beide Geschlechter sowohl Wunschbild als auch ökonomische Notwendigkeit – wenngleich nach wie vor in unterschiedlichem Ausmaß und Gehalt. Festzustellen ist eine Polarisierung von Arbeitszeiten entlang der Qualifikation und des Geschlechts; qualifizierte Beschäftigte haben häufig überdurchschnittlich lange Arbeitszeiten, und erwerbstätige Väter arbeiten im Durchschnitt fast 20 Wochenstunden länger als erwerbstätige Mütter (Klenner/ Pfahl 2009).

So zeigen sich forcierte Widersprüche in den Geschlechterkonzepten von Frauen und Männern – viele der befragten Frauen halten neben einer hohen Berufsorientierung an einer traditionellen Vorstellung von Mütterlichkeit fest und viele der Männer wollen ihr familiales Engagement erhöhen, ohne aber an ihrem Selbstverständnis und ihrer Praxis als vollzeitige Familienernährer zu rütteln. Es erstaunt deshalb nicht, dass angesichts widersprüchlich entgrenzter Strukturen und ambivalenter Einstellungen in der alltäglichen Lebensführung dieser Mütter und Väter das sog. ‚re-traditionale' Muster der Geschlechterverhältnisse dominiert. Damit wird eine reflektierte und zeitlich begrenzte traditionale Praxis der Arbeitsteilung beschrieben, die sich nur teilweise fraglos akzeptierten, hartnäckig ‚konservativen' Geschlechterbildern

---

4   Viele der folgenden Argumente entstammen dem Kontext des Projektes „Entgrenzte Arbeit – entgrenzte Familie. Neue Formen der praktischen Auseinandersetzung mit dem Spannungsfeld Arbeit und Familie" gefördert durch die Hans-Böckler-Stiftung und das Deutsche Jugendinstitut (2004-2008) (www.dji.de/ 5_entgrenzung). Sie wurden in Kooperation mit der TU Chemnitz auch empirisch untersucht. Beteiligt waren neben der Autorin Michaela Schier und Peggy Szymenderski sowie Andreas Lange und G. Günter Voß. Für eine ausführliche Darstellung der konzeptuellen Hintergrundannahmen, historischen Entwicklungslinien und empirischen Ergebnisse siehe Jurczyk et al. 2009.

verdankt. Vielmehr resultiert sie aus den Notwendigkeiten, mit den gegebenen Rahmenbedingungen, die immer noch das fordistische Modell von Erwerb und Familie voraussetzen, zurechtzukommen und *dennoch* Familie zu
leben. Aber selbst die Re-Traditionalität von Geschlechterarrangements ist
nicht mehr eindeutig, sondern durch vielfältige (Auf)Brüche und Ambivalenzen gekennzeichnet. Sie ist entweder reflektierte, teilweise bewusst gewählte
oder eine nur in Kauf genommene Traditionalität der Alltagspraxis oder aber
‚nur' eine Phase im sich eventuell wieder verändernden Verlauf des Geschlechterarrangements. Von daher hat Re-Traditionalität in der späten Moderne, festgestellt anhand einer Momentaufnahme, einen deutlich anderen
Charakter als die Oberfläche der praktischen traditionalen Arbeitsteilung
zwischen den Geschlechtern suggeriert.

Teilweise findet sich auch das Muster der ‚Angleichung', d.h. das Bemühen der Partner um mehr Gleichheit in der Teilhabe an Beruf und Familie,
sehr selten das der ‚Indifferenz', bei dem das Geschlecht nicht zur Begründung der Arbeitsteilung herangezogen wird.

4.4 Belastungen bei Fürsorge – Prekarität der Selbstsorge

Fast überall zeigen sich in unserer Untersuchung neben Optionssteigerungen
und Flexibilitätsgewinnen – z.B. durch die Abweichung vom starren Arbeits-
zeitkorsett – auch Probleme der Organisation im alltäglichen Leben. Diese
sind beispielsweise durch Prozesse der ‚Subjektivierung', d.h. den Zugriff
auf die subjektiven Potenziale der Arbeitskräfte ‚als ganze Person' bedingt,
aber auch durch die Intensivierung der Arbeit und ihre Nichtplanbarkeit.
Zunehmend weisen Beschäftigte Stress- und Burnout-Phänomene auf (Mol-
daschl/Voß 2002).

Überraschend massiv treten die Belastungen hervor, die mit der ‚doppelten Entgrenzung' verbunden sind. Teilweise zeigen sich Unterschiede, die
sich aus den Bedingungen der jeweiligen Branche ergeben. Selbst das
scheinbar unspektakuläre Einzelhandelsgewerbe hat sich maßgeblich moder-
nisiert: Das gilt für die erheblichen zeitlichen Entgrenzungen wie für die Ver-
dichtungen der Arbeitsabläufe – mit der Folge, dass diese Branche nicht
(mehr) als besonders familienkompatibel durch mütterliche Teilzeitarbeit am
Vormittag gelten kann.

Familiale Arbeit wird unter diesen Bedingungen oftmals ‚am Limit' erbracht und zunehmend prekär. Dabei sparen die Eltern weniger an Zeit und
Engagement für ihre Kinder als an eigener Regenerationszeit. Care hat einen

hohen Stellenwert im Selbstkonzept der Eltern, insbesondere der Mütter. In den wenigen befragten Familien mit Kindern, in denen gleichzeitig Pflege für Ältere ein Thema ist, scheint hierfür eigentlich kaum ein Platz zu sein. Wenn strukturelle Rahmungen erodieren und Familie und Beruf sich gleichzeitig ändern, versuchen die Familienmitglieder selber, durch individuelles Grenzmanagement berufliche und familiale Erfordernisse zu verbinden. Wir sehen, dass große Anstrengungen und Einfallsreichtum notwendig sind, um unter Entgrenzungsbedingungen eine gemeinsame familiale Lebensführung zu etablieren, Kopräsenz zu ermöglichen und Careleistungen zu erbringen (Jurczyk et al. 2009: 123ff.). Selbst in finanziell gut ausgestatteten Zweiverdienerfamilien zeigt sich, dass Geld gemeinsame Zeit in ihrer Qualitätsdimension eben nicht kompensieren kann. Familiale Kopräsenz, d.h. gemeinsame zeiträumliche Anwesenheit der Familienmitglieder, wird zur knappen Ressource; sie muss auf innovative Weise neu gestaltet werden.

Zeitknappheit aufgrund langer Arbeitszeiten betrifft vor allem Paarhaushalte mit zwei vollzeiterwerbstätigen Eltern sowie die Gruppe der Alleinerziehenden. Andersartige Zeitnöte entstehen durch die Flexibilisierung von Arbeitszeiten, die in Lage und Dauer stark variieren. Die Beschäftigten haben wenig Einfluss auf ihre Arbeitszeitpläne, ihre Arbeitseinsätze sind häufig kurzfristig und entrhythmisiert. In der Folge wird der familiale Alltag zunehmend zerstückelt. Das Familienleben muss dann gleichsam ,auf Knopfdruck' und verdichtet stattfinden, wenn gerade Zeit dafür ist. Ebenso führt die zunehmende projektförmige Arbeit, die in Phasen stattfindet und mit längeren Abwesenheiten verbunden ist, zu Synchronisationsproblemen der verschiedenen Familienmitglieder. Zeitliche ist zudem von räumlicher Entgrenzung begleitet: Die Zunahme erwerbsbedingter räumlicher Mobilität führt zu längeren Arbeitswegen, mehreren Arbeitsorten sowie Wochenend- und Fernpendeln. Die Belastungen aus dem Erwerbsbereich verknüpfen sich oft mit Entgrenzungen des Familienlebens, etwa durch das Leben in zwei Haushalten nach Trennung und Scheidung. Die gleichzeitige ,doppelte Entgrenzung' erschwert eine aktive Beteiligung der Einzelnen am Familienleben. Die Qualität der Sorgearbeit leidet, Zeit und auch Selbstsorge werden knappe Ressourcen, obgleich letztere eine wichtige Voraussetzung für Sorgeleistungen und für die ,Herstellung' von Familie ist.

Gefährdet sind auch die für persönliche Beziehungen und das Großziehen von Kindern so wichtigen beiläufigen Gelegenheiten zur vertiefenden Interaktion. Eltern sind häufig so erschöpft, dass sie zwar das pragmatische Vereinbarkeitsmanagement bewerkstelligen, jedoch wenig zur Herstellung von Gemeinsamkeit beitragen können. Selbstsorge wie Fürsorge werden oft an der Grenze der Belastbarkeit praktiziert, reduziert wird jedoch weniger die Zeit für Kinder als die für Partnerschaft und die eigene Regeneration. Gesundheitliche Folgen, aber auch Belastungen für die Partnerschaft zeichnen sich ab.

Es fällt auf, dass auch Männer vermehrt Doppelbelastungen artikulieren und sich mehr Zeit für die Familie wünschen; teilweise sorgen sie sich um die Stabilität ihrer Partnerschaft, weil sie dem Druck ihrer Partnerinnen nicht nachkommen (können). Erkennt man an, dass gemeinsame Zeit die Vorbedingung für ein Familienleben ist, verwundert es nicht, dass die meisten erwerbstätigen Väter ihre bezahlten Wochenstunden senken wollen, ein Teil der Mütter würde dagegen durchaus gerne länger arbeiten. Trotz der Kreativität der Akteure beim ‚Doing Family' sehen wir deutliche Indizien dafür, dass aufgrund eingeschränkter Selbstsorge und aufwändiger Sorge für andere Familienmitglieder oft Grenzen der Belastbarkeit erreicht werden. Stressphänomene und gesundheitliche Belastungen gelten zunehmend für beide Geschlechter, wenngleich in unterschiedlicher Weise. Und sie gelten vornehmlich auch für diejenigen Akteure, die nicht auf einen ausdifferenzierten Pool von Ressourcen – z.B. hohes Einkommen zur Bezahlung von Hausarbeit und Betreuungspersonen sowie soziale Netzwerke – zurückgreifen können, die es ihnen erlauben, Teile von Care auf diese Weise zu delegieren.

Diese Belastungen aus dem Erwerbsbereich, die zunächst die Individuen beeinflussen, haben Auswirkungen auf Familien als System und ihren Alltag sowie auf die Verknüpfung beider Bereiche. Stressreiche Arbeitsbedingungen können nicht nur die gemeinsame Zeit, sondern ein Familienleben nach eigenen Vorstellungen, d.h. den ‚Eigensinn' von Familie, massiv einschränken. Systematisch betrachtet führen die Entgrenzungen zu Zeit-, Energie- und Aufmerksamkeitskonkurrenzen, die unter bestimmten Bedingungen eine Beteiligung am Familienleben erschweren und damit die Herstellungsleistungen in Familien beeinträchtigen.

Vor diesem Hintergrund verliert Familie zunehmend an Selbstverständlichkeit, ein gemeinsames Familienleben ergibt sich nicht mehr ‚von alleine', sondern wird immer mehr zu einer aktiven Herstellungsleistung aller Beteiligten. Im Zuge des derzeitigen Wandels vom fordistischen zum postfordistischen Gesellschaftsmodell der doppelten Entgrenzung ändern sich die Konstellationen, unter denen Familie und Beruf bislang verknüpft, Fürsorge erbracht und Familie hergestellt wurden. Um Entgrenzungen zu verarbeiten und Familie als Lebenszusammenhang aufrecht zu erhalten, sind die familialen Akteure gefordert, aktiv Gelegenheiten für das Doing Family zu schaffen und hierfür Praktiken (neu) zu entwickeln. Familie muss dabei umso mehr gestaltet werden, je komplexer und dynamischer das haushaltsübergreifende Netzwerk ist und je heterogener die Lebenslagen der einzelnen Familienmitglieder sind.

Das *Konzept von Familie als Herstellungsleistung* verweist auf zwei unterschiedliche Formen von Gestaltungsleistungen, die familiale Akteure im Rahmen der familialen Lebensführung erbringen (Schier/Jurczyk 2007). Beide sind für die Herstellung von Familie jedoch unverzichtbar:

- *Das Vereinbarkeits- beziehungsweise Balancemanagement:* Dies umfasst zum einen vielfältige alltägliche Praktiken und Abstimmungsleistungen der Familienmitglieder, um Familie im Alltag lebbar zu machen. Da in Familien mehrere individuelle Lebensführungen mit unterschiedlichen Strukturen, Bedürfnissen und Interessen aufeinander treffen, müssen diese zeitlich und räumlich, sozial und emotional zueinander ausbalanciert werden. Sie werden in permanenter Auseinandersetzung mit gesellschaftlichen Rahmenbedingungen zu einer – mehr oder weniger – gemeinsamen familialen Lebensführung verschränkt (Jürgens 2001; Rerrich 1993). Das Vereinbarkeitsmanagement zielt also auf die praktische Gewährleistung des ‚Funktionierens‘ von Familie.

- *Die Konstruktion von Gemeinsamkeit:* Die zweite Form von Gestaltungsleistungen umfasst Prozesse, in denen in alltäglichen und biografischen Interaktionen Familie als gemeinschaftliches Ganzes permanent neu hergestellt wird. Gemeint ist damit, dass Familie in Interaktionen, im gemeinsamen Tun, im sich Aufeinanderbeziehen, in der Darstellung nach außen, fortlaufend sozial, sinnhaft und symbolisch neu (re-)konstruiert wird. In Analogie zum sozialkonstruktivistischen Ansatz des ‚Doing Gender‘ (Gildemeister 2004) lässt sich die Konstruktion von Familie als zusammengehörige Gruppe, ihre Selbstdefinition und Inszenierung als solche, als ‚Doing Family‘ bezeichnen.

Da Familie nicht auf lineare Zweckerfüllung zielt, sondern auf emotionale und oft körpergebundene Prozesse, deren besondere subjektive Qualität und Sinnsetzung gerade darin besteht, *nicht* rational kalkuliert zu sein, sondern zu ‚geschehen‘, erfolgt das Doing Family nicht unbedingt stets intentional und geplant, sondern häufig beiläufig (s.o.). Allerdings finden wir in unserer Untersuchung Hinweise auf ein Paradox: Beiläufigkeit wird, weil sie sich nicht mehr durch Kopräsenz selbstverständlich ergibt, gezielt hergestellt bspw. während einer gemeinsamen Autofahrt, bei der ein Austausch über allgemeine Begebenheiten, Befindlichkeiten und Trivialitäten geschieht. Für die Erbringung von Care gilt dies allerdings nur begrenzt, hier sind intentionale Handlungen durchaus notwendige Voraussetzung für ihr Gelingen.

Familien greifen – ganz im Sinn des Konzepts von Familie als Herstellungsleistung – bei ihren Bewältigungsstrategien von Entgrenzungen nicht mehr vorwiegend auf Traditionen zurück, sondern sie entwickeln neue Praktiken. Diese sind dynamisch: Sie können verworfen oder unbrauchbar werden und an Grenzen stoßen. Aber nicht nur aufgrund exogener Herausforderungen müssen sie teilweise modifiziert werden, sondern es kommen familienbedingte Anpassungsnotwendigkeiten hinzu, beispielsweise wegen Statuspassagen der Kinder (wie etwa Schuleintritt) oder unvorhergesehener Fürsorgepflichten für kranke Verwandte. Im Zuge dieser Anpassungen werden auch hergebrachte Standards bei der Erbringung familialer Leistungen hinterfragt. Dies ist vor allem bei der Hausarbeit der Fall, bei der sich befragte Frauen teilweise von bürgerlichen Perfektionsansprüchen verabschieden. Das heißt aber auch, dass flexible Familienkonzepte, Geschlechterbilder und Deutungsmuster eines ‚guten' Familienlebens Bedingung dafür sind, neue Praktiken überhaupt entwickeln zu können.

4.5   Umgangsstrategien und ‚Reproduktionslücken'

Häufig findet Entgrenzung nur in Einzelbereichen statt, womit neue Widersprüche entstehen, vor allem durch das konflikthafte Mismatching zwischen neuen Leitbildern, aber nur partiell veränderten strukturellen Rahmungen oder auch dadurch, dass sich zwar die Erwerbsarbeit flexibilisiert, nicht aber die sie umgebenden Institutionen wie Kitas, Behörden und Geschäfte. Diese Modernisierungslücken, bedingt durch Ungleichzeitigkeiten der ‚institutional lags', welche noch am fordistischen Geschlechterarrangement ausgerichtet sind, müssen durch individuelle, oft schwierige Aushandlungs-, Reflexions- und Lernprozesse gefüllt werden. Dies macht Strategien notwendig, die die Sorgearbeit in Familien auch unter Bedingungen doppelter Entgrenzung zu gewährleisten suchen. Aus unserem Material rekonstruierbar sind drei, vermutlich auch zukünftig relevante Umgangsstrategien:

- *Variante 1:* Frauen übernehmen alleine die Careleistungen für die Familie und sind zusätzlich (in Teilzeit) erwerbstätig. Durch die zunehmende Entgrenzung von Beruf und Familie erhöhen sich die Belastungen. Teilweise greifen sie zusätzlich auf andere verwandte Personen, insbesondere Großmütter, als Unterstützung zurück. Fraglich ist die Nachhaltigkeit dieser Lösungsvariante: Wie lange können Frauen ihr Doppelengagement in Beruf und Familie aufrechterhalten, ohne ihre Gesundheit zu gefährden – von den langfristigen Folgen für ihre soziale Sicherung zu schweigen? Und ist langfristig mit dem Engagement der Großelterngeneration zu rechnen?

- *Variante 2:* Beide, Männer und Frauen, engagieren sich in Familie und Erwerbsarbeit. Als Care-Ressource greifen sie auf andere Familienmitglieder oder weitere verfügbare Personen aus dem privaten Netzwerk zurück, für dessen Aufbau und Pflege es eines erheblichen Organisationsaufwands bedarf. Dies gilt vor allem dann, wenn Großeltern oder Freunde erst anreisen müssen. Oder aber sie ziehen die Hilfe von Personen im Rahmen bezahlter Dienstleistungen hinzu, was v.a. ausreichende monetäre Mittel und vorhandene Infrastruktur voraussetzt.

- *Variante 3:* Hier setzen beide erwerbstätigen Partner mit einem hohen Egalitätsanspruch vor allem auf den Partner als Ressource für Care. Dieses Modell kommt jedoch selten vor, zudem erfahren Partner angesichts kaum geänderter Rahmenbedingungen eine ‚doppelte Doppelbelastung'.

Diese Strategien können allesamt nicht als nachhaltig beschrieben werden. Auch wenn wir in der beschriebenen Studie keinen Beleg für ein offensichtliches ‚Sorgevakuum' – beispielsweise eine Vernachlässigung von Kindern aufgrund von Entgrenzung – finden, so gibt es dennoch Hinweise auf eine Krise von familialem Care. Mütter und Väter sind nur noch bedingt in der Lage, hinreichend Sorge zu tragen für das eigene Wohlbefinden, aber auch für das anderer, von ihnen abhängiger Personen. Dabei scheint es eine Konkurrenz zwischen verschiedenen Bedürftigkeiten und Care-Aufgaben zu geben. Ohne sozial-, arbeits- und familienpolitische Unterstützungen für Familien und insbesondere ohne eine gesellschaftliche Organisation von Care zeichnet sich langfristig eine vierfache – individuelle, familiale, betriebliche und gesellschaftliche – Sorge- bzw. Reproduktionslücke ab. Erstens drohen gesundheitliche Gefährdungen derjenigen, die Sorge leisten, zweitens wird Familie als Lebenszusammenhang fragiler, drittens sind Arbeitskräfte durch Vereinbarkeitserfordernisse erschöpft bzw. demotiviert und viertens können sich die wenigsten Befragten unter den gegebenen Bedingungen vorstellen, weitere Kinder zu bekommen, selbst wenn sie dies gerne möchten.

Bislang werden diese vier Sorgelücken in der sich entgrenzenden Gesellschaft nur durch innovative Alltagspraktiken der Eltern verhindert bzw. bewältigt. Das individuelle ‚Doing Boundary' als Umgang mit Entgrenzung tritt an die Stelle gesellschaftlicher Lösungen. Erstaunlich ist jedoch, dass die befragten Mütter und Väter die Inanspruchnahme sozialer Dienste – abgesehen von Teilen der Kinderbetreuung – kaum als eigene Strategie beschreiben und auch nicht als Lösungsperspektive benennen. Dies gilt auch für die eher einkommensstarken Haushalte. Wir sind uns an dieser Stelle nicht sicher, ob wir im Rahmen unserer Untersuchung genau genug fragen konnten, oder noch eher, ob uns genau genug geantwortet wurde, insbesondere bei möglicherweise im Graubereich arbeitenden Haushaltshilfen. Zudem hatten wir eher Erwachsene mit jüngeren Kindern, weniger mit alten Eltern im Blick. Es gibt allerdings Äußerungen, die darauf hinweisen, dass Privatheit aus Sicht der Befragten einen hohen Wert hat – bis dahin, dass bspw. das eigenhändige Putzen zu Hause teilweise als Ungestörtheit, als Erholung wahrgenommen wird sowie als Gelegenheit, nebenher, beiläufig Gespräche zu führen und in Beziehung zu sein, etwa mit den Kindern. Vielleicht ist dieser „Wert des Privaten" (Rössler 2001) auch ein besonderes Phänomen von Familien in Deutschland, wenngleich wir nicht nur deutsche Familien befragt haben.

So lässt sich zusammenfassen, dass die Probleme von Care in der Familie nicht nur nicht gelöst sind, sondern sich unter aktuellen Entgrenzungsbedingungen und des Verlusts der entscheidenden Ressource hausfraulicher Care-Arbeitskraft verschärfen. Obgleich kein Weg zurück in die Verhältnisse der 1960er Jahre geht, scheinen die sich abzeichnenden Fürsorgedilemmata und ihre umfassenden gesellschaftlichen und wirtschaftlichen Konsequenzen bislang nicht in der bundesdeutschen Politik angekommen zu sein. Derzeit forcieren weibliche ‚Care-Chains' die sozialen Ungleichheiten nicht nur zwischen Frauen, sondern auch zwischen Geschlechtern, Ethnien, Klassen und Nationen (Hochschild 2000). Und mitnichten hat – trotz aller aktuellen politischen Rhetorik der Familienfreundlichkeit – Care das Stigma als ‚Dirty Work' verloren. Vielmehr scheint die ganz konkrete Care- und Sorgearbeit im Kontext des Vereinbarkeitsmythos eher unsichtbar zu werden, als Etwas, was sich – bei ausreichendem Einkommen und verbesserter Infrastruktur – einfach delegieren lässt. So bleibt jedoch nicht nur die Frage offen, an wen delegiert wird, vor allem wird die Dimension neu entstehender sozialer Ungleichheit zwischen Frauen ausgeblendet (Rerrich 2006). Dabei übernehmen diejenigen Frauen, die schon ökonomisch kaum eine andere Wahl haben, wie etwa Migrantinnen, die weniger wertgeschätzten Anteile von Care-Arbeit. So findet zweitens eine Segmentierung von ‚gutem' und ‚schlechtem' Care statt, etwa von Kinderbetreuung – die derzeit als Bildung und Förderung aufgewertet wird – und von Reinigungstätigkeiten. Es ist nicht zufällig, dass „neue" Männer sich verstärkt um ihre Kinder kümmern möchten, nicht aber ums Putzen. Die neue Norm der Zweiverdienerfamilie und das sozialstaatlich begründete Verdikt von Employability wirken drittens als Barriere gegenüber einer Betrachtung von Care in seiner eigenen Wertigkeit, die auf das Problem eines besseren Zeitmanagements reduziert wird. Hierzu tragen auch prominente Vorbilder bei, die ‚Vereinbarkeit light' suggerieren.

Sich verschiebende Koordinaten von Öffentlichem und Privatem werfen nicht nur die Frage nach neuen Modellen für Versorgungs- und Betreuungsarbeit auf, sondern auch danach, ob Familie sich in ihrem Kern zunehmend auf persönliche Beziehungen, Intimität und Zuneigung konzentriert und bislang integrierte ‚Arbeits'-Aspekte an soziale Dienste – in ihrer sozial ungleichen Binnendifferenzierung – verlagert. Gibt es also eine Re-Familialisierung von Gefühlen und eine De-Familialisierung von praktischem Care – und was bedeutet das? Gerade weil Care nur begrenzt kommodifizierbar ist, ist interessant, dass partielle Delegationen von Care an professionelle Dienste die Qualität von familialen Beziehungen verbessern (Brandt/Szydlik 2008). Damit wird auch deutlich, dass in Care immer mehr steckt als Arbeit: Zuneigung, Beziehung und Aufeinanderangewiesensein (Moser/Pinhard 2010).

Literatur

Bertram, Hans/Bertram, Birgit (2009): Familie, Sozialisation und die Zukunft der Kinder. Opladen: Verlag Barbara Budrich.

BMFSFJ (Bundesministerium für Familie, Senioren, Frauen und Jugend) (2006): Familie zwischen Flexibilität und Verlässlichkeit. Perspektiven für eine lebenslaufbezogene Familienpolitik. Siebter Familienbericht, Berlin: BMFSFJ.

Brandt, Martina/Szydlik, Marc (2008): Soziale Dienste und Hilfe zwischen den Generationen in Europa. Zeitschrift für Soziologie, 37, 4, S. 301-320.

Brückner, Margit (2009): Wer sorgt für wen? Sorgen zwischen privaten Lösungen und öffentlicher Verantwortung. Frankfurt a. M.: Unveröff. Manuskript.

Döring, Nicola (2004): Wie verändern sich soziale Beziehungen durch Mobilkommunikation? Eine Analyse von Paar-, Familien- und Freundschaftsbeziehungen. In: Thiedeke, U. (Hrsg.): Soziologie des Cyberspace. Medien, Strukturen und Semantiken. Wiesbaden: VS-Verlag, S. 240-280.

Friese, Marianne (2010): Die ‚Arbeit am Menschen‘: Bedarfe und Ansätze der Professionalisierung von Care Work. In: Moser, V./Pinhard, I. (Hrsg.): Care – Wer sorgt für wen? Opladen: Verlag Barbara Budrich, S. 47-68.

Galm, Beate/Hees, Katja/Kindler, Heinz (2010): Kindesvernachlässigung – verstehen, erkennen und helfen. München: Reinhardt-Verlag.

Gildemeister, Regine (2004): Doing Gender: Soziale Praktiken der Geschlechterunterscheidung. In: Becker, R./Kortendiek, B. (Hrsg.): Handbuch der Frauen- und Geschlechterforschung. Theorie, Methoden, Empirie. Wiesbaden: VS-Verlag, S. 132-141.

Gottschall, Karin/Voß, Gerd Günter (Hrsg.) (2003): Entgrenzung von Arbeit und Leben. Zum Wandel der Beziehung von Erwerbstätigkeit und Privatsphäre im Alltag. München, Mering: Rainer Hampp-Verlag.

Heitkötter, Martina/Jurczyk, Karin/Lange, Andreas/Meier-Gräwe, Uta (Hrsg.) (2009): Zeit für Beziehungen? Zeit in und Zeitpolitik für Familien. Opladen: Leske und Budrich.

Hochschild, Arlie R. (2000): Global Care Chains and Emotional Surplus Value. In: Giddens, T./Hutton, W. (Hrsg.): On the Edge: Globalization and the New Millennium. London: Sage Publishers, S. 130-146.

Hochschild, Arlie R. (2004): Die Warenfront – Zur Kommerzialisierung des privaten Lebens. In: Familiendynamik, 29, 3, S. 185-207.

Hochschild, Arlie R. (2006): Keine Zeit. Wenn die Firma zum Zuhause wird und zu Hause nur Arbeit wartet. Wiesbaden: VS-Verlag.

Jürgens, Kerstin (2001): Familiale Lebensführung. In: Voß, G. G./Weihrich, M. (Hrsg.): Tagaus tagein. Neue Beiträge zur Soziologie alltäglicher Lebensführung. München: Mering, Rainer Hampp-Verlag, S. 3-60.

Jurczyk, Karin (2010): Familie als Herstellungsleistung. Konturen eines neuen Konzeptes. In Jurczyk, K./Lange, A./Thiessen, B. (Hrsg.): Doing Family. Familienalltag heute. (i. E.)

Jurczyk, Karin/ Schier, Michaela/Szymenderski, Peggy/Lange, Andreas/Voß, Gerd-Günter (2009): Entgrenzte Arbeit – Entgrenzte Familie. Grenzmanagement im Alltag als neue Herausforderung. Berlin: edition sigma.

Keller, Bernd/Seifert, Hartmut (Hrsg.) (2007): Atypische Beschäftigung – Flexibilisierung und soziale Risiken. Berlin: edition sigma.

Klenner, Christina/Pfahl, Svenja (2009): Jenseits von Zeitnot und Karriereverzicht – Wege aus dem Arbeitszeitdilemma. In: Heitkötter, M. et al. (Hrsg.): Zeit für Beziehungen? Zeit und Zeitpolitik für Familien. Opladen: Verlag Barbara Budrich, S. 259-290.

Lange, Andreas (2009): Gestaltungsaufgaben in der Familienbiographie. In: Macha, Hildegard (Hrsg.): Handbuch der Erziehungswissenschaft. Band III/1. Familie – Kindheit – Jugend – Gender. Paderborn: Schöningh, S. 437-455.

Lloyd, Sally L./Few, April L./Allan, Katherine R. (Hrsg.) (2009): Handbook of Feminist Family Studies. Los Angeles: Sage.

Lüscher, Kurt/Liegle, Ludwig (2003): Generationenbeziehungen in Familie und Gesellschaft. Konstanz: UVK.

Marchena, Elaine (2004): Silent Exchanges: Quality Time in Dual Earner Families. The Emory Center for Myth and Ritual in American Life. Working Paper, Band 37, Atlanta.

Moldaschl, Manfred/Voß, Günter G. (Hrsg.) (2002): Subjektivierung von Arbeit. München, Mering: Rainer Hampp-Verlag.

Moser, Vera/Pinhard, Inga (Hrsg.) (2010): Jahrbuch Frauen- und Geschlechterforschung in der Erziehungswissenschaft 2010: Care – Wer sorgt für wen? Opladen: Verlag Barbara Budrich.

Nagl-Docekal, Herta (1994): Ist Fürsorglichkeit mit Gleichbehandlung unvereinbar? In: Deutsche Zeitschrift für Philosophie, 06/94, S. 1045-1050.

Nussbaum, Martha (2003): Langfristige Fürsorge und soziale Gerechtigkeit. In: Deutsche Zeitschrift für Philosophie, 02/03, S. 179-198.

Ostner, Ilona/Pieper, Barbara (1980): Problemstruktur Familie oder: Über die Schwierigkeit in und mit Familie zu leben. In: Ostner, Ilona/Pieper, Barbara (Hrsg.): Arbeitsbereich Familie. Umrisse einer Theorie der Privatheit. Frankfurt a. M.: Campus-Verlag, S. 96-170.

Presser, Harriet (2003): Working in a 24/7 Economy. Challenges for American Families. New York: Russell Sage Foundation.

Rerrich, Maria S. (1993): Gemeinsame Lebensführung: Wie Berufstätige einen Alltag mit ihren Familie herstellen. In: Jurczyk, K./Rerrich, M. S. (Hrsg.): Die Arbeit des Alltags. Beiträge zu einer Soziologie der alltäglichen Lebensführung. Freiburg: Lambertus, S. 310-333.

Rerrich, Maria S. (2006): Die ganze Welt zu Hause. Cosmobile Putzfrauen in privaten Haushalten. Hamburg: Hamburger Edition, Institut für Sozialforschung.

Rössler, Beate (2001): Der Wert des Privaten. Frankfurt a. M.: Suhrkamp-Verlag.

Rosenbaum, Heidi/Timm, Elisabeth (2008): Private Netzwerke im Wohlfahrtsstaat. Familie, Verwandtschaft und soziale Sicherheit im Deutschland des 20. Jahrhunderts. Konstanz: UVK.

Schier, Michaela/Jurczyk, Karin (2007): Familie als Herstellungsleistung in Zeiten der Entgrenzung. Aus Politik und Zeitgeschichte, 34/07, S. 10-17.

Schier, Michaela (2009): Räumliche Entgrenzung von Arbeit und Familie: Die Herstellung von Familie unter Bedingungen von Multilokalität. In: Informationen zur Raumentwicklung (1/2), S. 55-66.

Stauber, Barbara (2007): Zwischen Abhängigkeit und Autonomie: Junge Erwachsene und ihre Familien. In: Stauber, B./Pohl, A./Walther, A. (Hrsg.): Subjektorientierte Übergangsforschung. Rekonstruktion und Unterstützung biografischer Übergänge junger Erwachsener. Weinheim: Juventa-Verlag, S. 129-154.

Witte, Erich H. (2007): Interpersonale Kommunikation, Beziehungen und Zusammenarbeit in Gruppen. In: Six, U./Gleich, U./Gimmler, R.(Hrsg.): Kommunikationspsychologie und Medienpsychologie. Weinheim: Beltz, S. 178–208.

5 Care und Gerechtigkeit. Perspektiven der Gestaltbarkeit eines unsichtbaren Arbeitsbereichs

Maria S. Rerrich

"Care has not been conceived as part of the work of citizens, nor as an important part of what citizens should spend their collective energy thinking about (...) Unless we are willing to reconceptualize care fundamentally, the ability to move the care debate forward will remain caught in a vicious circle in which care reinforces social and economic inequality."
(Tronto 2006: 5ff.)

Einleitung

Seitdem das Thema einer veränderten Arbeitsteilung zwischen den Geschlechtern auf die gesellschaftliche Tagesordnung gesetzt wurde, hat sich vieles verändert. Aber Care-Leistungen, Sorge und Fürsorge im privaten und öffentlichen Bereich, unbezahlt und/oder bezahlt und überwiegend, wenn auch nicht ausschließlich von Frauen erbracht, bleiben nach wie vor weitgehend unsichtbar, werden gesellschaftlich ungenügend thematisiert und anhaltend trivialisiert. Zudem fällt auf, dass ihre gegenwärtige Umverteilung nicht vor allem zwischen den Geschlechtern stattfindet, sondern in erster Linie zwischen unterschiedlichen Gruppen von Frauen.

Fragen der Umverteilung, Anerkennung und Teilhabe im Zusammenhang mit Care stehen seit mehr als hundert Jahren im Zentrum feministischer Debatten. Warum wird der Arbeitsbereich Pflege- und Haushaltsarbeit noch heute gesellschaftlich nicht oder nur ungenügend wahrgenommen? Welche gesellschaftlichen Gruppen verrichten diese Arbeit zu welchen Bedingungen und mit welchen Konsequenzen? Wie könnte und sollte künftig die gesellschaftliche Anerkennung für die Verrichtung dieser Arbeiten aussehen? Das sind politisch motivierte Fragen, die eine facettenreiche und komplexe akademische Care-Forschung hervorgebracht haben, mit unterschiedlichen Akzentuierungen je nach nationalem und disziplinärem Kontext (vgl. Brückner in diesem Band). Im Kern geht es dabei, wo immer solche Fragen auftauchen, um die Gerechtigkeit heutiger Care-Arrangements, und zwar auf mehreren Ebenen: mit Blick auf die Verschränkung der Dimensionen Geschlecht, Klasse und Ethnie.

Typisch ist, dass einzelne Stränge der Debatte zum Thema Care heute zwar intensiv, aber voneinander unabhängig verfolgt werden. Können Veränderungen gelingen, wenn nur einzelne Aspekte herausgegriffen werden oder gerät damit nicht Wesentliches für eine veränderte Gestaltung dieses zentralen Bereichs gesellschaftlich notwendiger Arbeit aus den Augen?

Der folgende Beitrag zielt darauf, einige unterschiedliche Perspektiven nachzuzeichnen, mit denen politische Fragen im Zusammenhang mit Care gerahmt wurden bzw. heute gerahmt werden. Dazu gehört, auch auf einige Fallen hinzuweisen, die es künftig zu vermeiden gilt. Denn umfassende Veränderungen können meines Erachtens nur gelingen, wenn sie auf den Gesamtzusammenhang ‚Care' als einen zentralen Bereich gesellschaftlich notwendiger Arbeit zielen.

5.1   Care: Begriffe und Befunde zum Status Quo

Für ‚Care' als Gesamtheit der bezahlten wie auch unbezahlten personenorientierten Versorgungsleistungen ist es nicht entscheidend, ob diese Arbeit entlohnt wird oder nicht. Es ist gerade außerordentlich wichtig, im Auge zu behalten, dass es sowohl bezahlte wie auch unbezahlte Arbeit in diesem Bereich gibt. Darauf hat die Frauen- und Geschlechterforschung bereits in den 1970er Jahren hingewiesen (vgl. für die deutsche Diskussion grundlegend Bock/Duden 1977; Kontos/Walser 1979; Ostner 1979). Betont wurde auch, dass es überwiegend, wenn auch nicht ausschließlich Frauen sind, die diese Arbeit leisten. Einige dieser älteren Konzepte und Analysen haben bis heute nichts von ihrer Aktualität eingebüßt und sind es wert, wiederentdeckt zu werden. So genannte ‚Anderthalb-Personen-Berufe' definierte z.B. Elisabeth Beck-Gernsheim bereits vor dreißig Jahren wie folgt:

> „(…) die Berufsarbeit ist nach Quantität und Qualität ihrer Anforderungen so organisiert, dass sie auf die Anforderungen der privaten Alltagsarbeit kaum Rücksicht nimmt; sie setzt damit stillschweigend voraus, daß der Berufstätige die Zuarbeit und Hilfsdienste anderer Personen in Anspruch nehmen kann. Das eben ist in den meisten Fällen die Aufgabe der Ehefrau (…)." (Beck-Gernsheim 1980: 68).

Die neueren Debatten nehmen beziehungstheoretische und sozialpolitische Probleme in den Blick und setzen sich mit ‚Care' im Spannungsfeld von Öffentlichkeit und Privatheit sowie mit Fragen der Gerechtigkeit auseinander (vgl. Brückner 2002, 2004; Eckart 2004; Fine 2007; Fraser 1994; Harrington 1999; Jurczyk/Oechsle 2008; Kittay 1999; Schnabl 2005; Stiegler 2009; Tronto 2006). Care und Migration ist ein weiteres, expandierendes Forschungsfeld (Rerrich 2006, 2010a; Lutz 2007, 2010).

Wer leistet heute Care-Arbeiten, wer verrichtet in unserer Gesellschaft Pflege- und Haushaltsarbeit? Eine Antwort lautet: Ganz genau wissen wir das nicht, denn wirklich belastbare Zahlen gibt es in diesem Feld kaum. Ein Grund dafür ist, dass die Arbeit der privaten Haushalte heute typischerweise gesellschaftlich unsichtbar bleibt.

Diese Unsichtbarkeit speist sich aus mehreren Quellen. Es beginnt mit der üblichen Sprache, wenn über Verrichtungen im so genannten Privatbereich geredet wird. Arbeit taucht z.b. in Formulierungen wie die ‚Vereinbarkeit von Beruf und Familie' oder ‚work-life balance', ‚Mutterschaftsurlaub' oder heute ‚Elternzeit' gar nicht auf, obwohl alle wissen, dass Haushalte und Familien – zumal für Frauen mit Familie – nicht nur Orte der Freizeit sind. Solche Thematisierungen verdecken bereits sprachlich, dass außerhalb der Sphäre des öffentlichen Erwerbs auch gearbeitet wird, und zwar nicht gerade wenig.

Die Unsichtbarkeit liegt auch an der Qualität dieser Arbeit, so wie sie heute meist verrichtet wird. Haushaltsarbeit hat kein sichtbares Produkt, sondern fällt höchstens dann auf, wenn sie nicht erledigt wird. Die Unsichtbarkeit dieser Arbeit liegt schließlich auch daran, dass es lange keine gesellschaftlichen Vorkehrungen dafür gab, sie sichtbar zu machen. Alle wissen zwar, dass in den Haushalten viel geleistet wird, aber erst seit Ende der 1980er Jahre gibt es Ansätze dazu, diese Arbeit auch nur annähernd so systematisch zu erfassen und in ihrer Entwicklung zu beobachten, wie dies für die Sphäre der außerhäuslichen Erwerbsarbeit schon lange der Fall war. In letzter Zeit wird versucht, die Berechnung des Bruttoinlandsprodukts und der Haushaltsproduktion in Deutschland mit Hilfe des so genannten erweiterten Gender-BIP geschlechtsspezifisch zu erfassen (vgl. Schaffer/Stahmer 2006). Zur Erfassung der Bruttowertschöpfung durch Haushaltsproduktion wurde ein Konzept erarbeitet und durch zwei repräsentative Zeitbudgeterhebungen empirisch fundiert (vgl. Meier-Gräwe 2008: 117; für einen Zeitvergleich s. Schäfer 2004).

Zeitbudgetstudien liefern einige Anhaltspunkte, können aber nur eine Annäherung darstellen. Das liegt auch daran, dass in Deutschland inzwischen ein nicht näher bestimmbarer Teil dieser Arbeit in mehr oder minder legalen Arbeitsverhältnissen von bezahlten Kräften wie Au-Pairs, Reinigungskräften

oder privaten Haushaltsarbeiterinnen in den Haushalten alter Menschen verrichtet wird.[1] Mit anderen Worten: Auf den nur unscharf erkennbaren
Tableaus häuslicher Care-Arbeit gibt es erhebliche Grauzonen. Denn hier
sind in der Regel weder die Arbeitgeber noch die Beschäftigten daran interessiert, ihre Karten auf den Tisch der Sozialwissenschaften zu legen, weil
z.b. keine Steuern oder Sozialabgaben bezahlt werden oder auch Menschen
ohne Arbeits- oder Aufenthaltserlaubnis beschäftigt sind.[2]

Diese Unsichtbarkeit häuslicher Arbeit hat eine lange historische Tradition. Sie ist wesentlicher Teil der Geschichte dieser Arbeit, wie sie im Bürgertum des 19. Jahrhunderts symbolisch und auch praktisch entworfen wurde. Wie Sibylle Meyer (1986) in ihrem Buch „Das Theater mit der Hausarbeit" anschaulich darlegt, gehörte es normativ zur Rolle der bürgerlichen
Hausfrau in der wilhelminischen Zeit, den Haushalt so zu führen, als würde
sich die Arbeit gewissermaßen ‚von Geister Hand' erledigen. Oder sie wurde
von den Dienstmädchen verrichtet, die damals ebenfalls typischerweise zum
bürgerlichen Haushalt dazugehörten. Sie wurden nicht ohne Grund gern
‚dienstbare Geister' genannt. Das geringe gesellschaftliche Ansehen dieser
häuslichen Arbeitskräfte trägt bis heute zur Unsichtbarkeit der Haushaltsarbeit und zu ihrer geringen Wertschätzung bei (vgl. Thiessen 2004, Friese
2008), denn im Laufe der historischen Entwicklung kamen die Tätigkeiten
der bürgerlichen Hausherrin und ihres Dienstmädchens in der Rolle der so
genannten ‚Hausfrau' zusammen: Eine Folge war, dass Hausfrauen und ihre
Arbeitsleistungen dann gesellschaftlich auch unsichtbar wurden und bis heute weitgehend unsichtbar bleiben.[3]

Macht man nun einen historischen Sprung in die Gegenwart und fragt
danach, wer alles heute Care-Arbeit verrichtet, muss man sich zunächst einmal mit der davor gelagerten Frage befassen, welche Arbeiten man analytisch zum Arbeitsbereich Care zählen will. Hier herrscht in der feministischen Fachöffentlichkeit derzeit keineswegs Einigkeit, wie Margrit Brück-
ners Überblick zu Entwicklungen der Care-Debatte in diesem Band differenziert veranschaulicht. Einige Autorinnen, wie z.B. die Schweizer Ökonomin
Mascha Madörin (2006) zählen zu Care sowohl die Gesamtheit der personenbezogenen gesellschaftlichen Versorgungsarbeit in den privaten Haushalten
als auch die Care-Arbeit in den Institutionen wie Kindergärten, Schulen und

---

1 Zahlenmaterialien zu diesem Arbeitsfeld sind immer nur Schätzungen. Die m.E.
   Zuverlässigsten finden sich in Schupp (2008).

2 Zum Themenkomplex der aufenthaltsrechtlichen Illegalität vgl. Alt (2003), Anderson (2003), Cyrus (2004, 2010), Düvell (2006).

3 Die Geschichte der häuslichen Arbeit kann hier nur sehr kursorisch angedeutet
   werden. Vgl. ausführlicher Rerrich (1990), Walser (1985), Wierling (1987). Für
   die NS-Zwangsarbeit in deutschen Haushalten vgl. Winkler (2000).

Altersheimen. Andere Autorinnen wie z.b. Helma Lutz kritisieren einen breiten Care-Begriff mit dem Argument, dass er leicht unscharf wird und möchten ‚Care' für die Arbeit im privaten Haushalt reservieren. Denn mit einem
erweiterten Care-Begriff würde nicht nur die Trennung zwischen Privathaushalt und sozialem Außenraum aufgehoben, sondern auch die zwischen Professionellen und ‚Laien', die Care-Arbeit verrichten (Lutz 2010: 5). Für beide Sichtweisen sprechen gute Argumente. Geht es um Fragen der Gerechtigkeit von Arbeitsarrangements im Sinne der politischen Gestaltbarkeit sowie
der Organisierbarkeit von Interessen, ist die erstgenannte Position m.E. über-
zeugender, und sei es um den Preis einiger analytischer Unschärfen.

5.1.1 Gesellschaftliche Entwicklungen im Bereich Care in Haushalt und Familie

Zum Status quo der konkreten gesellschaftlichen Entwicklung im Arbeitsbereich Care ist festzustellen, dass Verschiebungen, Veränderungen und
Substitutionsprozesse von Arbeit derzeit anders verlaufen als erwartet, und
zwar in beiden Bereichen – in den Haushalten und Familien wie im sozialen
Außenraum. Frauen sind dank Bildungsreform, Frauenbewegung und staatlicher Gleichstellungspolitik inzwischen weder normativ noch de facto ausschließlich für Haushalt und Familie zuständig. Junge Frauen in Deutschland
sind verglichen mit ihren Müttern und Großmüttern ungleich besser qualifiziert und einschlägige Studien belegen ihre hohe Berufsmotivation (Geissler/
Oechsle 1996; Oechsle/Geissler 1998; Nissen et al. 2003; Allmendinger
2008). Immer mehr Frauen bleiben auch nach der Familiengründung berufs-
tätig oder unterbrechen ihren Beruf nur für eine kurze Zeit. Im gesellschaftlichen Bewusstsein ist die Sensibilität für Fragen der Gleichberechtigung
beträchtlich gestiegen, und inzwischen unterstützen sogar alle politischen
Parteien dieses Anliegen. Obwohl von tatsächlicher Gleichstellung in der Erwerbssphäre noch bei weitem nicht die Rede sein kann, sind Frauen in
Deutschland heute keineswegs mehr ausschließlich marginalisiert, in Teil-
zeitstellen oder in untergeordneten Positionen beschäftigt. Auch der Anteil
der Familienernährerinnen steigt (Klenner/Klammer 2009). Zusammengefasst: Frauen sind heute aus dem Kern der Produktionssphäre nicht mehr
wegzudenken. So gesehen ist das Glas wohl halb voll. Aber das Glas ist eben
auch halb leer. Betrachtet man die Ebene der Alltagspraxis, so kann das Bemühen, Arbeit zwischen Frauen und Männer im Privaten grundlegend neu zu
verteilen, als bisher weitgehend gescheitert bezeichnet werden. Die Beteiligung von Männern am Kernbereich häuslicher Arbeit ist nur in sehr gerin-
gem Umfang angestiegen. An der prinzipiellen Verantwortung der Frauen für

den Gesamtarbeitsbereich Haushalt und Familie haben auch die jüngsten Bemühungen des Familienministeriums trotz mancher Fortschritte bei der Einbindung junger Väter in die alltägliche Erziehung bisher nichts Grundsätzliches verändern können.

Stattdessen gewinnt eine andere Tendenz immer stärker an Bedeutung: die Umverteilung von Arbeit zwischen Frauen. Heute greifen unbezahlte und bezahlte Haushaltsarbeit in vielen Haushalten ineinander. Blickt man auf Muster von Kooperationen beim häuslichen Einerlei, sieht man oft mehrere Personen, die zusammenarbeiten, damit der Alltag eines Haushalts läuft und weiterläuft: Man findet Großmütter, Großväter und Tanten, Babysitter und Tagesmütter, Mütter aus dem Mütternetzwerk von Schule und Kindergarten, hilfsbereite Nachbarinnen, Au-Pairs und private Altenpflegekräfte, die Kinder und Geschwister von kranken und behinderten Menschen, Töchter und Schwiegertöchter, die ihre alten Eltern und Schwiegereltern versorgen, Söhne und Schwiegersöhne (wenn auch nicht so häufig), alte Frauen und Männer, die ihren Partner bzw. ihre Partnerin pflegen, bezahlte *live-ins* (meist Migrantinnen) in der häuslichen Altenpflege, und nicht zuletzt die ungezählten Reinigungskräfte mit und ohne Migrationshintergrund (Ehrenreich/Hochschild 2002; Gather et al. 2008; Rerrich 2006, 2010a; Lutz 2007). Oft beteiligen sich eine Reihe verschiedener Personen an der Gestaltung des Alltags eines Haushalts. Im Rahmen von Recherchen eines studentischen Lehr-Forschungsprojekts fanden wir die Kooperation von bis zu 13 Personen. Das ist sicher ein Extremfall, aber dass mehrere Menschen zusammenwirken, ist keine Seltenheit. Wichtig ist vor allem: Nicht nur die Arbeit der Hausfrauen ist unsichtbar, auch die Arbeit dieser anderen Frauen (und Männer) ist unsichtbar, obwohl ohne die bezahlten wie unbezahlten Hilfskräfte heute in vielen Haushalten nichts mehr geht.

In der häuslichen Care-Kooperation überwiegen Frauen, aber es gibt durchaus einige Bereiche, wo sich Männer mehr engagieren, u.a. punktuell im Zusammenhang mit ihren Kindern und Enkeln oder bei der Pflege ihrer Ehefrauen. Der Löwenanteil der sonstigen Arbeit und vor allem die Gesamtorganisation des Alltags verbleiben allerdings beim weiblichen Geschlecht (vgl. Jurczyk/Rerrich 1993). Und interessanterweise ist festzustellen: Dort, wo sich berufstätige Männer stärker in der häuslichen Care-Arbeit einbringen, handeln sie sich denselben Satz von Problemen ein, z.B. mit der Vereinbarkeit von Familie und Beruf, wie das schon lange von berufstätigen Müttern bekannt ist (Jurczyk et al. 2009; Jurczyk in diesem Band).

5.1.2 Gesellschaftliche Entwicklungen von Care im Bereich sozialer Berufe

Wie sieht es nun im Bereich der außerhäuslichen Care-Arbeit aus? Männer sind nicht nur in den Studiengängen der Sozialen Arbeit, wo ihr Anteil zwischen 20 und 30 % liegt (Bütow et al. 2007: 180), sondern auch in Erziehungs- und Pflegeberufen weiterhin gravierend unterrepräsentiert. Sofern sie überhaupt in nennenswerter Anzahl präsent sind, findet man sie oft in Positionen fern der Basis, was insofern bemerkenswert ist, als die gesellschaftliche Bedeutung der Sozialen Arbeit wächst. Jüngere Untersuchungen belegen, dass dieses Berufsfeld eine Wachstumsbranche darstellt. Männer sind dennoch proportional immer weniger vertreten. Die Beschäftigtenzahl von Frauen hat zwischen 1999 und 2004 in den Sozial- und Erziehungsberufen um rund 15 % zugenommen, bei Männern ist die Beschäftigtenzahl jedoch nur um rund 2 % gewachsen (Klein/Wulf-Schnabel 2007: 138).

Gut untersucht ist die Geschlechterverteilung für den Bereich der Elementarerziehung. Seit 15 Jahren liegt der Anteil männlicher Beschäftigter dort bei 4 %. Dieser Anteil bleibt weitgehend stabil, obwohl sich die Zahl der Beschäftigten in den westdeutschen Einrichtungen zwischen 1990/91 und 2002 um 55 % erhöht hat (eine gegensätzliche Entwicklung gab es jedoch in den ostdeutschen Einrichtungen, wo sich die Beschäftigtenzahl in diesem Zeitraum nahezu halbiert hat). Zieht man Zivildienstleistende und Hausmeister ab, die üblicherweise mitgerechnet werden, sinkt der Männeranteil im Bereich der Elementarerziehung auf unter 3 %.

Die Bestandsaufnahme ist mit Blick auf die Entwicklung der Geschlechterverhältnisse ernüchternd. Wo sollen Kinder – Mädchen wie Jungen – lernen, dass Fürsorge, Bindung und Zuwendung zu kleinen Kindern zentraler Teil der Persönlichkeitsentwürfe beider Geschlechter sein sollen, wenn sie nicht auf entsprechende Erfahrungen durch Männer zurückgreifen können und es ihnen an ausreichenden Vorbildern dafür fehlt (Klein/Wulf-Schnabel 2007: 138)? Ganz oben auf dem heimlichen Lehrplan der Institutionen zur Kinderbetreuung steht, obwohl das nirgends ausdrücklich gesagt wird: Für die Auseinandersetzung mit und die Betreuung von kleinen Kindern sind in unserer Gesellschaft Frauen zuständig. Und in der Grundschule geht es bekanntlich in gleicher Weise weiter. Hier beträgt der Männeranteil 13 % (Stand 2006) und steigt erst mit ansteigendem Bildungsziel an.[4]

---

4 An den Gymnasien liegt er bei 47 % (Angaben aus Datenreport 2008, Kap. 3, Bildung, S. 56 (http://www.destatis.de/jetspeed/portal/cms/Sites/destatis/Internet/ DE/Content/Publikationen/Querschnittsveroeffentlichungen/Datenreport/Down loads/Datenreport2008Bildung,property=file.pdf, 18.4.2010).

5.2 Care und Feminismus historisch – ein widersprüchliches Verhältnis

Blickt man auf die Geschichte der Beziehung von Care und Feminismus zurück, findet man ein traditionell widersprüchliches Verhältnis.[5] Es war und ist keineswegs selbstverständlich, dass der Arbeitsbereich ‚Care‘ von der Frauenbewegung thematisiert und positiv bewertet wurde. Man könnte sogar behaupten, dass die Abkehr von allem, was Frauen vorrangig mit diesem Arbeitsbereich verbindet, historisch für viele Frauen einen wesentlichen Strang der feministischen Agenda ausgemacht hat. Das gilt vor allem für ihre sozialistisch geprägte Variante. Dieser Tradition folgte der nach dem zweiten Weltkrieg etablierte Staatsfeminismus der DDR, wo Frauen voll in die Erwerbssphäre integriert wurden, begleitet von den entsprechenden gesellschaftlichen Vorkehrungen für Teile der Pflege- und Sorgearbeit wie die vergesellschaftete Versorgung von Kindern. Auch zu Beginn der neuen Frauenbewegung in Westdeutschland in den 1970er Jahren argumentierten viele Frauen, die aus der Studentenbewegung kamen, zunächst noch stark in dieser Tradition. Man sprach vom ‚Hauptwiderspruch‘ und vom ‚Nebenwiderspruch‘, um die gesellschaftlichen Verhältnisse im Kapitalismus zu charakterisieren. Der ‚Hauptwiderspruch‘ war der Antagonismus zwischen Lohnarbeit und Kapital, den es zu überwinden galt. Die unterschiedliche Interessenslage von Frauen und Männern galt als Nebenwiderspruch, der sich nach der Überwindung des Kapitalismus von selbst aufheben würde. Entsprechend dieser angenommenen Hierarchie ging es zentral darum, Frauen voll in den Erwerbsbereich zu integrieren, damit sie dort gemeinsam mit den Männern den Kampf aufnehmen. Die Aufmerksamkeit richtete sich daher zunächst auf den als zentral angenommenen gesellschaftlichen Ort, auf das ‚eigentlich wichtige‘ gesellschaftliche Feld der Produktion. Erinnert sei auch an den berühmten Satz von Simone de Beauvoir „Mutterschaft ist heute für Frauen eine böse Falle" 1976 in einem SPIEGEL-Interview. Denn – so ihre Begründung – die Abhängigkeit der Frau beginne in dem Augenblick, da sie ein Kind bekomme.[6]

Das sind Beispiele für verbreitete gleichheitstheoretische, feministische Positionen, die ich als ‚Care-als-Last-für-Frauen-Haltung‘ bezeichnen würde. Typisch ist hier die konsequent postulierte Gleichheit zwischen den Geschlechtern, typisch ist aber auch die Nachrangigkeit von ‚Care‘ als einem

---

5 Vgl. einführend zur Geschichte der Frauenbewegung Gerhard (1990) sowie zu Care als Thema historischer und neuer Frauenbewegungen Schmidbaur (2010).

6 Vgl.: http://www.spiegel.de/spiegel/print/d-14332678.html (Zugriff 2.4.10).

gesellschaftlichen Aufgaben-, Interessens- und Handlungsbereich und die Betonung der zentralen und herausragenden Bedeutung der Produktionssphäre.

Eine entgegengesetzte feministische Perspektive lässt sich ebenfalls historisch weit zurückverfolgen. ‚Care' ist in dieser anderen Sichtweise gesellschaftlich nicht unwichtig. Im Gegenteil – ‚Care' ist von großer Bedeutung, allerdings auch durch und durch weiblich konnotiert. Denn ‚Care' gilt hier als genuine Bestimmung des weiblichen Geschlechts. Das war eine Position der so genannten bürgerlichen Frauenbewegung des 19. und beginnenden 20. Jahrhunderts und eine wesentliche Grundlage für die erwerbsförmige Gestaltung von ‚Care' in den sozialen Frauenberufen. Erinnert sei hier z.B. an die Idee der „geistigen Mütterlichkeit" bei Alice Salomon, eine der wichtigsten Begründerinnen der Sozialen Arbeit in Deutschland. Ihr ging es darum, das wesentlich Weibliche – die Sorge für andere zum Wohl der gesamten Familie – zum Wohl der Gesellschaft in die Öffentlichkeit zu tragen. Dass eine solche Orientierung auch ein probates Mittel darstellte, um Frauen aus den Begrenzungen der häuslichen vier Wände herauszuführen und für sie neue Berufsperspektiven zu erschließen, nicht nur als Sozialarbeiterin, sondern auch als Erzieherin, Krankenschwester, Lehrerin u.ä.m., war ein nicht unwillkommener Nebeneffekt dieser Haltung (ausführlicher dazu: Rerrich 2010b). Auch dieser feministische Argumentationsstrang – die ‚Care-als-weibliche-Besonderheit'-Haltung, die sich in der Gesellschaft verbreiten soll, – lässt sich bis zur neuen Frauenbewegung weiterverfolgen, so z. B. im so genannten Müttermanifest der Grünen 1986. In dieser differenztheoretischen feministischen Position wird ‚Care' als Handlungsfeld und Wissensgebiet mit Weiblichkeit in eins gesetzt. Frauen sind demnach quasi von Natur aus für Care-Arbeit prädestiniert und das impliziert im Umkehrschluss mehr oder minder, dass Männer für weniger geeignet gehalten werden, Care-Aufgaben zu übernehmen. Charakteristisch für diese Position ist die konsequent hohe Wertschätzung für den Arbeitsbereich ‚Care', das Wissen um seine gesellschaftliche Bedeutung und die Kenntnis der Komplexität von Care-Aufgaben, Verrichtungen und Beziehungen. Charakteristisch ist aber auch die Zuordnung von Frauen und Männern zu unterschiedlichen gesellschaftlichen Bereichen.

5.3   Wie und wo wird Care heute diskutiert?

Ich sehe derzeit vier dominante politische Diskussionsstränge zum Thema
Care in Deutschland. Sie verlaufen so sehr nebeneinander, dass kaum jemand
wahrnimmt, dass und wie eng sie zusammenhängen. Nur einer dieser Diskussionsstränge stößt aktuell auf breite öffentliche Resonanz. Das ist der Strang
der ‚Integration der Väter in die frühkindliche Familienerziehung' – ein
Thema, das die Menschen heute ebenso bewegt wie vor 40 Jahren, aber erst
seit der Ära der bis vor kurzem als Familienministerin tätigen Ursula von der
Leyen mit etwas mehr Erfolg durch die neuen Regelungen zur Elternzeit politisch forciert werden konnte. Andere Formen einer Umverteilung der familialen Arbeit mit Kindern, ob zwischen den Geschlechtern oder innerhalb
eines Geschlechts, z.B. zwischen Einheimischen und Migrantinnen (wie etwa
Au-Pairs) geraten dabei gar nicht in den Blick, denn ‚Care' wird hier diskursiv gerahmt als ein ‚internes Betreuungsproblem der jungen Kernfamilie'.
Politische Lösungsversuche zielen auf Geschlechtergerechtigkeit innerhalb
der Partnerschaft.

Ein zweiter politischer Diskussionsstrang, der ebenfalls das Thema Umverteilung von Care-Arbeit im Visier hat, ist ein Diskurs, der vor allem von
Pflegeverbänden geführt wird. Er läuft darauf hinaus, die billige Konkurrenz
der „illegalen" Migrantinnen im Bereich häuslicher Pflege anzuprangern und
sie bestenfalls auf die Haushaltsarbeit zu verweisen. Angespornt wird dieser
Diskurs meines Erachtens durch den unsicheren Stand der Professionalisie-
rungsbemühungen im Pflegebereich (Schmidbaur 2002). Das Anliegen
‚Care' wird hier diskursiv gerahmt und eingeschränkt auf ein Problem von
„Qualität, Professionalisierung und Qualifizierung" und das politische Care-
Projekt, das hier verfolgt wird, ist das der Aufwertung traditioneller Frauenberufe und der Schließung des Beschäftigungsfelds ‚Care' im privaten Haus-
halt gegenüber Konkurrentinnen aus dem Ausland.

Ein dritter politischer Diskussionsstrang steht im Kontext der Globalisie-
rungsdebatte und zielt vor allem ab auf die Frage der Ausbeutung und Rechtlosigkeit von Haushaltsarbeiterinnen aus weniger privilegierten Ländern und
ganz besonders auf Frauen ohne gesicherten Aufenthaltsstatus. Mit Begriffen
wie „global care chain" und „care drain" (Hochschild 2002) wird nicht zuletzt auf die Konsequenzen der häuslichen Beschäftigung von Migrantinnen
auf die Heimatländer verwiesen (s.a. Parreñas 2002). ‚Care' steht hier in
einem anderen diskursiven Rahmen, es geht um den Kontext ‚Bürgerrechte
von benachteiligten Gruppen in der globalisierten Zivilgesellschaft', und das
politische Care-Problem, das es hier zu lösen gilt, ist ein Menschenrechts-
problem (s.a. Apitzsch in diesem Band).

Schließlich lässt sich, viertens, ein eher gewerkschaftlich und arbeits-
marktpolitisch inspirierter Diskussionsstrang ausmachen. Hier wird der Privathaushalt als Arbeitsbereich wie jeder andere gedacht und es wird ein
arbeitsrechtlicher Regelungsbedarf postuliert. Gelegentlich geht dieser Diskurs damit einher, dass der Privathaushalt als Ort für zahlreiche neue ge-
schützte Beschäftigungsmöglichkeiten für niedrig Qualifizierte gesehen wird,
wenn es endlich gelingt, der verbreiteten Schwarzarbeit den Garaus zu machen. ‚Care' wird hier gerahmt durch den diskursiven Kontext der ‚Regulierung eines Teilarbeitsmarktes im Niedriglohnsektor' und das politische Care-
Problem, das es zu lösen gilt, ist die arbeitsrechtliche, seriöse Gestaltung solcher Beschäftigungsverhältnisse.

Zusammenfassend ist festzuhalten: Es gibt derzeit sehr unterschiedliche
politische Diskurse, die das Thema ‚Care' berühren. Sie gehen von sehr
unterschiedlichen Problemlagen aus und schlagen sehr unterschiedliche politische Lösungen vor. Aber wie so oft, wo zunächst Verschiedenheit auffällt,
sind auch diese Diskussionsstränge verbunden durch einige zentrale Gemeinsamkeiten – man könnte auch sagen, durch gemeinsame blinde Flecken:

3) Nie wird das Gesamthandlungsfeld ‚Care' als eine unserer wichtigsten
gesellschaftlichen Gestaltungsaufgaben und als eine der zentralen Ziel-
größen politischen Handelns thematisiert und das jeweils spezifische Anliegen in diesen größeren Zusammenhang eingeordnet. Beharrlich wird
nur ein spezifischer Teilaspekt des großen gesellschaftlichen Gesamt-
pakets ‚Care' ins Visier genommen, so als könnten die vielen verschiedenen Einzelbausteine, die bei diesem Gesamtpaket aufeinander treffen und
oft auch zusammenfließen – Gender, Ethnie, Qualifikation, gesellschaftliche Beteiligung der Menschen, die Careaufgaben in den Mittelpunkt
ihres Alltags stellen, Arbeit und internationale Arbeitsteilung, Menschen-
rechte, Kommodifizierbarkeit von Beziehungen und Gefühle –, einfach
auseinanderdividiert werden.

4) ‚Care' (und darin insbesondere die Haushaltsarbeit) wird laufend trivialisiert, politisch abgewertet und auf Einzelfragen zurechtgestutzt. Der be-
rühmt-berüchtigte Ausspruch des ehemaligen Bundeskanzlers Gerhard
Schröder, der anlässlich der Vereidigung des Bundeskabinetts 1988 von
„Frauenpolitik und so Gedöns" sprach, ist nur ein besonders schlagkräfti-
ges Beispiel. Die Konsequenz ist, dass politische Regelungsversuche gar
nicht greifen können, weil sie konzeptionell nicht so angelegt sind, dass
sie der Komplexität der Aufgaben gerecht werden, die es hier anzugehen
gilt. Beispiele hierfür sind die Einführung der Haushaltsschecks 1997, die
ebenso gescheitert sind wie die Förderung von Dienstleistungsagenturen,
die sich trotz Nachfrage der Haushalte und groß angelegter Begleit-

forschung nie recht am Markt durchsetzen konnten. Auch die so genannte „Pflege-Greencard" fand keine massenhafte Abnehmerschaft und nicht anders geht es mit der seit 2005 eingerichteten Möglichkeit, Migrantinnen in Haushalten mit Pflegebedürftigen eine auf Haushaltsarbeiten (keine Pflege!) und auf eine 38,5-Stundenwoche beschränkte Arbeitserlaubnis zu erteilen.

Eine weitere Folge der Trivialisierung von ‚Care' ist, dass die sich verschärfende Krise des Care-Bereichs bisher gesellschaftlich nicht wahrgenommen wird. Denn ‚Care' wird nicht als Gesamtzusammenhang mit eigenen Logiken gesehen, im Alltag ebenso wenig wie gesamtgesellschaftlich. Die Politikwissenschaftlerin Mona Harrington betont, es sei zentral für die gesellschaftliche Entwicklung, ‚Care' als eigenes System sichtbar zu machen. Sie warnt:

> „We don't see the problem. We don't see a collapsing care system because we don't see care as a system to begin with. We see individuals making private decisions about who takes care of the children or helps an arthritis-plagued elderly parent. (...) We don't add all of this up and call it a system that is working well or badly. If we did see systemic collapse, we would have to start thinking about care as it affects the workings of the whole society." (Harrington 1999: 25f.).

Gesehen werden nur Einzelanliegen. Kaum jemand (außer einschlägig arbeitende, feministische Sozialwissenschaftlerinnen) erkennt die Verbindungslinien in einem Gesamtsystem ‚Care', das gut oder schlecht (oder auch nur an einzelnen Stellen gut oder schlecht) funktioniert. Dazu sei (durchaus auch selbstkritisch) angemerkt, dass feministische Sozialforscherinnen vielleicht ihren Anteil an diesem Sachverhalt haben, denn Care wird bisher viel zu selten an den Orten thematisiert, wo das Thema sichtbar werden müsste, um angemessene gesellschaftliche Beachtung zu finden. Noch findet die Care-Debatte fast nur zwischen Frauen in akademischen, feministischen Kontexten statt, und damit bleibt sie bisher politisch recht bedeutungslos.

5.4 Gegen vorschnelle Vereinfachungen und für ein breites Care-Bündnis

Meines Erachtens stehen vor allem drei Aufgaben an: 1. Es wird eine Bestandsaufnahme zu der Frage benötigt: In welchen gesellschaftlichen Phänomenen sind Indikatoren für ein Versagen des Gesamthandlungsfeldes ‚Care' zu erkennen? 2. Es braucht mehr Klarheit darüber, welche spezifischen Care-Probleme politisch sinnvoll einzeln bearbeitet werden können. Wo ist das überhaupt möglich? 3. Nicht zuletzt ist eine Debatte darüber notwendig, wie das Thema ‚Care' in das Zentrum des politischen Diskurses getragen werden könnte.

‚Care' findet bezahlt und unbezahlt statt, innerhalb und außerhalb von Familien. Laien und Professionelle, Hausfrauen und berufstätige Frauen und mancher Mann, Einheimische, hier lebende Menschen mit Migrationshintergrund und Transmigrantinnen, verwandte und nicht verwandte Personen unterstützen, helfen, pflegen und machen den Haushalt, kurz ‚Care'. Es gibt viele Übergänge und Differenzierungen, die ihre Bedeutung haben, und besonders wichtig ist, wie hoffentlich gezeigt werden konnte, wie Care-Diskurse gerahmt und fokussiert werden. Die genaue Landkarte der Care-Arbeit muss für Deutschland wie international erst erstellt werden. Hier gilt es empirisch genau hinzusehen, keine vorschnellen Vereinfachungen zuzulassen und keine neuen Klischees zu produzieren.

Nach meiner Einschätzung ist Gerechtigkeit im Bereich ‚Care' noch immer ein Ziel in weiter Ferne, und die Auseinandersetzungen und Kämpfe, die es dafür brauchen wird, haben noch nicht wirklich begonnen. Neue Care-Strukturen zu schaffen, die auch den Aspekt der internationalen Arbeitsteilung berücksichtigen, ist eine Aufgabe, für die es einen sehr langen Atem brauchen wird. Bisher ist es zwar einigen Frauen gelungen, die klassischen Begrenzungen von Küche, Kinder und Kirche für sich persönlich zu überwinden. Aber ‚Care' als zentrales gesellschaftliches Handlungsfeld gerät immer mehr in die Krise und alle Menschen, die dort arbeiten, verbleiben weiterhin im Schatten – ob in den privaten Haushalten oder in den sozialen Berufen. Denn die zentrale Bedeutung des Gesamthandlungsfeldes ‚Care' für alle Bereiche der Gesellschaft ist im öffentlichen Bewusstsein noch gar nicht präsent und alle Leistungen in diesem Bereich – ob bezahlt oder unbezahlt, ob von Frauen oder von Männern, ob von Deutschen oder von Migrantinnen – werden nach wie vor fortlaufend unterschätzt. Ein Schritt auf dem Weg zur Enttrivialisierung von ‚Care' könnte darin bestehen, die derzeit unabhängig voneinander geführten Debatten um Einzelaspekte von ‚Care' stärker zusammenzuführen.

Literatur

Allmendinger, Jutta (2008): Frauen auf dem Sprung. Die Brigitte-Studie. Die Lebensentwürfe junger Frauen in Deutschland im Alter von 17 bis 19 und 27 bis 29 Jahren. Hamburg: Gruner und Jahr.

Alt, Jörg (2003): Leben in der Schattenwelt – Problemkomplex illegale Migration. Neue Erkenntnisse zur Lebenssituation illegaler Migranten in München, Leipzig und anderen Städten. Karlsruhe: von Loeper.

Anderson, Philip (2003): ,Dass sie uns nicht vergessen...' Menschen in der Illegalität in München. Eine empirische Studie im Auftrag der Landeshauptstadt München, Sozialreferat. München: o.V.

Beck-Gernsheim, Elisabeth (1980): Das halbierte Leben. Männerwelt Beruf – Frauenwelt Familie. Frankfurt a. M.: Fischer.

Bock, Gisela/Duden, Barbara (1977): Arbeit aus Liebe – Liebe als Arbeit. In: Beiträge zur 1. Sommeruniversität für Frauen. Berlin.

Brückner, Margrit (2002): Liebe und Arbeit – Zur (Neu)ordnung der Geschlechterverhältnisse in europäischen Wohlfahrtsregimen. In: Bundeskongress Soziale Arbeit (Hrsg): Gestaltung des Sozialen – eine Herausforderung für Europa. Opladen: Leske & Budrich. S. 171-198.

Brückner, Margrit (2004): Der gesellschaftliche Umgang mit menschlicher Hilfsbedürftigkeit. In: Österreichische Zeitschrift für Soziologie. 29. Jg, Heft 2, Juni 2004, S. 7-23.

Bütow, Birgit/Chassé, Karl A./Hirt, Rainer (Hrsg.) (2007): Soziale Arbeit nach dem Sozialpädagogischen Jahrhundert. Positionsbestimmungen Sozialer Arbeit im Post-Wohlfahrtsstaat. Opladen: Verlag Barbara Budrich.

Cyrus, Norbert (2004): Aufenthaltsrechtliche Illegalität in Deutschland. Sozialstruktur – Wechselwirkungen – Politische Optionen. Expertise für den Sachverständigenrat Zuwanderung und Integration (Nürnberg), Berlin, http://www.forum-illegali taet.de/Materialien/04_Expertise_Sachverst_ndigenrat_Cyrus.pdf (Zugriff 1.11.08).

Cyrus, Norbert (2010): Optionen zum Umgang mit irregulärer Migration. Stellungnahme zur öffentlichen Anhörung der Enquete-Kommission „Migration und Integration in Rheinland-Pfalz" am 4.5.2010, Mainz. Unveröffentlichtes Manuskript.

Düvell, Franck (2006): Illegal Immigration in Europe: Beyond Control? New York: Palgrave.

Eckart, Christel (2004): Fürsorgliche Konflikte. In: Österreichische Zeitschrift für Soziologie. 29. Jg., Heft 2, Juni 2004, S. 24-40.

Ehrenreich, Barbara/Hochschild, Arlie Russell (Hrsg.) (2002): Global Woman. Nannies, Maids, and Sex Workers in the New Economy. New York: Metropolitan Books.

Fine, Michael D. (2007): A Caring Society? Care and the Dilemmas of Human Service in the 21st Century. Basingstoke, New York: Palgrave Macmillan.

Fraser, Nancy (1994): Widerspenstige Praktiken. Macht, Diskurs, Geschlecht. Frankfurt a. M.: Suhrkamp.

Friese, Marianne (2008): Dienstbotin. Genese und Wandel eines Frauenberufs. In: Gather, Claudia/Geissler, Birgit/Rerrich, Maria S. (Hrsg.) (2008): Weltmarkt Privathaushalt. Bezahlte Haushaltsarbeit im globalen Wandel. 2. Aufl. Münster: Westfälisches Dampfboot, S. 223-237.

Gather, Claudia/Geissler, Birgit/Rerrich, Maria S. (Hrsg.) (2008): Weltmarkt Privathaushalt. Bezahlte Haushaltsarbeit im globalen Wandel. 2. Aufl. Münster: Westfälisches Dampfboot.

Geissler, Birgit/Ochsle Mechthild (1996): Lebensplanung junger Frauen. Zur widersprüchlichen Modernisierung weiblicher Lebensläufe. Weinheim: Deutscher Studienverlag.

Gerhard, Ute (1990): Unerhört. Die Geschichte der deutschen Frauenbewegung. Reinbek: Rowohlt.

Harrington, Mona (1999): Care and Equality. Inventing a New Family Politics. New York: Alfred A. Knopf.

Hochschild, Arlie (2002): Love and Gold. In: Ehrenreich, Barbara/Hochschild, Arlie Russell (Hrsg.): Global Woman. Nannies, Maids, and Sex Workers in the New Economy. New York: Metropolitan Books, S. 15-30.

Jurczyk, Karin/Rerrich, Maria S. (Hrsg.) (1993): Die Arbeit des Alltags. Beiträge zu einer Soziologie der alltäglichen Lebensführung. Freiburg: Lambertus.

Jurczyk, Karin/Oechsle, Mechthild (Hrsg.) (2008): Das Private neu Denken. Erosionen, Ambivalenzen, Leistungen. Münster: Westfälisches Dampfboot.

Jurczyk, Karin/Schier, Michaela/Szymenderski, Peggy/Lange, Andreas/Voß, G. Günter (2009): Entgrenzte Arbeit – entgrenzte Familie. Grenzmanagement im Alltag als neue Herausforderung. Berlin: sigma.

Kittay, Eva (1999): Love's Labor: Essays on Women, Equality and Dependence. New York: Routledge.

Klein, Uta/Wulf-Schnabel, Jan (2007): Männer auf dem Weg aus der Sozialen Arbeit. In: WSI-Mitteilungen 3/2007, S. 138-144.

Klenner, Christina/Klammer, Ute (2009): Weibliche Familienernährerinnen in West- und Ostdeutschland – Wunschmodell oder neue Prekarität? Vortrag im Centro Italo-Tedesco Villa Vigoni am 21. Oktober 2008, unveröffentlichtes Manuskript.

Kontos, Sylvia/Walser, Karin (1979): ... weil nur zählt, was Geld einbringt – Probleme der Hausfrauenarbeit, Gelnhausen: Burckhardthaus-Laetare.

Land, Hilary/Rose, Hilary (1985): Compulsory Altruism for Some or an Altruistic Society for All? In: Bea, Philip/Ferris, John/Whynes, David (Hrsg.): In Defense of Welfare. London/New York: Tavistock, S. 74-98.

Lutz, Helma (2007): Vom Weltmarkt in den Privathaushalt. Die neuen Dienstmädchen im Zeitalter der Globalisierung. Opladen: Verlag Barbara Budrich.

Lutz, Helma (2010): Unsichtbar und unproduktiv? Haushalts- und Care-Arbeit – die Rückseite der Arbeitsgesellschaft. Unveröffentlichtes Manuskript, erscheint in Österreichische Zeitschrift für Soziologie.

Madörin, Mascha (2006): Plädoyer für eine eigenständige Theorie der Care-Ökonomie. In: Niechoj, Torsten/Tullney, Marco (Hrsg.) (2006): Geschlechterverhältnisse in der Ökonomie. Marburg: Metropolis, S. 277-294.

Meier-Gräwe, Uta (2008): Familie, Ökonomie und Gesellschaft. In: Jurczyk, Karin/Oechsle, Mechthild (Hrsg.): Das Private neu denken. Erosionen, Ambivalenzen, Leistungen. Münster: Westfälisches Dampfboot, S. 113-132.

Meyer, Sibylle (1986): Das Theater mit der Hausarbeit. Bürgerliche Repräsentation in der Familie der wilhelminischen Zeit. Frankfurt: Campus.

Nissen, Ursula/Keddi, Barbara/Pfeil, Patricia (2003): Berufsfindungsprozesse von Mädchen und jungen Frauen. Erklärungsansätze und empirische Befunde. Opladen: Leske und Budrich.

Oechsle, Mechthild/Geissler, Birgit (Hrsg.) (1998): Die ungleiche Gleichheit. Junge Frauen und der Wandel im Geschlechterverhältnis. Opladen: Leske und Budrich.

Ostner, Ilona (1979): Beruf und Hausarbeit. Die Arbeit der Frau in unserer Gesellschaft. Frankfurt a. M./New York: Campus.

Parreñas, Rhacel Salazar (2002): The Care Crisis in the Philippines: Children and Transnational Families in the New Global Economy. In: Ehrenreich, Barbara/ Hochschild, Arlie R. (Hrsg.), Global Woman. Nannies, Maids, and Sex Workers in the New Economy, New York: Metropolitan Books, S. 39-54.

Rerrich, Maria S. (1990): Balanceakt Familie. Zwischen alten Leitbildern und neuen Lebensformen. 2. Aufl., Freiburg: Lambertus.

Rerrich, Maria S. (2006): Die ganze Welt zu Hause. Cosmobile Putzfrauen in privaten Haushalten. Hamburg: Hamburger Edition.

Rerrich, Maria S. (2010a): Unsichtbar, unentbehrlich, uneinheitlich: Die Vielfalt der bezahlten Haushaltsarbeit von Migrantinnen. In: Dackweiler, Regina-Maria/ Schäfer, Reinhild (Hrsg.): Wohlfahrtsstaatlichkeit und Geschlechterverhältnisse aus feministischer Perspektive. Münster: Westfälisches Dampfboot (im Erscheinen).

Rerrich, Maria S. (Hrsg.) (2010b): Soziale Arbeit als Frauenberuf: der lange Weg zur gendered profession. In: Engelfried, Constanze/Voigt-Kehlenbeck, Corinna (Hrsg.): Gendered Profession. Soziale Arbeit vor neuen Herausforderungen in der zweiten Moderne. Wiesbaden: VS-Verlag, S. 91-105.

Schäfer, Dieter (2004): Unbezahlte Arbeit und Haushaltsproduktion im Zeitvergleich. In: Statistisches Bundesamt (Hrsg.): Alltag in Deutschland. Analysen zur Zeitverwendung. Wiesbaden, S. 247-273.

Schaffer, Axel/Stahmer, Carsten (2006): Erweitertes Gender-BIP – eine geschlechtsspezifische Analyse des traditionellen Bruttoinlandsproduktes und der Haushaltsproduktion in Deutschland. In: Jahrbücher für Nationalökonomie und Statistik. Stuttgart Bd. 226/3, S. 308-328.

Schmidbaur, Marianne (2002): Vom „Lazaruskreuz" zu „Pflege Aktuell": Professionalisierungsdiskurse in der deutschen Krankenpflege 1903-2000. Königstein/ Taunus: U. Helmer Verlag.

Schmidbaur Marianne (2010): Geschlechterdifferenz, normative Orientierungen, Professionalisierung. „Care" Themen historischer und neuer Frauenbewegungen. In: Bereswill, Mechthild/Stecklina, Gerd (Hrsg.): Geschlechterperspektiven für die Soziale Arbeit. Weinheim: Juventa, S. 19-44.

Schnabl, Christa (2005): Gerecht sorgen. Grundlagen einer sozialethischen Theorie der Fürsorge. Freiburg: Academic Press Fribourg.

Schupp, Jürgen (2008): Quantitative Verbreitung von Erwerbstätigkeit in privaten Haushalten Deutschlands. In: Gather, Claudia/Geissler, Birgit/Rerrich, Maria S. (Hrsg.) (2008): Weltmarkt Privathaushalt. Bezahlte Haushaltsarbeit im globalen Wandel. 2. Aufl. Münster: Westfälisches Dampfboot, S. 50-70.

Stiegler, Barbara (2009): Zur Care-Arbeit in Deutschland. In: Biesecker, Adelheid et al.: Antworten aus der feministischen Ökonomie auf die globale Wirtschafts- und Finanzkrise. Tagungsdokumentation der Friedrich-Ebert-Stiftung. WISO-Diskurs, Oktober 2009, S. 27-31 (http://library.fes.de/pdf-files/wiso/06753-2009110 9.pdf, Zugriff 20.4.10).

Thiessen, Barbara (2004): Re-Formulierung des Privaten. Professionalisierung personenbezogener haushaltsnaher Dienstleistungsarbeit. Wiesbaden: VS-Verlag.

Tronto, Joan (2006): Vicious Circles of Privatized Caring. In: Hamington, Maurice/ Miller, Dorothy C. (Hrsg.): Socializing Care. Feminist Ethics and Public Issues. Lanham, MD: Rowman & Littlefield, S. 3-26.

Ungerson, Clare (Hrsg.) (1990): Gender and Caring: Work and Welfare in Britain and Scandinavia. London: Harvester, Wheatsheaf.

Walser, Karin (1985): Dienstmädchen: Frauenarbeit und Weiblichkeitsbilder um 1900, Frankfurt a. M.: Extrabuch.

Wierling, Dorothee (1987): Mädchen für alles. Arbeitsalltag und Lebensgeschichte städtischer Dienstmädchen um die Jahrhundertwende. Berlin/Bonn: J.H.W.Dietz Nachf.

Winkler, Ulrike (2000): „Hauswirtschaftliche Ostarbeiterinnen" – Zwangsarbeit in deutschen Haushalten. In: Ulrike Winkler (Hrsg.): NS-Zwangsarbeit und Entschädigungsdebatte. Köln: PapyRossa, S. 148-168.

Teil III:
Citizenship und
Geschlechtergerechtigkeit

6   Care and Citizenship

Ute Gerhard

A new or reformulated concept of citizenship is closely connected to a re-
naissance of the concept of civil society as well as to the rhetoric of "the
return of the citizen" (Kymlicka/Norman 1994). These terms reappear on the
political agenda and in academic discourse together with a change in the
political world order at the end of the 1980s. Having already served as a key
term in Latin-American critiques of dictatorship and in the Middle- and East
European democratic dissident movements, 'civil society' and 'citizenship'
seem to provide a theoretical framework and a common normative point of
reference[1] particularly in the transformation processes of the post-cold war
era. Thus, the growing number of migrants and asylum seekers in Europe has
raised questions about citizenship and their entitlements to social and political rights. Eventually, the European integration and enlargement process pro-
moted debates about a post national or multiple concept of citizenship (Wiener 1998; 1999; Meehan 1993) as well as new standards of social citizenship
rights, particularly in the face of a fundamental restructuring of the welfare
state (Lister 1997a; Siim 2000). As in all fields of feminist studies, the introduction of a gender perspective changes the findings and reveals that the
history of women's citizenship is different from developments as usually
depicted in the traditional citizenship literature.

My contribution relies on findings from a cooperative project and feminist research on welfare states in international comparison (published as Lister
et al. 2007). These studies focused on care as a key issue of feminist critique
and as a main challenge to the restructuring of the welfare state. The results
of this comparative study have shown that woman's core responsibilities and
the unequal distribution of paid and unpaid work were and remain a main
barrier against women's equal citizenship in all dimensions of equal rights,
equal participation and political representation. Gendering citizenship (a term
that includes degendering and engendering citizenship) proved to be a pro-
ductive starting point for interdisciplinary and cross national cooperation,

---

1   There is a rich literature on European citizenship, which cannot be mentioned
here, see e.g. (Bellamy/Castiglione/Santoro 2004).

since the concept of citizenship, though contested and multifaceted, offers a frame of reference for different political and theoretical approaches: for the political left, for neo-liberals, for civic republican theorists and communitarians, as well as, last not least, for feminists (Gerhard 2001a). Especially fruitful for feminist theorizing was T.H. Marshall's concept of citizenship as not only a legal but also a social status, which was historically developed and comprised three elements: civil, political and social citizenship rights (Marshall 1950). Although Marshall's analysis has been criticized by feminist scholars because of his gender blindness and his male oriented perspective on the development of citizenship (Hobson/Lister 2002) or his neglect of the impact of social movements (Giddens 1983). His idea of having distinguished among three dimensions of citizenship (political, civil and social rights) enables us to use citizenship as a concept to analyze society and social processes from the perspective of 'the social', that is, social rights and particularly social policy. With its focus on social citizenship as entailing social rights, it becomes clear that in a civil and democratic society social justice and *agency* of all citizens is of primary importance. Or as Ruth Lister, one of the leading theorists in this field, put it: "To be a citizen in the legal and sociological sense, means to enjoy the rights of citizenship necessary for agency and social and political participation" (Lister 1997a: 41).

In the following remarks, I will first briefly summarize the various meanings of citizenship. Then, against this historical background, the gender of citizenship will be discussed together with its feminist critique and feminist redefinitions, in order to link these discourses, in a third and final point, to care in order to support a feminist theory and praxis of citizenship based on new models of the citizen career.

6.1 Varied definitions of citizenship: vocabulary

The modern conception of citizenship emerged with the social and political transformations of the American and French revolution and was accompanied by the radical changes of the Industrial Revolution (Gerhard 2007: 17ff.). The freeing of individuals from subjection, their release from subservience to feudal authorities in order to become emancipated subjects of civil society was, according to different historical contexts, a complex historical process that had taken place through the rule of law, particularly the freedom of contract and the guarantee of property rights. Tightly connected to the birth and development of the nation state, citizenship is and was exclusive with regard to a culturally and legally constructed nationality, and it was always tied to a particular territory and authority. Citizenship, thus, denotes a particular relationship between the individual and the state. But the term has and has had different meanings in various historical periods and languages. The varied vocabulary shows that at present, it is not possible to define citizenship as a universal and abstract category. Instead in the broad theoretical discourse on citizenship we have learned to distinguish not only meanings but also different dimensions of citizenship:

Whereas in Anglo-American history the term citizenship unites both a status with participatory rights and a membership in the sense of belonging, in European legal traditions we find a double meaning of citizenship: on the one hand the term refers to the legal status of inhabitants/denizen as members of a community, city or state in the mere sense of *being situated or 'belonging to'*; on the other hand, it refers to inhabitants as *full members* of a city or state, who are entitled to political participation and representation (see Riedel 1979; Kocka 1995). In most European languages, except English, this differentiation is spelt out in two different terms: 'citoyen' and 'bourgeois', 'Staatsbürger' and 'Stadtbürger'. Only the former, 'le citoyen', would be a citizen in political terminology, defined by Kant, whose legal theory influenced political theory for more than a century: "Only the one who is entitled to vote and to take part in legislation is called a citizen (citoyen, i.e. citizen of the state, not only of the city/bourgeois)" (Kant 1996: 458).[2] In the same paragraph we also find the often cited statement concerning women: "Among those who find it difficult to be active citizens are, besides journeymen, servants, minors, all females, indeed everybody who is compelled to earn his/her living by being at the disposal of others" (ibid.). In drawing a sharp line between the 'bourgeois' as the private individual who is enjoying civil rights, and the 'citoyen' as the person who is entitled to participate in elections and to exercise political rights deliberately, not by chance, this distinction reflects the separation of the public sphere from the private sphere, a separation that has been critical to the exclusion of women from the public sphere and from political rights (Gerhard 2001a).

Others underscore citizenship as political obligation and discern three components offering distinct models of this conception of citizenship, namely *citizenship as rights, belonging and participation*, identified as characteristic of the liberal, the communitarian and the civic republican model. The latter is not only marked by the capacity and right to participate as full and

---

2   To be clear the original quotation in German: „Nur die Fähigkeit der Stimmgebung macht die Qualität zum Staatsbürger aus" (d.i. citoyen, im Gegensatz zum Stadtbürger – bourgois), (Kant 1922: 198).

equal members within the economy and polity, but also by duties tied to payment of taxes, military service, paid work and contribution to national schemes of social insurance (Bellamy 2004: 7). Besides the fact that these ideal types never occur in reality in a pure form, it becomes obvious that all these conceptions are modeled after predominantly *male criteria*. Given the sexual division of labor, the ideal citizen of classical republicanism belonged to an exclusive minority who was largely freed from the necessity of labor and was unencumbered by demands of everyday living (see Lister 1997b: 32). Correspondingly, the freedom to earn one's own living, not 'at the disposal of others' (the definition of Kant) or to keep and gain property, the liberal approach throughout the nineteenth and into the mid-twentieth century, was only granted to male legal subjects or heads of households, whereas women's work inside the house, caring for others – hidden, but indispensable to the common good and welfare – did not count, or did not entitle one to act as a citizen.

Therefore, beyond all differences in legal and cultural traditions and trajectories of European states there are striking similarities, even 'overlapping vocabularies' (Landes 1996: 295) and comparable political practices that impeded women's full citizenship. From the gender perspective there is a remarkable degree of common ground within republican and liberal discourses. The republican as well as the liberal model converge in the basic differentiation between the public and the private spheres and the firm appointment of women's place in the private sphere, i.e. assigning females responsibility for the care of children and the family. Both civic republican motherhood and liberal property ownership used the concept of traditional marital guardianship (Geschlechtsvormundschaft) to legitimate married women's exclusion (Gerhard 1997; Holthöfer 1997).

6.2   Gender of citizenship

The systematic exclusion of women from the realm of the public and their inclusion in the private sphere were neither coincidental nor merely a remnant or leftover from the past, but constitutive of the way civil society functioned. The public-private-division as a pillar of liberal civil society maintained inequality for women in and because of the family as an imminent contradiction. Corresponding to the double foundation of civil society and its hidden base, the family, reasons given for women's subordination derived from two levels: on the one hand, subordination of women was legitimized by private law, especially by family law, and on the other, exclusion from citizenship was organized by a broad range of political measures which were part of public law.

Refusal to grant women citizenship status, thereby excluding them from all public and political rights, was closely tied to the 'special role' played by women in the family. According to theorists of civil society, "women are representatives of love, just as men are representatives of law in a general sense" (Conversations-Lexikon, 1818-1819, Bd. 2: 789). This condensed gender assignment – male/female, active/passive, still present in the defini-tion of 'care as love' not labor – represented a nearly constant pattern of thought in Western philosophy, polarizing gender roles and ascribing women to the sphere of love and morality, as opposed to law.

The legal framework anchoring this gender-based inequality was the marriage contract, which in liberal society was more contradictory than ever before. Carol Pateman has worked out precisely the systematic meaning and relevance of the marital contract in political philosophy, regulated by the very particular 'sexual contract' (Pateman 1988; 1989). Although I can't agree with all her conclusions concerning a 'sexually differentiated citizen-ship', my analysis of civil society and its legal history also reconstructs or unmasks the maternal contract as a second level or 'hidden base' of civil society, enabling us to understand why bourgeois marriage was conceptua-lized not only as a contract, which ideally demanded the 'free will' of the woman, but rather as a natural and moral institution serving as a 'core cell of the state', – or put differently, why the connection between love and state theory according to its civil society's master thinkers (mainly Rousseau and Fichte) was going to play a central role in political theory (see Gerhard 1978; 2001b[3]: 28ff.)

Aside from private law, exclusion from citizenship was also organized by a broad range of political measures that were part of public law. There-fore, the story of women's exclusion from participation in power and sove-reignty refers not only to long-term denial of the right to vote, but also to implicit and explicit limitations and gender-related discriminations which have accompanied the history of women's movements for 200 years and provoked opposition and mobilization. For instance, through various bans to prohibit women from forming political associations or even simply partici-pating in assemblies dealing with political issues (see e.g. the association laws in Germany, Austria, Hungary and Italy after the failed Revolution of 1848) women were explicitly excluded from participation in the public

---

3   First published (Gerhard 1990). The quotations here follow the English version
    (Gerhard 2001b).

sphere. These barriers were all the more grave as liberal society drew its democratic legitimacy from this new 'type of social organization', that is, from associations and voluntary organizations of civil society (Nipperdey 1972).

However, there is also a long tradition of feminist critique and opposition to these male designations of women's place in liberal society: see for instance Olympe de Gouges' "Declaration of the Rights of Women and Citizens" written in 1791, which not only extended the "General Declaration of Human Rights" by replacing 'men' (either in the sense of 'human being' or 'male') with 'men and women' in the text (Gerhard 2001b: 223-226). In her feminist counter discourse she insisted upon equality of the sexes but at the same time pointed to gender difference. In seemingly minor deviations from the "General Declaration of Human Rights", specific female experiences of injustice were made visible, and at the same time a path was opened for the radicalization of democratic principles, linking demands for political, civil and social right (see also Siim 2000, 54): An example is the wording of Art. 11 of the 'Women's Declaration', which demands "free communication of thought and opinion" as "one of the most precious rights of woman" [4] in order to name the father of her child. De Gouges insisted upon compatibility between citizenship and motherhood. With the drafting of a marriage contract as a new 'social contract' Olympe de Gouges was already trying to overcome the two tiered structure of the state and society that separated the private and political spheres on the basis of gender. Thus, she put her finger on the contradictions that were inherent in civil society's gender relations (see also Scott 1996).

At the same time, Mary Wollstonecraft in her 'Vindication of the Rights of Woman' of 1792 reclaimed women's autonomy and natural rights, relying on and reconsidering gender difference and the particular duties of her sex as mothers. The seeming paradox of demanding equal rights while at the same time insisting that differences be taken into consideration, which was called the "Wollstonecraft-dilemma" (Pateman 1992), characterizes various currents of the women's movement, particularly those of the liberal women's movements at the turn of the 20th century. They organized around 'motherli-

---

4   This passage, seemingly far too particular and inappropriately worded for a constitutional document, nevertheless characterizes a fundamental female experience of injustice. It was concerned with the demand that the fathers' responsibility and obligation to support even children born out of wedlock would be a fundamental women's right. Instructive is the fact that the interrogation of paternity only a few years later, in the French Code civil, enacted 1804 in Article 340 Cc and in force until 1912 was explicitly forbidden (for more details see Gerhard 2001b and Gerhard 2007: 26ff.). Also: Gerhard 1988a; Holthöfer 1982.

ness' or 'organized motherhood' as a strategy to overcome the limitations of traditional femininity and to modify the world according to women's values and cultural influence.

I'd prefer not to go into the equality difference discourse here, since this dichotomy has proven to be an "intellectual trap" (Scott 1988: 172) or "false antithesis" (Fraser 1994) when discussed theoretically beyond historical contexts. Equality and difference are not incompatible; they only become so if equality is understood to mean sameness. In fact, the very notion of equality implies differences to be discounted or taken into account so that, despite them, people are treated as equals for specific purposes (Lister 2003: 98; Gerhard 2001b: 7ff.).

Maternal thinking or maternalism (welfare feminism), however, as it is labeled in social policy debates, though problematic, motivated and dominated feminist initiatives and activities during the long period from the 19th century to the present whenever the 'social question' arose. Here again T.H. Marshall's (1950) different dimensions of citizenship are a useful analytical tool, since they mark a different timing of the achievement of women's citizenship rights in comparison to men's. Women first gained some restrictive social rights as mothers (as to maternity regulations) and practiced social citizenship in 19th century; after the First World War in a number of countries they gained suffrage and gradually achieved political rights, whereas only as late as the 1960s and 1970s in nearly all Western countries they were recognized as equal partners in civil and, particularly, in family law. Therefore it is worth noting that women were not only victims of discrimination and excluded from politics and citizenship, but also were actors, participants and promoters of social movements and social and political reforms. This means that they were already practicing social citizenship not only by taking over responsibility for family and others as single persons, thereby contributing to the common good or, as we say today, to the production of welfare (Kaufmann 1994), but also by creating social networks, voluntary organizations, political and religious associations and a variety of socio-political projects becoming institutional models, later on taken over by the welfare state. With the launch of professional associations and self-help projects to train, advise and protect women, especially in the healthsector and community care, they were initiators and forerunners of social work as a profession, – or as Viola Klein put it: "Their humanitarian interests which formed the starting-point of social research, and practical social work itself, actually provided the back-door through which women slipped into public life." (Klein [first 1946] 1971: 17) Thus even before they were formally recognized as equal citizens, women were already putting social citizenship into practice.

6.3   Citizenship and Care

'Care' as a key concept of feminist theorizing encompasses all problems that
have been discussed around the gendered division of labor. Feminist studies
in the 1970s and 1980s conceptualized care as 'housework' or the ' labor of
love' (Finch/Groves 1983; Bock/Duden 1977), 'the work of caring' or in
Marxist terms of 'reproductive work'. However, if care is only defined as
work, normally unpaid, its particularity is overlooked, since caring refers not
only to material needs but also to a personal, emotional, affectionate relationship to a dependent other, whose demand or need for care is often justified
by moral obligation. In the meantime feminist scholarship has broadened the
concept of care, reflecting the complex nature of arrangements for caring, to
embrace care receivers and care givers, and has produced a rich literature and
empirical expertise on the "multidimensional caring puzzle" (Leira/Saraceno
2002; see also Daly/Lewis 2000). From a social policy perspective, the most
important characteristics and catchwords to resume are: Care may be a public
as well as private activity; it includes paid and unpaid work; care is not necessarily gendered but, on the contrary, might also enrich the lifestyles and experience of men; caring is a family and a state responsibility and should be a
social right of mothers and fathers as well as of those who are dependent on
care. The care for young children, the frail elderly, and the chronically ill or
handicapped has become of great concern and is now part of the sociopoliti-
cal agenda. This is due to a sustainable alteration in family structures and
forms of private living together with demographic change, labor market restructuring and a redesign of the welfare state.

The modern welfare state, based on the compromise between capital and
labor and typically in function in most Western countries after World War II,
was established on a traditional gender order, assuming the existence of a
male breadwinner and a female housewife and care giver (Gordon 1990;
Gerhard 1988b). Although the 'pure' male breadwinner model never
matched these 'silent assumptions' in large numbers of families, especially in
the working class, this model governed the social security systems, the struggle of the trade unions for family wages and the systematic splitting of the
social security system into one for waged workers and one for the impove-
rished or dependent family members. The right to receive benefits also remained structured according to the division between waged labor and care
work.

Since the construction and functioning of the European welfare states
was a gender order based on a gender specific division of labor, the so called
male breadwinner model, and a family culture with complementary, yet un-

equal gender roles, it becomes clear: The cancellation of this traditional gender arrangement, initiated by dramatic cultural and structural changes in the family and the labor markets together with a globalization of the economy, a world-wide recruitment of the female labor force and transnational migration processes, is a challenge for welfare reform and calls for a restructuring of the welfare state. However, these issues only appeared on the political agenda since declining birth rates in most East and West European countries (except France and the Scandinavian countries) seem to question not only the social security systems, but also the future of the European integration processes and – as the European employment strategies tell us – its economic strength. These issues are now heatedly discussed as care deficit with regard to both childcare and care for an increasing number of elderly persons. Care therefore has become a central issue of social policies, since, for instance, women's equal participation in the labor market and the public sphere depends to a large extent on the role the State plays in the provision of care for children and older people or to what extent care remains the responsibility of the informal family sector, and that means, of mothers and – more recently – also of fathers.

In the present transformation and restructuring of the welfare state with dramatic changes, deregulation and flexibility on transnational labor markets, care regimes based on women's unpaid care work and unequal social rights don't function anymore. When all adults (including women) are expected to participate in the labor force and to earn their own living, this development produces a care gap. For the adult worker model is contradictory in its impact (Lewis 2002; 2003). It offers women a place in the labor market, which is crucial for full and equal citizenship in contemporary welfare states, without significantly altering men's role. The model is presented as the solution to problems of demographic change, economic competitiveness and future pension entitlements in much of the policy documentation of the EU and OECD. Yet, because it pays insufficient attention to the care gap to which it contributes, the adult worker model poses many problems.

Despite the development of childcare provision as a public responsibility to a greater or lesser extent (at least in some countries) across Western Europe (see Anttonen et al. 2007: 109ff.), the movement of a growing number of women getting into the labor market has left a deficit of care resources. This gap has not been filled by men, for men's practices on the private side of the gendered division of labor have not changed as fast as women's on the public side. Nevertheless, public policy in some European countries is now acknowledging that a father's role is critical to the equitable development of gendered citizenship and some policy steps are being taken to encourage more active fathering. However, mothers and fathers are being squeezed between two processes of intensification: on the one side, in the labor market and on the other, the nature of parenting itself as greater demands are made on parents in the interests of the healthy development and education of their children.

At the heart of feminist interrogations lied and still lies the public – private dichotomy and the gendered domestic division of labor and the status accorded to unpaid care work in relation to the rights and responsibilities of citizenship. By focusing on the issue of care feminists radicalize the concept of social citizenship arguing that besides equal access to the labor market und equal political and civil rights a tradition bound gendered division of caring excludes women from equal citizenship (Lister et al. 2007: 131f.). They demand, on the one hand, the redistribution of responsibility between state and family, i.e. the expansion of childcare services, more investments in early childhood education as well as public regulations and funding of paid parental leave etc. On the other hand, they insist upon the redistribution of economic and caring responsibilities *within the family*, between men and women. This includes equalizing the gendered division of parenthood and the support of new models of fatherhood (Hobson 2002). Thinking in terms of gender equality here means parenthood as participation in both paid work and childcare or care for elderly as part of a new model of the citizen career and a new quality of life for women and men.

Migration offers an apparent solution to shortages of labor power within both the labor market and the home, particularly in the context of inadequate public childcare provision or care for the elderly. Yet, these new opportunities are built on relationships of inequality and sometimes exploitation, which again raises questions of equal citizenship (Siim 2000: 77ff.; see also Apitzsch and Parreñas in this volume). The still gendered responsibility, in turn, underlines a further set of inequalities and discriminations and contradicts a policy of equal citizenship. Study of the global care chain exposes in stark form the inequalities of resources and power between women derived from their social class, ethnicity and location in the global economy (Siim 2000: 170/171).

Comparative studies in welfare policy have shown different patterns of organizing care, e.g. payments for care, paid care leaves or measures to combine work and care as well as ensuring the right of the elderly to receive care. The Scandinavian 'woman friendly' welfare states acted as forerunners or pioneers in this respect. Since the late 1960s especially, Swedish social and family policy has been characterized by a distinct and radical equal rights policy that was accompanied by a change of ideas about motherhood and fatherhood and childcare increasingly "going public" (Leira 2002). In the British neoliberal context of the 1980s and 1990s feminist scholars focused

very early on care issues and responded to care deficits produced by privati-
zation policies of the Thatcher government by extending and reformulating
the theories and praxis of citizenship (see e.g. Finch/Groves 1983; Ungerson
1990; Lister 1997b; Lewis 1998)

Taking up the historical Marshall's approach to citizenship with its focus
on social citizenship as social rights that includes an entire spectrum "from
the right to a modicum of economic welfare and security to the right to a full
share in the social heritage and the right to enjoy a civilized life according to
prevailing social standards" (Marshall 1950: 10-11), Ruth Lister worked out
a comprehensive feminist theory of citizenship "as a concept with which to
analyze women's subordination and a potentially powerful weapon in the
struggle against it" (Lister 1997a: 195). An essential argument of hers is that
only full "citizenship as a social status, carrying a set of rights including
social and reproductive rights, and a practice, involving political participation" enable human *agency* as an indispensable precondition for active citizenship (ibid.).

In the German context of a strong social security state we have to learn
that social citizenship rights cannot be limited to transfer payments or state
subsidies for basic subsistence, that is, enough money to guarantee a 'digni-
fied' life. Instead, social citizenship rights in T.H. Marshall's sense of the
word are explicitly subjective rights to participation in the polity and to en-
joyment of education, training and good health. Now, in Marshall's concep-
tualization care was not explicitly mentioned. The right to receive care and to
give care was, in 1940 and 1950s, supposed to be provided by family and
social networks. "The domestification of care, however, forms the basis for
its exclusion from citizenship rights" (Knijn/Kremer 1997, 331; see also
Fraser 1997).

Since social movements have always redefined basic needs in the course
of social change and historical development, the focus on gender and the
hierarchical division of labor has enabled the women's movement since the
1970s to set new standards for democracy. As thirty years of welfare state
experience in Scandinavia have shown, the feminist care debate presupposes
certain policies that include not only gender equality and recognition of
children's individual rights but also care – care giving and care receiving – as
indispensable component of citizenship rights (Ungerson 1993; Lister 1997b;
Siim 2000; Leira 2002). In other words, this means that „care of others" must
become a necessary aspect of lived citizenship embraced by men and not
only by women who care for others in the private as well as public realm "so
that the rights of time to care and to receive care are protected"
(Knijn/Kremer 1997). This demand is very similar to Nancy Fraser's vision
of the "universal care giver". If men were to do their fair share of care work,

this would make women's current life-patterns the norm for everyone. All jobs would be designed for workers as care givers. In any case *universal care giver* welfare state would promote gender equity (Fraser 1997: 60f.).

6.4   A Personal and Political Conclusion

When, against this background, feminist social policy analysts argue for care as an integral part of citizenship rights, they introduce a normative concept into the political debate. But why isn't gender justice that is explicitly called one of the main objectives in the Amsterdam Treaty of 1997 (Art. 2) and more participatory democracy reason enough for a fundamental social reform policy? For feminist scholars it was obvious that the private responsibility for care-giving not only prevented women from participating in the labor market but also from exercising political agency. Thus, linking citizenship and care has led to a radical redefinition of social rights and social citizenship. Not by chance was it women who brought this issue to the political agenda in order to pave the way for new models of women and men as citizen earners and care givers. In any case, drawing on migrant women to solve the childcare needs and the problems of a work-life balance of the well-to-do couples in Western countries – counting on the global 'care chain' – cannot be a solution, since it creates new dependencies and discriminations and contradicts a policy of equal citizenship beyond class and race promising the extension of universal civil and social rights and participatory democracy.

In my opinion the ultimate test for a successful status of "active" citizenship in the European Union is going to be the ways we are treating those who seek asylum and those migrating from non-EU countries. It will be an issue, how we deal with the exclusivity of the new status of community and if we really want a "fortified" Europe by means of a common foreign and security policy. In this respect the Amsterdam Treaty is well worth taking seriously, since with regard to the issue of asylum and migration, the Treaty admonishes "the preservation and further development of the Union as a space for freedom, security and the rule of law" (see article 2 of the Treaty on the EU and article 61 of the Treaty on the European Community in its Amsterdam version).

(Translation: Tobe Levin)

References

Anttonen, Anneli/Johansson, Stina/Leira, Arnlaug (2007): Childcare and the Gendering of Citizenship. In: Lister, Ruth et al. (eds.): Gendering Citizenship in Western Europe. New Challenges for Citizenship Research in a Cross-National Context, Bristol: Policy Press, pp. 109-136.

Bellamy, Richard/Castiglione, Dario/Santoro, Emilio (eds.) (2004): Lineages of Citizenship. Rights, Belonging and Participation in Eleven Nation-States, Basingstoke/New York, Palgrave.

Bock, Gisela/Duden, Barbara (1977): Arbeit aus Liebe – Liebe als Arbeit. Zur Entstehung der Hausarbeit im Kapitalismus. In: Sommeruniversität für Frauen (eds.): Frauen und Wissenschaft. Beiträge zur Berliner Sommeruniversität für Frauen. Juli 1976, Berlin: Courage Verlag Berlin, pp. 118-199.

Conversations-Lexicon oder encyclopädisches Handwörterbuch für gebildete Stände, Stuttgart 1818-1819, 2. Bd., Art. ,Frauen'.

Daly, Mary/Lewis, Jane (2000): The concept of social care and the analysis of contemporary welfare states. In: British Journal of Sociology, 15/ 2: pp. 281-298.

Finch, Janet/Groves, Dulcie (1983): A Labour of Love. Women, Work and Caring, London.

Fraser, Nancy (1994): False Antitheses: A Response to Seyla Benhabib and Judith Butler. In: Benhabib, Seyla/Butler, Judith/Cornell, Drucilla/Fraser, Nancy (eds.): Feminist Contentions: A Philosophical Exchange. New York/London: Routledge, pp. 59-74.

– (1997): Justice Interruptus: Critical Reflections on the "Postsocialist" Condition. New York/London: Routledge.

Gerhard, Ute (1978): Verhältnisse und Verhinderungen: Frauenarbeit, Familie und Rechte der Frauen im 19. Jahrhundert. Frankfurt/M.: Suhrkamp.

– (1988a): Die Rechtsstellung der Frau in der bürgerlichen Gesellschaft des 19. Jahrhunderts. In: Kocka, Jürgen (ed.): Bürgertum im 19. Jahrhundert. München: Deutscher Taschenbuch-Verlag, pp. 439-468.

– (1988b): Sozialstaat auf Kosten der Frauen. Einleitung. In: Slupik, Vera/Gerhard, Ute/Schwarzer, Alice (eds.): Auf Kosten der Frauen. Frauenrechte im Sozialstaat. Weinheim: Beltz, pp. 11-37.

– (1990): Gleichheit ohne Angleichung: Frauen im Recht. München: Beck.

– (ed.) (1997): Frauen in der Geschichte des Rechts. Von der Frühen Neuzeit bis zur Gegenwart. München: Beck.

– (2001a): Bürgerrechte und Geschlecht. Herausforderung für ein soziales Europa. In: Conrad, Christoph/Kocka, Jürgen (eds.): Staatsbürgerschaft in Europa. Hamburg: edition Körber-Stiftung, pp. 63-92.

– (2001b): Debating Women's Equality. Toward a Feminist Theory of Law from a European Perspective. New Brunswick/N.J.: Rutgers University Press.

– (2007): Historical Perspectives (Chap. One). In: Lister, Ruth et al. (eds.): Gendering Citizenship in Western Europe. New Challenges for Citizenship Research in a Cross-National Context. Bristol: Policy Press, pp. 17-46.

Giddens, Anthony (1983): Klassenspaltung, Klassenkonflikt und Bürgerrechte. In: Kreckel, Reinhard (ed.): Soziale Ungleichheiten. Göttingen: Schwartz, pp. 15-33.

Gordon, Linda (ed.) (1990): Women, the State and Welfare. Madison: University of Wisconsin Press.

Hobson, Barbara (ed.) (2002): Making Men into Fathers. Men, Masculinities and the Social Politics of Fatherhood. Cambridge: Cambridge University Press.

Hobson, Barbara/Lister, Ruth (2002): Citizenship. In: Hobson, Barbara/Lewis, Jane/ Siim, Birte (eds.): Contested Concepts in Gender and Social Politics. Cheltenham: Edward Elgar, pp. 23-54.

Holthöfer, Ernst (1982): Zivilgesetzgebung Frankreich. In: Coing, Helmut (ed.): Handbuch der Quellen und Literatur der Neueren Europäischen Privatrechtsgeschichte. Das 19. Jahrhundert. München: Beck, pp. 863-1068.

– (1997): Die Geschlechtsvormundschaft. Ein Überblick von der Antike bis ins 19. Jahrhundert. In: Gerhard, Ute (ed.): Frauen in der Geschichte des Rechts: Von der Frühen Neuzeit bis zur Gegenwart. München: Beck, pp. 390-451.

Kant, Immanuel (1922): Die Metaphysik der Sitten [1797]: Sämtliche Werke in 6 Bänden. Leipzig: Insel Verlag.

– (1996): Groundwork of the Metaphysics of Morals [1785]. In: Kant, Immanuel (ed.): Practical Philosophy. Cambridge: Cambridge University Press, pp. 37-108.

Kaufmann, Franz Xaver (1994): Staat und Wohlfahrtsproduktion. In: Derlien, H.U. (ed.): Systemrationalität und Partialinteresse. Baden-Baden: Nomos, pp. 357-380.

Klein, Viola ([zuerst 1946] 1971): The Feminine Character. History of an Ideology. London: Routledge and K. Paul.

Knijn, Trudie/Kremer, Monique (1997): Gender and the Caring Dimension of Welfare States: Toward Inclusive Citizenship. In: Social Politics, 4/3, pp. 328-361.

Kocka, Jürgen (ed.) (1995): Bürgertum im 19. Jahrhundert. Deutschland im europäischen Vergleich. Göttingen: Vandenhoeck & Ruprecht.

Kymlicka, Will/Norman, Wayne (1994): Return of the Citizen: a Survey of Recent Work on Citizenship Theory. In: Ethics/January, pp. 352-381.

Landes, Joan B. (1996): The Performance of Citizenship: Democracy, Gender, and Difference in the French Revolution. In: Benhabib, Seyla (ed.): Democracy and Difference. Contesting the Boundaries of the Political. Princeton: Princeton University Press, pp. 295-313.

Leira, Arnaug (2002): Working Parents and the Welfare State. Family Change and Policy Reform in Scandinavia. Cambridge: Cambridge Univ. Press.

Leira, Arnlaug/Saraceno, Chiara (2002): Care: actors, relationships and contexts. In: Hobson, Barbara/Lewis, Jane/Siim, Birte (eds.): Contested Concepts in Gender and Social Politics. Cheltenham: Edward Elgar, pp. 55-83.

Lewis, Jane (ed.) (1998): Gender, Social Care and Welfare State Restructuring in Europe. Aldershot: Ashgate.

– (2002): Individualisation, assumptions about the existence of an adult worker model and the shift towards contractualism. In: Carling, Alan/Duncan, Simon/Edwards, Rosalind (eds.): Analysing Families. Morality and rationality in policy and practice. London/ NewYork: Routledge, pp. 51-57.

– (2003): Erwerbstätigkeit versus Betreuungsarbeit. In: Gerhard, Ute/Knijn, Trudie/ Weckwert, Anja (eds.): Erwerbstätige Mütter. Ein europäischer Vergleich. München: Beck, pp. 29-52.

Lister, Ruth (1997a): Citizenship: Feminist Perspectives, Houndsmill and London, Macmillan.

– (1997b): Citizenship: Towards a Feminist Synthesis. In: Feminist Review/ No. 57, pp. 28-48.
– (2003): Citizenship – Feminist Perspectives. Houndmills/Basingstoke/Hampshire/ New York: Palgrave/Macmillian.
Lister, Ruth/Williams, Fiona/Anttonen, Anneli/Bussemaker, Jet/Gerhard, Ute/Heinen, Jacqueline/Johannsson, Stina/Leira, Arnlaug/Siim, Birte/Tobio, Constanza (eds.) (2007): Gendering Citizenship in Western Europe. New Challenges for Citizenship Research in a Cross-National Context. Bristol: Policy Press.
Marshall, Thomas Humphrey (1950): Citizenship and Social Class. Cambridge: Cambridge University Press.
Meehan, Elizabeth (1993): Citizenship and European Community. London: Sage.
Nipperdey, Thomas (1972): Verein als soziale Struktur in Deutschland im späten 18. und frühen 19. Jahrhundert: Geschichtswissenschaft und Vereinswesen im 19. Jahrhundert. Beiträge zur Geschichte historischer Forschung. Göttingen: Vandenhoeck & Ruprecht, pp. 1-44.
Pateman, Carole (1988): The Sexual Contract. Cambridge/Oxford: Stanford University Press.
– (1989): The Disorder of Women: democracy, feminism and political theory. Cambridge: Polity Press.
– (1992): Equality, difference, subordination: The politics of motherhood and women's citizenship. In: Bock, Gisela/James, Susan (eds.): Beyond Equality and Difference: Citizenship, Feminist Politics and Female Subjectivity. London/New York: Routledge, pp. 17-31.
Riedel, Manfred (1979): „Bürger, Staatsbürger, Bürgertum". In: Brunner, Werner/ Conze, Otto/Koselleck, Reinhart (eds.): Geschichtliche Grundbegriffe. Stuttgart: Klett-Cotta, pp. 672-725.
Scott, Joan W. (1988): Gender and the Politics of History. New York: Columbia University Press.
– (1996): Only Paradoxes to Offer: French Feminists and the Rights of Man. London: Harvard University Press.
Siim, Birte (2000): Gender and Citizenship. Politics and Agency in France, Britain and Denmark. Cambridge: Cambridge University Press.
Ungerson, Clare (1990): Gender and Caring. Work and Welfare in Britain and Scandinavia. London: Harvester/Wheatsheaf.
– (1993): Caring and Citizenship. A Complex Relationship. In: Bornat, Joanna/Pereira, Charmaine/Pilgrim, David/Williams, Fiona (eds.): Community Care. A Reader. Hampshire: Macmillan Press, pp. 143-151.
Wiener, Antje (1998): "European" Citizenship Practice: Building Institutions of a Non-State. Boulder: Col., Westview Press.
– (1999): The Constructive Potential of Citizenship: Building European Union. In: Policy and Politics, 27/3, pp. 271-293.

7 Care, Migration, and the Gender Order

Ursula Apitzsch

7.1 Introduction

In a recent article, Joan Tronto reminds us of a disturbing vision from Thomas More's *Utopia*, published in 1516: "Thomas More resolved the question of care work by assigning the 'dehumanizing' work of Utopia, such as cleaning up, taking care of children, and slaughtering animals, to slaves." (Tronto 2008: 189) Indeed, in his *Utopia* More spoke about the "working class foreigner who, rather than live in wretched poverty at home, volunteers for slavery in Utopia. Such people are treated with respect and with almost as much kindness as Utopian citizens, except that they are made to work harder, because they are used to it." (More 1965: 102) We may agree with Tronto that "interestingly enough, there is not so much distance from More's slaves to our guest workers" (Tronto 2008: 190). In European countries today, migrant men and women are – often illegally – doing the hard work like slaughtering on the one hand and providing 24-hour care for very young, very old and very ill people on the other. Nevertheless, the argument about whether and why foreigners should provide the citizens with these services is conducted very differently according to the underlying gender order. More regarded dirty work of all kinds done by men as well as women as dehumanizing and therefore to be excluded from the civilized society, but he explicitly mentioned the exception of cooking and nursing as natural duties of women. In Utopia's dining halls "all the rough and dirty work is done by slaves, but the actual business of preparing and cooking the food, and planning the menus, is left entirely to the women" (More 1965: 82). During the meals, women with small children would retire to the nurseries. "By the nursery I mean a room reserved for nursing mothers and their babies" (ibid.). Thus, special parts of care work are neither regarded as normal work appropriate for citizens, nor as dirty work that should be done by foreign working slaves, but as emanating from the female role in society.

Today, care work is still only in very special professionalized conditions recognized as real work. According to the gender contract underlying modern societies (Pateman 1988) in bourgeois as well as in working class families, it was understood as a derivate of female nature, provided in the private sphere of the single family.

My main question is now how modern societies introduce foreign migration in order to deal with the double challenge of the new role of women entering the globalized world of flexible, de-regulated work on the one hand and the labor supply for family care duties on the other. Raewyn Connell interprets the post-industrial globalized reinforcement of the gender order as follows: "Yet women are now essential to the global workforce, in the metropole as in the periphery; so another reconstruction occurs. The modern organization is proud of its flexible employment practices that allow employees to vary their hours of work to meet their domestic obligations. By a strange coincidence, the employees who take advantage of the 'family-friendly' measures are overwhelmingly women, not men. The flexible neo-liberal organization thus turns out to reinforce a patriarchal division of labour in the home. Moreover: As well as doing the bulk of the child care and the domestic labour, women are now held responsible for *managing the relationship* between the home and the workplace under neoliberal flexibility." (Connell 2008: 326f.)

The newer political authority of women "gained by feminism and expressed in equal-opportunity policies is evaded by the move into transnational space" (ibid.: 324). Because care work is still not recognized as normal work, but as emanating from the "domestic" role of women, the patriarchal gender order is being reinforced through the collective punishment of foreign care workers by the way of their bad working conditions, argues Rhacel Parreñas. "It is the societal resistance against women not doing the reproductive labor in their own family that sets up the difficulties of foreign domestic workers" (see Parreñas in this volume).

The current reconfiguration of the gender order (Werbner/Yuval-Davis 1999) evidently implies a marked reemergence of the traditional social division of labor, due to the transnational redistribution of reproductive labor along borders drawn by prosperity as against poverty. The management of care work is increasingly being carried out by mostly irregular female migration. Polish women provide care in Germany, for example, while still poorer Ukrainian women commute for the same purpose to Poland (Slany/Slusarczyk 2008). Under these circumstances, I understand "gender order" as the factual overdetermination of post-industrial societal transformations through the continuous reproduction of social life by the reproduction of unequal gender relations.

In my article, I first outline some historical aspects of migrant care work with special focus on the gender order. Secondly, I discuss new transnational migratory patterns and the question of citizenship and belonging to a polity. In the following, I summarize some findings relating to the discussion of new legalization policies and to the self-organizing activities of migrant women themselves. In conclusion, I attempt to answer the question of how irregular women migrants may create for themselves bridges to the recognition of full human rights and non discrimination by civil society in the country of arrival.

7.2   Gender, migration and work

After the fall of the socialist regimes in Central and Eastern European (CEE) countries, freedom of movement was granted to nationals of the then EU candidate states for visiting purposes. This change was made in preparation for European 'reintegration' and the expansion of the EU. Freedom of movement institutionally facilitated labor migration of CEE nationals (Morokvasic-Müller 2003). As a new means of economic self-inclusion, in the 1990s we can observe a development of new migratory patterns and behavior of marginalized persons and groups, which we call transnational circulation. Among East European women, circular migration has become well established. They work as care givers and cleaners in West European middle- and upper-class households, while maintaining their family life back home. Labor migrants from 'third countries' (from the former Soviet Union, not belonging to the EU) occupy an extremely precarious position. In the European policy agenda, the irregular migratory flow from third countries has been increasingly debated in terms of control and de-legalization.

Different modes of women's inclusion into citizenship, both as a status and a practice, have been identified in different citizenship regimes. Among feminists there is a consensus that inequality is gendered in the acquisition of civil, social, and political citizenship rights (Hobson/Siim 2002) and that doing unpaid care work should be recognized as an important expression of citizenship responsibility.

There are still different ongoing struggles for women migrants' inclusion in each national context. This phenomenon is developing in relation to different types of care regimes and different labor market structures in Europe. In Southern European countries, it is well known that underpaid domestic care work is among the primarily underground economic activities of migrant women (Campani 1993) but also increasingly of men (Anderson 2000). In Western Germany, domestic care work has been considered a private matter. This work is increasingly done by migrant women. Their activities also tend to be in the informal economy, but in contrast to Spain and Italy, talking about 'illegal' domestic care work is still largely a taboo – however well known it may be that this practice is widespread (Shinozaki 2005).

The community-building process in the new female migration flows follows new rules, as the new migration flows are highly gender unbalanced. Migration related to domestic services consists almost exclusively of women. Here, community-building follows different paths from the community-building of gender-balanced migrations (Harzig 2003). The monetizing structure of domestic work and the permanent mobility that is implied in commuting by new female migrants decouples them from wider ethnic communities and binds them instead within transnational networks (Morok-vasic-Müller 2003). A 'chain of marginality' emerges in these networks (ibid.). At the same time, local and national networks of collective self-help of migrant women emerge in which approaches to improving policy and laws for female migrants may develop (Anderson 2001; Apitzsch 2006). Network-ing with other female migrants from one's own national or linguistic group becomes a major strategy for regaining the capacity for action in the social arena (Lenz/Schwenken 2002). These networks are the main resource of migrant women, as the form of social capital that enables social agency (Campani 1993; Jiménez Laux 2001).

Migrant care work is part of a gendered economic restructuring world-wide. Female migrants who work as domestic and care workers in the Western world often delegate the care work for their own children to female kin and paid helpers back home, and not to their husbands (Parreñas 2001). Identifying "a series of personal links between people across the globe based on the paid or unpaid work of caring", Hochschild has termed this phenome-non 'care chains', which captures a relationship between globalization, care and migration (2000: 131).

7.3   The traditional concept of citizenship challenged by new migratory patterns

When writing his book on citizenship in 1947, T.H. Marshall saw for the first time a perspective for a parallel development of civil rights and political and social citizenship, three elements which had developed in very different ways throughout the previous century. This understanding was eagerly supported by national workers' unions and the diverse national labor parties in Europe. In Marshall's theory, the entitlement to social rights was conceived as the result of labor market activities of male national workers. He neglected unpaid reproductive work, largely performed by women and associated with their roles as 'wives' and 'mothers' *outside* the labor market (Lewis/Ostner 1994). This, of course, has decisive consequences for women's social citizenship, as Ute Gerhard (2001 and in this volume) has shown very clearly.

As a counter-strategy, today many scholars like Carol Pateman, Ute Gerhard, Ruth Lister, Birte Siim and others are arguing for new conditions of citizenship for care work 'with implications for access to social rights' (cf. Lister 1997; Pateman 1988). The central question is how to overcome the gendered, hierarchical dichotomy in citizenship defined as equal rights and how to evaluate 'care' as an element shaping citizenship also for care workers from abroad. Tronto proposes "that we redefine citizenship so that those who make important contributions to public care be eligible for citizenship. One of the great differences faced by immigrant workers is that they are only permitted 'partial citizenship'" – as Parreñas states (Parreñas 2001: 37). "Since care work is often organized informally, paid 'off the books' ... the legal regulations controlling citizenship should change to reflect the real work that immigrant care workers do." (Tronto 2008: 195)

With the new migrations flows in Europe and the new women's movements, it became obvious that citizenship rights cannot any more be conceived of as deriving from and granted by national status only (Castles/Davidson 2000). The recent irregular migrations mark the peak of a development of loss of citizenship rights for many Europeans that had already started in the 1960s.

It might be necessary today for cities to give access to social citizenship rights to irregular migrants in a more inclusive way, according to local, communal settlement instead of national identity only. Following the Spanish example, German cities like Munich and Frankfurt am Main are offering medical services in hospitals to irregular migrant women who give birth to a child. New citizenship movements are working on a "glocal" (Ruppert 1998) level: they try to bind together universal claims for civil rights and their local social implementation. Social movements have requested citizenship rights based on residence, so as to include so-called 'third country nationals', enhanced anti-discrimination legislation, and supporting policies to guarantee access to equal citizenship practice for women and men (Shaw 1997; Wobbe 2003).

In this respect it is necessary to investigate the empirical consequences of the Amsterdam Treaty, which incorporates race, ethnicity and sexual preference in anti-discrimination law and suggests a more inclusive definition of citizenship rights and protection in the EU on a supranational level. Consideration must be given to the fragmented legal nature of the 'European' citizenship legislation, that is, its presence not only in Article 17-22 EC Treaty but in addition in a number of other articles and provisions, for example Articles 12 and 141 (Wiener 2003).

7.4 Legalization policies and the self-organization activities of migrants

In this way, new policies have to be identified that will emerge in response to this new framing of social citizenship rights. They have to counteract the danger that transnational politics and new forms of governance may exacerbate the democratic deficit by the disempowerment of women and marginalized social groups. This implies governance as a concept that makes it possible to think about the opportunities and risks of governing beyond the various nation-states and in various local conditions. This is of special importance in the case of European citizenship practices in the 'non-state' (Wiener 1998) called the European Union. Otherwise, the different access to fundamental civil, political and social rights for national citizens, non-national European citizens and non-European residents in European cities might affect the concept of sovereignty as "the existence of a final, highest, or supreme power over a set of people, things, or places" (Latham 1998). Sovereignty remains in the era of globalization (and I am here following the argumentation of Aihwa Ong) "key to our understanding the shifting relations between state, market, and society" (Ong 1999: 215) if we want to defend the concept of fundamental human rights.

I want to give an example of what good practice in this field might mean. This example refers to a report by the British scholar Bridget Anderson. In her article from 2001 on 'Different roots in common ground: transnationalism and migrant domestic workers in London', Anderson tells the story of the United Workers' Association, a new union for private domestic workers in London. Its roots go back to 1984 when many rich entrepreneurs from the Gulf region came to settle in the UK. It was easy for them to get access to citizenship because they either already were British, or could buy citizenship rights by paying a certain sum of money. With them they brought domestic care workers who had already lived in their households when they lived in the Gulf region. These domestic workers – most of them Filipinas – were granted entry permit under the condition that they would stay with their employer. From the moment when they fled from him because of bad working or personal conditions, often including rape, they became illegal. The only safe haven for them was a meeting point that they first called "Waling Waling", after the name of a Filipina flower that grows in the shadows. From 1985 on the group met regularly and opened up for private domestic workers of all nationalities. Legal advice was provided to anyone who needed it. The group then changed its name to United Workers' Association. All members had the common problem that they could not get legal status unless they got the certification from their former employer – the very person from whom they had fled – to prove that they had entered the country legally at a certain time. In order to avoid this humiliating and often impossible procedure, the UWA fought a major struggle under the Labour government. At last they succeeded in getting permission to give their members a certification of their stay in the country according to their members' register, which was then recognized by the British government as a precondition for private care workers to obtain legal status in the UK. Anderson comments:

> „The women work within and affect local constraints and social moorings – in this case UK immigration law – but also organised labour across borders and challenge the international denigration of reproductive labour (domestic work). Transnational links are used by the organisation, and by individuals, on multiple levels ranging from simple emotional support to campaigning and political strategising." (Anderson 2001: 683)

I think this example is much more than just an occasional victory against the arbitrariness of governments and bureaucracy. It is an example of how it might be possible to create a bridge from the claim for human rights to concrete citizenship rights by the agency of the migrants themselves. They create this bridge to citizenship rights by granting these fundamental rights to each other, and thus underlining the human right to have rights. Interpreted in this way, the British example could lead to very new ways of discussing a new plural concept of European civic belonging that is bound neither to a certain gender model nor to a restricted concept of nationality.

7.5 Legalization policies and the European Union

An analysis of the history of the immigration and integration policies of the EU countries shows that they have been underpinned by gender constructions that imposed on migrant women a specific cultural model of human development and construct a deviant, subordinated female 'other' (Ålund 1991; 1999). There has been no acknowledgement of the special constraints on female migrants regarding citizenship.

The EU construction of rights, rooted in the flow of goods, services and labor, limits the application of social rights only to those attached to paid work.

However, the most challenging task is that of dealing with the inherent dilemma of the European Union (EU)'s integration policy, that is, undocumented immigration. Concerning the situation of new female migrants, it is of major interest that the European Commission (EC) addresses integration policies both with regard to legal residents and the dilemma of integration policy arising from the presence of large numbers of illegal migrants (European Commission 2003: 26).

For female migrants from the new EU member states in Eastern Europe such as Poland who are doing care work in Western European countries, the EU follows the strategy of turning care work into 'normal' dependent unqualified work. In Germany, these women are not allowed to be employed as professional care workers in European households – even if they have the relevant qualifications – but only as household helpers for cleaning and similar duties. Only since December 2009 have these 'unqualified' workers also been allowed to perform simple personal care services like helping to dress and undress those receiving care. Of course, in reality they carry out a lot of medical care tasks too, but formally they are not allowed to do this in order to keep their salaries low. Stiftung Warentest (an independent foundation for the evaluation of the quality of goods and services) showed in its journal *Test* in July 2009 that a 'professional' 24-hour care service in Germany would cost about 10,000 euros a month, which means that only a very small minority of families in Germany would be able to afford this, even though it is vital for those who are ill. As Juliane Karakayalı showed in her recent PhD thesis on the basis of an analysis of the biographies of foreign migrant care workers in Germany (Karakayalı 2010 and in this volume), the working conditions during their legal employment in private households were no better than before when these women had the status of tourists and worked illegally.

The only positive result of this policy is that after one year the women are free to choose any job on the labor market or to study and complete or upgrade their qualifications. Some do in fact manage to do so.

What is being completely neglected by turning care work into normal unqualified labor is the surplus supplied by the emotional work of these women; Arlie Hochschild (2000) and others (Lutz 2008: 43-60) have demonstrated this in their publications. Only the existing 'ethics of care' make it possible for people in the rich Western countries to feel confident that their loved ones – their small children, their old parents – will regularly be treated perfectly well by underpaid foreign workers. Tronto, referring to Margaret Urban Walker and Joel Feinberg, defines care ethics also in the context of immigration as an "ethics of responsibility". She argues that "the difference between a duty and a responsibility is that duties are specified by the rights to which they are related while responsibility is ambiguously bounded by the relationship to which it is a response" (Tronto 2008: 187). Illegal or informal immigrants without formal rights, and as such without formal duties, are following their own interpretations of their relationships to the care takers in order to define their work ethics. This ability is of course being reinforced by a legalized status, but not by a legalization procedure that is bound to the definition of dependent and disqualified work.

The EU regulation for autonomous work in self-employment seems to be a more adequate way of reinforcing the ethics of care because it allows to organize not only labor but at the same time also the social relations which are embedding it. However, we need to establish whether these regulations include policies for the self-organization of caring groups and the self-regulation of working hours which Polish women, for example, had already developed in the period when they were still irregular migrants. For the moment, we don't see what the positive provisions of the legalizing regulations are.

Self-employment has been identified by the EU as an important means to the economic integration of immigrants and a way of tackling their un-employment problem. Such European policies aim to help immigrants, and women, to become 'active citizens' (Apitzsch/Kontos 2008). However, in implementation, state support mechanisms for self-employment mostly re-quire a full-time employment history. This precondition is difficult to fulfill, particularly for women and immigrants. The two concluded EU projects on 'Self-employment activities concerning women and minorities' (acronym SEM) and on 'The chances of the second generation in families of ethnic entrepreneurs' (acronym: EthnoGeneration, see www.ethnogeneration.org) have evaluated social policies in relation to the self-employment activities of migrant women. This group of European scholars has been carrying out re-search on immigrant self-employment and informal work from the gender and intergenerational perspective. These research networks have investigated the situation of newly arriving informal and illegal migrants in the former countries of emigration in Southern Europe and on the periphery of Europe (Spain, Italy, Greece). One of the findings was that the self-employment policies and schemes tend to be drawn up on the basis of the male 'normal biography model', thus not taking into account discontinuous labor market participation often resulting from women's life cycles. Moreover, the frag-mentation of policies and, in the case of the undocumented immigrants, the vacuum on social policies has become visible through this analysis (Apitzsch 2005; Apitzsch/Kontos 2008).

Several evaluations show that immigration and integration policies have tended to target the old migrant populations (Penninx 2004). The assessment of immigration and integration policies in relation to new female migration is marginal.

7.6   Conclusions

Let me come to some conclusions by getting back to More's Utopia from 1516. Europe no longer wants to create "working slaves", as More called the hardest working people in "Utopia". Nevertheless, what he says about the treatment of these workers and their "volunteering" for this work reminds us of a good deal of what is going on in Europe today. More said: "If they want to leave the country, which doesn't often happen, they're perfectly free to do so, and receive a small gratuity" (More 1965: 102). Today the question is: What can integration policies do when people live in such conditions in their home countries that they "volunteer" to work hard in foreign countries in order to improve their situation? There can be no doubt that laws against the immigration of such people will not improve but worsen their situation.

The characteristic of the new female care migrants is that they do want to commute over national borders, and do not want to migrate only once from A to B and to settle there. The relational transnational space created by their movements is a very ambivalent one. It can turn out to be a trap where migrants lose their citizenship rights everywhere and become something like modern slaves. Alternatively, it can also be developed as a sphere of transnational knowledge and resources to draw on if adequate policies are being designed and realized.

New alliances might be created between legal autonomous care workers and their clients who start to understand that this work is not just "reproductive" work, but highly important organizational work in the core of the societal life itself. However, we have to be aware that these new formations of gendering are always connected with the tendency to undermine new possibly strategic positions of women in society by powerlessness and subalternity. These new ambivalent structures are determining the emerging life worlds of Western societies.

"... what has been called reproduction, a set of societal structures, necessarily implies that there is a process of reproduction ... of social life itself. Thus reproduction is not only a part of social life, it is also the form of social life. Social life is constituted as reproduced. Whatever we may attempt to describe in social structural terms may be both experienced and changed over time in its own reproduction." (Hearn 1987: 58)

References

Ålund, Aleksandra (1991): The Power of definitions: immigrant women and problems of idiologies. In: Ålund, A./Schierup, C.-U.: Paradoxes of Multiculturalism: Essays on Swedish society. Aldershot: Averbury, pp. 47-68.

Ålund, Aleksandra (1999): Feminism, multiculturalism, essentialism. In: Werbner, P./ Yuval-Davis, N. (eds.): Women, Citizenship and Difference. London: Zed Books, pp. 147–61.

Anderson, Bridget (2000): Doing the Dirty Work? The Global Politics of Domestic Labour. London: Zed Books.

– (2001): Different roots in common ground: transnationalism and migrant domestic workers in London. Journal of Ethnic and Migration Studies, 27: pp. 673–683.

Apitzsch, Ursula (2004): Balancing precarious work, entrepreneurship and a new gendered professionalism in migrant self employment. In: Apitzsch, U./Bornat, J./ Chamberlayne, P. (eds.): Biographical Analysis and Professional Practice. The Policy Press: Bristol, pp. 39-56.

– (2005): The Chances of the Second Generation in Families of Migrant Entrepreneurs. Revue Européenne des Migrations Internationales 21 (3), pp. 83-95.

– (2006): Kulturelle Entbettung und gegenhegemoniale Netzwerke. Migrantinnen, Grenzen überschreitend. Das Argument 266, pp. 365-80.

Apitzsch, Ursula/Kontos, Maria (eds.) (2008): Self employment activities of women and minorities. Their success or failure in relation to social citizenship policies. Wiesbaden: VS-Verlag.

Campani, Giovanna (1993): Labour markets and family networks: Filipino women in Italy. In: Rudolph, H./Morokvasic, M. (eds.): Bridging States and Markets. Berlin: Sigma, pp. 191-208.

Castles, Steven/Davidson, Alistair (eds.) (2000): Citizenship and Migration: Globalization and the Politics of Belonging. London: Macmillan.

Connell, Raewyn (2008): The Rise of the Global-Private. Power, Masculinities and the Neo-liberal World Order. In: Jurczyk, K./Oechsle, M. (eds.): Das Private neu denken. Erosionen, Ambivalenzen, Leistungen, Münster: Verlag Westfälisches Dampfboot, pp. 315-330.

European Commission of the European Communities (2003): Communication from the Commission to the Council, Brussels: The European Parliament.

Faist, Thomas (2004): Gendered Citizenship: A Model for European Citizenship. Considerations against the German Background. In: Andersen, J./Siim, B. (eds.): The Politics of Inclusion and Empowerment: Gender, Class and Citizenship, New York: Palgrave, pp. 100-15.

Gerhard, Ute (2001): Bürgerrechte und Geschlecht: Herausforderung für ein soziales Europa. In: Conrad, C./Kocka, J. (eds.): Staatsbürgerschaft in Europa: historische Erfahrung und aktuelle Debatte. Hamburg: Körber-Stiftung, pp. 63–91.

Harzig, Christiane (2003): Immigration policies: a gendered historical comparison. Crossing borders and shifting boundaries. In: Morokvasic-Müller, M./Erel, U./ Shinozaki, K. (eds.): Gender on the Move, vol. 1. Opladen: Leske & Budrich, pp. 35-58.

Hearn, Jeff (1987): The Gender of Oppression. Men, Masculinity and the Critique of Marxism. Brighton: Wheatsheaf Books.

Hobson, Barbara/Lewis, Jane/Siim, Birte (eds.) (2002): Contested Concepts in Gender and Social Politics. Cheltenham: Elgar.

Hochschild, Arlie R. (2000): Global Care Chains and Emotional Surplus Value. In: Giddens, T./Hutton, W. (eds.): On the Edge: Globalization and the New Millennium. London: Sage Publishers, pp. 130-146.

Jiménez Laux, RosaMaria (2001): Migration und Lebenszeit: Biographische Erfahrungen und Zukunftsperspektiven älterer spanischer Migrantinnen in Deutschland, Bremen: Universitätsbuchhandlung.

Karakayalı, Juliane (2010): Transnational Haushalten. Biografische Interviews mit care workers aus Osteuropa. Wiesbaden: VS-Verlag.

Latham, Robert (1998): States, Global Markets, and Social Sovereignty. Paper Presented at the Social Science Research Council conference Sovereignty and Security, Notre Dame, 18-20.April 1998 (quoted in Ong 1999).

Lenz, Ilse/Lutz, Helma/Morokvasic-Müller, M./Schöning-Kalender, C./Schwenken, H. (eds.) (2002): Crossing Borders and Shifting Boundaries Vol. II: Gender, Identities and Networks. Opladen: Leske + Budrich.

Lenz, Ilse/Schwenken, Helen (2002): Feminist and Migrant Networking in a Globalizing World. Migration, Gender and Globalization. In: Lenz, I./Lutz, H./Morokvasic-Müller, M./Schöning-Kalender, C./Schwenken, H. (eds.): Crossing Borders and Shifting Boundaries Vol. II: Gender, Identities and Networks. Opladen: Leske + Budrich, pp. 147-176.

Lewis, Jane/Ostner, Ilona (1994): Gender and the evolution of European social policies. ZeS-Arbeitspapier 4(94), Bremen: Zentrum für Sozialpolitik.

Lister, Ruth (1997): Citizenship: Feminist Perspectives. Basingstoke: Macmillan.

Lutz, Helma (2008): When Home Becomes a Workplace: Domestic Work as an Ordinary Job in Germany? In: Lutz, H. (ed.): Migration and Domestic Work: A European Perspective on a Global Theme, Aldershot: Ashgate, pp. 43-60.

Marshall, Thomas H./Bottomore, T. (1950): Citizenship and Social Class. London: Pluto Press.

More, Thomas (1965): Utopia. London: Penguin Books.

Morokvasic-Müller, Mirjana (2003): Transnational mobility and gender: a view from post-wall Europe. In: Morokvasic-Müller, M./Erel, U./Shinozaki, K. (eds.): Crossing Borders and Shifting Boundaries. Opladen: Leske and Budrich, pp. 101-33.

Ong, Aihwa (1999): Flexible Citizenship: The Cultural Logics of Transnationality. Durham, NC, and London: Duke University Press.

Parreñas, Rhacel S. (2001): Servants of Globalization: Women, Migration, and Domestic Work. Stanford, CA: Stanford University Press.

Pateman, Carol (1988): The Patriarchal Welfare State. In: Gutmann, A. (ed.): Democracy and the Welfare State. Princeton, NJ: Princeton University Press, pp. 231-60.

Penninx, Rinus (2004): Integration Policies for Europe's Immigrants: Performance, conditions and challenges, Paper for the "Sachverständigenrat für Zuwanderung und Integration", Berlin.

Ruppert, Uta (1998): Lokal bewegen – global verhandeln: internationale Politik und Geschlecht. Frankfurt a. M.: Campus.

Sassen, Saskia (2003): The feminisation of survival: alternative global circuits. Crossing Borders and Shifting Boundaries. In: Morokvasic-Müller, M./Erel, U./Shinozaki, K. (eds.): Vol I: Gender on the Move. Opladen: Leske + Budrich, pp. 59-78.

Schierup, Carl-Ulrik (1994): The right to be different: multiculturalism and the racialization of Scandinavian welfare politics. The case of Denmark. Innovation, 7(3): pp. 277-289.

Shaw, Jo (1997): The many pasts and futures of citizenship in the European Union. European Law Review, 22(6): pp. 554-572.

Shinozaki, Kyoko, (2005): Making Sense of Contradictions: Examining Negotiation Strategies of 'Contradictory Class Mobility' in Filipina/Filipino Domestic Workers in Germany. In: Geisen, Th. (ed.): Arbeitsmigration. WanderarbeiterInnen auf dem Weltmarkt für Arbeitskraft, Frankfurt a.M.: Verlag für Interkulturelle Kommunikation.

Siim, Birte (2000): Gender and Citizenship: Politics and Agency in France, Britain and Denmark, Cambridge: Cambridge University Press.

Slany, Krystyna/Slusarczyk, Magdalena (2006): Immigrants in Poland: legal and socio-demographic situation. In: Metz-Göckel et al. (eds.): Migration and mobility in an enlarges Europe: A gender perspective. Opladen & Farmington Hills: Barbara Budrich Publishers, pp. 281-301.

Soysal, Yasemin N. (1994): Limits of Citizenship: Migrants and Postnational Membership in Europe. London: University of Chicago Press.

Tronto, Joan (2008): Feminist Ethics, Care and Citizenship. In: Homfeldt, H.G. et al. (eds.): Soziale Arbeit und Transnationalität, Weinheim und München: Juventa Verlag, pp. 185-202.

Werbner, Pnina/Yuval-Davis, Nira (1999): Introduction: Women and the new discourse of citizenship. In: Yuval-Davis, N./Werbner, P. (eds.): Women Citizenship and Difference. London: Zed Books, pp. 1-31.

Wiener, Antje (1998): 'European' Citizenship Practice – Building Institutions of a Non-State. Boulder, CO: Westview Press.

– (2003): Citizenship. In: Cini, M. (ed.): European Union Politics. Oxford: Oxford University Press, pp. 397-414.

Wobbe, Theresa (2003): From protecting to promoting: evolving EU sex equality norms in an organisational field. European Law Journal 9(1): pp. 88-108.

8 'Partial Citizenship' and the Ideology of Women's Domesticity in State Policies on Foreign Domestic Workers

Rhacel Salazar Parreñas

Marie is a 50-year-old Filipina who recently arrived in Spain, relocating in the beginning of 2008 from Switzerland where she had been working for more than a decade. With her simple appearance, Marie looks like most Filipinas one would encounter on the streets of Europe. Dressed comfortably in jeans and a lose sweater, she wears no make-up and keeps her hair long and neatly tucked behind her ears. Her appearance fits the description shared by Nicole Constable (2007) of Filipina domestic workers in Hong Kong; she looks not only simple, but also seemingly deferent, with a style that could blend smoothly into any household without threatening the sexual dynamic in the family. Marie – one of the estimated 1.2 million irregular migrants in Spain (Arango/Jachimowicz, 2005) – is unlike one of the "Global Cinderellas" described by Pei-Chia Lan (2006). In her book of the same title, she describes female foreign domestic workers in Taiwan, who transform into sexual creatures with high heels, miniskirts, and red lipstick when out of sight of their employers.

I met Marie on a Saturday evening, inside a church frequented by Filipinos, in San Sebastian, the main shopping district in Barcelona. The church is on a street right off the row of restaurants on the Ramblas. In Barcelona merely as a tourist, I had entered the church out of curiosity for its architecture and had been surprised to see scores of Filipinos praying inside. Quite friendly, Marie invited me to join her in the front pew, introducing me to a Filipina nun who walked by us as well as an elderly Spanish woman seated right next to her. I soon learned that Marie accompanies this elderly woman to church once a week. Explaining her job to me, Marie spends two hours with this 90 year old woman most nights of the week. According to Marie, fixing her dinner and dealing with the unpleasantness of her bathroom accidents are the main tasks she does as a part-time elderly caretaker. For this, she gets paid 200 euros per month, a fairly small amount and not her primary source of income.

Marie's main job is to clean the home of a Spanish attorney and his stay-at-home wife from nine o'clock in the morning to two o'clock in the afternoon during the weekdays. Responding to my question of whether she runs out of things to clean working in only one household, Marie told me that her employer always has a task for her to do so she has mastered the art of looking busy. Marie has been working for this Spanish couple for nearly three months, doing a good enough job that her employers have recently agreed to sponsor her immigration. Interestingly, her employers view this sponsorship as a gift, one that justifies her less than adequate salary. Marie only receives 700 euros per month without the benefit of social security contributions.

Although Marie's employer has agreed to help her immigrate, the stricter policies against undocumented workers in Spain could actually work against her; the criminalization of illegal residency could possibly disqualify her from legally immigrating. In 2008, Spain supported the European Union Return Directive, a draconian measure instituted against irregular workers. This directive allows E.U. member states to detain illegal for up to 18 months, but in Spain only 40 days, and ban them from re-entry into the E.U. for five years. Imposing the threat of forced return is intended to discourage illegal immigration. It sends the message that illegal entry would not lead to a fixed residence. This new policy sways Marie to think that it might be a safer option for her to remain in the shadows of the law. However, this option leaves Marie in a precarious situation because she not only risks deportation if caught but she is without government benefits given to regularized migrant workers including medical coverage, disability insurance, old-age and retirement pension, and unemployment benefits. Although Marie is generally of good health, a noticeable feature in her appearance is that her lower teeth are missing, nearly half of which are gone, and a telling sign that Marie is not without the need for medical care.

Marie describes herself as a "Jill of all Trades." She augments her income as a domestic worker and elderly caretaker by maintaining a variety of what she calls "sidelines." She provides various beauty services to other Filipinos in Barcelona, giving haircuts for 10 euros, a manicure and pedicure for 20 euros, and an hour-long massage for 35 euros. But Marie does not spend most of what she earns in Spain. Maintaining a frugal lifestyle, she shares an apartment with her niece, an office worker, and contributes only 150 euros to rent and utilities. To save money, she eats at the home of her employers. Marie carefully monitors her spending to have enough money to send to her three children in the Philippines. Marie proudly told me that her now adult children have all graduated from college, with one trained as a nurse, another as an accountant, and another with a degree in commerce, but still all three struggle to survive without her financial assistance. Hence,

Marie continues to send them money every month. Despite her support, distance has without doubt strained their relationship as she has only seen them twice in the last decade. As an undocumented worker, she is unlikely to see them for a long time.[1]

I share the story of Marie because her plight sounds quite similar to those of the women I met more than a decade ago in Italy. The women I wrote about in *Servants of Globalization* (2001b), show us that the circumstances of foreign domestic workers have not vastly improved in more than a decade. First, domestic workers receive minimal compensation for their labor. Secondly, they are not given the guarantee of legalizing their status as foreign workers despite the fact that the government recognizes their labor. Building from the story of Marie, I would like to address the question of why employers and nation-states refuse to recognize their dependency on foreign domestic workers. Families depend on private household workers because of the "stalled revolution" confronting the entrance of women into the workforce (Hochschild 1989). In the last forty years, women have poured into the labor market out of economic necessity and personal satisfaction, but neither the family nor the state has made this situation tenable for women. The task of cooking, cleaning, and caring for both children and the elderly remains a private responsibility and still weighs on the shoulders of women (Conroy 2000; Heymann 2000). For this reason, we have seen the increased dependency of families on care and domestic workers.

Consequently, it is the demand for care workers, arguably more than the demand for any other job that directs the flow of women's labor migration. Various countries including Canada, the Netherlands, Germany, Italy, Singapore, Spain, Greece, the United Arab Emirates and Taiwan, have even sanctioned the opening of their borders to foreign care workers. A global flow of domestic workers has emerged, with women from Mexico and Central America moving into the households of working families in the United States, Indonesian women to richer nations in Asia and the Middle East; Polish women to Germany and Italy; and Caribbean women to the United States and Canada (Bakan/Stasiulis 1997; Gamburd 2000; Heyzer et al. 1994; Hondagneu-Sotelo 2001; Misra et al. 2004). On a much wider and greater scale,

---

1   I should note that despite sacrificing a great deal for her children, Marie is no martyr. She shops and flirts like most other adult women. She invited me for instance to go to the port to see if there any Filipino seafarers docked there for us to flirt with that weekend in Barcelona. When I declined her invitation, she then asked me to go window shopping with her, taking me to the store run by a Chinese vendor, telling me that this is where we could get a deal of three euros for a sweater. I mention these activities because sorely missing from the literature on domestic work is their leisure activities.

women from the Philippines have likewise responded to the demand for migrant domestic workers. Providing their services in more than 160 countries, Filipino women are the domestic workers par excellence of globalization (Parreñas 2001b). In Europe alone, tens of thousands of them work in private households of middle- to upper-class families in Great Britain, France, the Netherlands, Italy, Spain and Greece.

In this chapter, I would like to explain why families and nation states struggle to fully recognize foreign domestic work as viable labor deserving fair wages and legal residency. While the "stalled revolution" has impaired the progress of women in the labor force, it has also troubled the labor and citizenship of foreign domestic workers. The ideological theory that maintains women are those most apt to care for their own families also haunts the domestic workers who these women, their parents, and even their non-working friends have hired to do the cleaning and caring work that would otherwise be relegated to them in the family. It is this idea that women should be the ones taking care of their own children and their own parents and doing their own cooking and cleaning, regardless of their income contributions to the family, which results in the struggle to recognize domestic work as genuine labor by both employers and the state. In other words, it is the societal resistance against women not doing the reproductive labor in their own family that sets up the difficulties of foreign domestic workers like Marie.

The force of domesticity, meaning the continued relegation of housework to women or in other words the persistence of the ideology of women's domesticity, poses a roadblock against the progress of women but at the same time shapes relations among women in globalization. It becomes a source of inequality among them. Hence, in making the argument that the force of domesticity results in some form of shared gender oppression for women. I am not regressing to a universal feminist discourse or what Jacqueline Andall (2000) has criticized as a "common victim" approach to understanding the different subjugations of employers and their domestic workers. I am also not downplaying the racial subordination of foreign domestic workers for the sake of women's solidarity (Andall 2000; Romero 1992). This is definitely not my intention. Instead, I wish to build from the feminist theorist Chandra Mohanty's standpoint of identifying "common interests" among women for the purpose of distinguishing their "different needs" as a potential platform of feminist solidarity across differences (1997: 22).

The experiences of Marie show how the pressure imposed on female employers to maintain their identity as wives and mothers – this ideological stronghold – results in no or just the limited rights of migrant domestic workers. For the most part, state policies either 1) refuse to recognize the dependence of families on foreign domestic workers, resulting in the absence of regulation in countries such as France, Germany, and the Netherlands or 2) resist the dependence of families on domestic workers by refusing to treat domestic workers as independent workers but instead construct them as mere dependents of the family. Hence, foreign domestic workers we can say are infantilized. This occurs in nations as diverse as Canada, the United States, Spain and Italy where the residency of migrant domestic workers is contingent on their continued sponsorship of their employer. In other words, their membership is conditional to their membership in a family, specifically the family for whom they provide domestic work.

The limited rights bestowed on migrant domestic workers tell us that the ideology of women's domesticity haunts their membership in the host society. Thus, this ideology hurts not only the gainfully employed women who confront a "stalled revolution," but it also injures the foreign domestic workers whom they hire. We see such injury in the limited rights bestowed on foreign domestic workers by nation states. Foreign domestic workers are either forced to be an invisible person (unregulated) or dependent subject (regulated). They are never incorporated initially as independent migrant workers. The binary choice of citizenship for foreign domestic workers is not particular to certain societies. It is the case across the globe, suggesting to us that the force of domesticity stunts the progress of women in the labor force.

This chapter describes the limited citizenship of domestic workers. It first describes the situation of domestic workers in nations that refuse to grant them legal residency. It is followed by a description of those nations that grant them legal residency, illustrating in its discussion the underpinnings of a culture of maternalism in the law as domestic workers are *always* initially incorporated as a member of a family and not as an independent worker. I end with a discussion of the implications to feminist relations of the limited citizenship of foreign domestic workers in a globalized world.

8.1   The Absence of Regulation

Looking first at nations that refuse to regulate the migration of domestic workers, we cannot deny the dependence of various E.U. (European Union) nations on migrant domestic workers. For instance, conservative estimates reach 500,000 domestic workers of foreign nationality in Italy and 275,000 in Spain (Scrinzi 2008). Moreover, in Greece, female migrants remain concentrated in domestic service with 75 percent of Filipinos, 29 percent of Bulgarians and of whom the majority are Albanians (Hantazaroula 2008).

We likewise see such a high concentration of foreign women in domestic work in countries that neighbor Greece as well as E.U countries in the North. Despite the preponderance of foreign domestic workers, many E.U. governments still fail to authorize their work Instead; governments tend to turn a blind eye to this dependence, leaving migrant domestic workers in what Helma Lutz (2008) has labeled as the ambiguous area of the "twilight zone." As Norbert Cyrus has observed, "paid domestic work in European Union (E.U.) member states is mainly performed as undeclared employment in the informal economy" (2008: 177). In other words, most domestic workers are undocumented migrants, or borrowing the words of Saskia Sassen (2006), they are "recognized but not authorized." This is for instance the case in France, Germany, and the Netherlands, countries that recognize the presence but refuse to authorize the labor of foreign domestic workers.[2] In the case of the Netherlands, for example, a government report recently cited that approximately 1,000,000 Dutch households rely on paid domestic workers to clean their homes and care for their children with most specifically depending on foreign women for this labor. Yet, despite this recognition, the government refuses to grant a "stay permit (verblijfs vergunning)" to regularize the migrant status or employment of foreigners (Marchetti 2005). In other words the government recognizes the need for domestic laborers but refuses to correlate this demand to the presence of foreign labor.

In the Netherlands, the regularization of household helpers is limited to the au pair program, a supposed cultural exchange program that masks its

---

2   This is the case with care work in France and Germany. In France, the increase in individualized private care among upper middle class families and their reliance on migrant women for such private care is not mirrored in immigration policies. Migrant care workers in France do not qualify for temporary work permits and consequently are subject to the insecurities of the informal economy (Misra et al. 2004). In contrast, Germany grants work permits to domestic workers but only in households of elderly care-receivers and not to housecleaners in general and childcare workers. This restriction keeps a large number of care workers in Germany ineligible for legal residency status. Likewise, Israel limits the issuance of work permits to care workers for the elderly and disabled, ignoring the need of families for mere housework and the care of the children (Mundlak/Shamir 2008).

real intent of providing a cheap source of domestic labor for Dutch families.[3] Criticized by scholars such as Sabrina Marchetti (2005) as an open door to the unregulated labor force, the au pair program disqualifies foreign workers from transitioning to permanent residency but does not deter them from remaining in the Netherlands as undocumented workers.[4] We can speculate that racial exclusion is one central motivation for the refusal of the Netherlands to authorize the membership of foreign domestic workers. Exclusion clearly protects the country from the reproduction of foreigners, which is an attitude that also seems to reflect on the treatment of refugees. In recent years, the Netherlands has for instance rejected 80 percent of asylum applicants into its country.[5] In addition to racial exclusion, we could also argue that economic factors also discourage nations from regularizing foreign domestic workers. Restricting migrants to a precarious status as a temporary visitor or unregulated worker means a host country such as the Netherlands could lower the cost of maintaining their labor force by first relegating a large pool of workers to the informal economy, secondly limiting welfare eligibility, and third repatriating them whenever there is a bad economy.

Racial exclusion and economic rationalism are just two of the cultural logics undergirding the refusal of nations such as the Netherlands to authorize the labor of foreign domestic workers. In addition the unspoken truth that the labor market participation of women has not significantly dislodged but at best only chipped at the ideology of their domesticity. This ideology surely reflects not just policies – or in this case the lack of policies – concerning migrant domestic work, but also other state policies such as those concerning

---

3   Marchetti summarizes the hidden agenda behind the au pair program: "Until this moment informal Dutch employers and their migrant employees recurred to the au pair program as a strategy to let migrant women enter the country in order to take cleaning and caring jobs. Officially, the au pair program is thought as a period of cultural exchange for young foreigners, during which they learn Dutch culture and language and earn some 'pocket money'. However, on the base of research conducted by Filipino and domestic workers' supporting groups such as Bayanihan, Cfmw and RespectNL, this program is actually used to mask the full time employment of domestic workers, who therefore are underpaid and overworked." (ibid.: 32)

4   As Sabrina Marchetti (2005) observes, "Dutch Migration Law does not recognize domestic work as a valid reason for legal residency. In other words, even though domestic work is a regular job for residents, with obligations and benefits, it is not recognized as a job for migrants willing to enter the Country as workers. This means that a Dutch household cannot regularly employ any non-resident person."

5   See website of Netherland's Migration Institute, http://www.reintegration.net/netherlands/index.htm. Verified on November 16, 2008.

the balance of work and family.[6] The refusal of states to recognize the labor shortage in housework and care work assumes that the entrance of women into the labor force has not reduced their capacity to perform the reproductive labor in the family, thus saddling working women with the double day and in the process turning a blind eye to their quick-fix solution of resorting to unauthorized workers.

8.2   Maternalism in the Law

What if states recognize the dependency of families on foreign domestic workers? Not all governments refuse to authorize the immigration of domestic workers or restrict them to temporary residency. For instance, foreign domestic workers are not only authorized to work in Canada, Spain, Italy, and the United States, but are also eligible for long-term and permanent membership in these countries, perhaps suggesting to us some truth then in recent declarations by scholars such as Yasmin Soysal that human rights or "personhood supersedes the logic of national citizenship" when it comes to the incorporation of immigrants (1994: 164). For instance, Spain authorizes the integration of migrant workers into their society, recognizes their human right to form a family, and protects them from labor abuse under labor and social security laws. However, a close look at the law indicates not such a smooth transition to "post national" membership for foreign domestic workers (Soysal 1994). Instead, state policies still deny their personhood, requiring their indenture and servitude, prior to their eligibility for post national membership.

In Canada, for instance, the Live-in Caregivers Program requires an initial two years of live-in service before foreign domestics can become eligible for landed immigrant status. During this time, foreign domestics are prone to abusive working conditions, subject to split-household arrangements, and restricted to temporary status (Bakan/Stasiulis 1997). Foreign domestic workers in the United States likewise experience a similar vulnerability. In the United States, migrant domestic workers qualify for permanent residency under the Labor Certification Program. Under this program, employers can sponsor the permanent migration of a foreign worker if they are unable to attract native workers to fill their specific labor needs. While their petition for labor migration is pending, potential migrants are technically out of sta-

---

6   An example is how the creche program only provides a half-day relief from childcare.

tus. According to the anthropologist Shellee Colen, they are subjected to a "form of state-sanctioned indenture-like exploitation" because they are "obligated to stay in the sponsored position until the green card is granted" (1995: 78). During this time, they are unable to leave the United States and visit their families in the country of origin with assurance of re-entry. Moreover, the foreign domestic worker is unable to sponsor the migration of her family, because technically she could still be denied immigrant status. According to the New York based advocacy group Domestic Worker United, migrant domestic workers sponsored under the Labor Certification Program stay out of status for an average of ten years. In other words, they are indentured servants legally bound to work for the sponsoring family for ten years. In this case, we see nationalism and the enforcement of restrictive conditions for residency impose 'structural violence,' systematic ways a given social structure or social institution imposes and normalizes the severe hardships of people. Trafficking or more appropriately 'modern-day slavery' becomes conditional to authorization for migrant domestic workers in Canada and the United States.

In contrast to the extreme cases of Canada and the United States, "live in" employment is not conditional to residency in Spain and Italy. Domestic workers employed in more than one home could qualify for regularization. This is, as Francesca Scrinzi (2008) and Sabrina Marchetti (2005) have noted the case in Italy, where migrants who obtain work permits, in other word residency, usually provide elderly care, a job that requires 24 hours of assistance on a dependent person. However, stunting the independence of foreign domestic workers in countries such as Italy and Spain is the legal dependency of the worker on her sponsoring employer. Regularization is contingent upon an employer agreeing to a contract of dependent employment, one that they as an employer singlehandedly decide on whether to renew or not. This dependency for legal status – even if only briefly in a country such as Spain – discourages domestic workers from reporting abuse.[7]

What we see in countries such as Italy and Spain is a milder version of what is going on in North America. We likewise see in these countries the legal construction of foreign domestic workers as quasi-family members and not independent workers. The legal construction of foreign domestic workers as a 'guest of the family' partially occurs because the dominant representation of women as responsible for the household has had strong effects on the policies on migration. State policies refuse to disrupt the notion that "mother was best" (Williams/Gavanas 2008), instead inserting domestic workers as

---

7   Foreign domestic workers from former colonies qualify for permanent residency after two years.

mere surrogates for women in the family. In Italy, they are even constructed as 'foreign family collaborators'. The legal construction of domestic workers as a member of the family notably speaks of an unequal relationship between women, one that emerges from the ideology of women's domesticity, an ideology that espouses conservative ideas about the family and conforms to a traditional gender division of labor. Notably, this ideology results in the burdens of housework for one group but leaves another group vulnerable to trafficking, as indenture becomes a provision of citizenship for those whose membership is conditional to their surrogate performance of childcare, elderly care and housework in the family.

Interestingly, the refusal of states to legally acknowledge foreign domestic workers as independent workers reflects the dynamics of maternalism that scholars have pointed out regarding employer-employee relations in domestic work (Hondagneu-Sotelo 2001; Romero 1992). In her classic study of African American domestic workers in Boston, Judith Rollins (1985) describes the unequal relationship between employers and domestic workers as one of "maternalism," meaning the positioning of the employer as a superior and benefactor of the childlike domestic worker. In the script of maternalism, domestic workers must act with deference while employers act protective and nurturing. Employers can always talk to domestics but domestics cannot always initiate conversation with employers. Employers give domestic workers unsolicited advice, but domestic workers cannot do the same. This one-way relationship obscures the status of the domestic worker as a worker and employee, and consequently results in lesser material rewards for her as a worker.

Interestingly, recent studies on domestic work such as the excellent account of Latina domestic workers in Los Angeles by Pierrette Hondagneu-Sotelo (2001) have observed that employer-employee relations have since evolved from the antiquated and feudal dynamic of maternalism to a more sophisticated dynamic of personalism. Despite this fact we ironically still see the institutionalization of maternalism in the law.[8] The law constructs employers as benefactors who offer the gift of legalization to domestic workers. This unavoidably shapes employer-employee relations. Returning to the case of Marie, for instance, we see her employer construct himself as a benefactor

---

8   In her important study on domestic work, Pierrette Hondagneu-Sotelo (2001) says that we have moved away from the paradigm of maternalism, arguing that relations between employers and employees is no one of personalism, meaning that it is a "bilateral relationship that involves two individuals recognizing each other not solely in terms of their role or office but rather as a person embedded in a unique set of social relations, and with particular aspirations" (172).

offering her the gift of residency. In exchange, he expects Marie to recipro-
cate by extending her hours without overtime pay and offering her low wages.

The imposition of maternalism by the law suggests that looking at social
policies is perhaps a window to examining relational dynamics in domestic
work. If the law imposes maternalism on domestic workers and employers, it
raises the question of whether personalism is less likely to occur in particular
relations than in others. It also raises the question of whether personalism is
merely a dynamic that employers ideologically espouse and is not one that
their practices follow. Moreover, how does race shape the likelihood or unli-
kelihood of personalism? The manifestation of maternalism in the law clearly
tells us that we need to situate our discussions of social policies in the relational dynamic of employers and domestic workers and vice versa. We need
to revisit the discussions of scholars such as Pierrette Hondagneu-Sotelo,
Mary Romero, and Julia Wrigley and compare employer-employee relationships for domestic workers who are 'regulated but unfree' (i.e., the regularized dependents of the family) to those who are 'unregulated but free' (i.e.,
undocumented workers).

8.3   Conclusion

The ideology of women's domesticity underlies the troubles of domestic
workers. It results in the legal construction of foreign domestic workers as
either 1) invisible (meaning undocumented) or 2) surrogates (meaning docu-
mented). When acknowledging these two forms of displacements, it is important that we do not place them in a hierarchy but instead recognize the particular subjugations that each one of them creates for foreign domestic workers.
Invisible subjects are without national rights but they do have human rights.
They have the freedom to choose their employers and negotiate their labor
conditions. But notably the absence of national rights places them in a precarious situation, forcing family separations in some cases and denying them
access to welfare. In contrast to these 'unregulated but free' workers the
surrogates are 'regulated but unfree'. Foreign domestic workers who are
regularized are without the mobility and flexibility accorded independent
workers. They are infantilized as quasi-family members, because their residency is conditional to the continued sponsorship of a person. Hence, they
are given legal residency as a dependent of that person and not as an independent person. Their dependent status suggests that regularized workers are

not necessarily in a better position to resist exploitation as those who are without status. In bringing up these two forms of displacements for foreign domestic workers, I wish to point out that they are marginalized whether they are regularized or not. This tells us that we should not only advocate for the regularization of foreign domestic workers, but instead we must ensure that the terms of their regularization guarantees them control over their labor.

By arguing that these displacements of invisibility and surrogacy for foreign domestic workers emerge from the ideology of women's domesticity, my intention in this chapter is to show how mechanisms of race, class and gender inequalities intersect with the enforcement of one perpetuating the other. In the case of migrant domestic work, we see the gender inequalities experienced by employers perpetuated by the racial inequalities imposed on domestic workers, and vice versa. Such intersections of race, class and gender inequalities are points of alliance that we need to identify. As feminists, we face the challenge of identifying the linkages of inequalities in our society so we could more effectively eradicate them. In doing so, we should be careful not to regress to a "common victim" perspective but instead engage questions of transnational feminism and intersectional feminist analysis in developing a platform for solidarity between women with different interests.

References

Andall, Jacqueline (2000): Gender, Migration, and Domestic Service: The Politics of Black Women in Italy. Aldershot, England: Ashgate Press.

Arango, Joachin/Jachimowicz, Maia (2005): Regularizing Immigrants in Spain: A New Apprach. In: Migration Policy Institute Newsletter (September). Washington, DC: Migration Policy Institute.

Bakan, Abigail/Stasiulis, Daiva (eds.) (1997): Not One of the Family: Foreign Domestic Workers in Canada. Toronto, ON: University of Toronto Press.

Colen, Shellee (1995): Like a Mother to Them: Stratified Reproduction and West Indian Childcare Workers and Employers in New York. In: Ginsburg, Faye/ Rapp, Rayna (eds.): Conceiving the New World Order: The Global Politics of Reproduction. Berkeley, CA: University of California Press, pp. 78-102.

Conroy, Martin (2000): Sustaining the New Economy: Work, Family, and Community in the Information Age. New York: Russell Sage Foundation Press, and Cambridge, MA: Harvard University Press.

Constable, Nicole (2007[2nd]; 1997[1st]) Maid to Order in Hong Kong. Ithaca, NY: Cornell University Press.

Cyrus, Norbert (2008): Being Illegal in Europe: Strategies and Policies for Fairer Treatment of Migrant Domestic Workers. In: Lutz, Helma (ed.): Migration and

Domestic Work: A European Perspective on a Global Theme. Aldershot, England: Ashgate, pp. 177-194.

Farmer, Paul (2003): Pathologies of Power: Health, Human Rights and the New War on the Poor. Berkeley, CA: University of California Press.

Gamburd, Michelle (2000): The Kitchen Spoon's Handle. Ithaca, NY: Cornell University Press.

Hantzaroula, Pothiti (2008): Perceptions of Work in Albanian Immigrants' Testimonies and the Structure of Domestic Work in Greece. In: Lutz, Helma (ed.): Migration and Domestic Work: A European Perspective on a Global Theme. Aldershot, England: Ashgate, pp. 61-74.

Heymann, Jodi (2000): The Widening Gap: Why America's Working Families Are in Jeopardy – and What Can Be Done about It. New York, NY: Basic Books.

Heyzer, Noelee/Lycklama a Nijeholt, Geertje/Weekaroon, Nedra (eds.) (1994): The Trade in Domestic Workers: Causes Mechanisms, and Consequences of International Labor Migration. London: Zed Books.

Hochschild, Arlie (1989): The Second Shift. New York: Avon Books.

Hondagneu-Sotelo, Pierrette (2001): Domestica. Berkeley, CA: University of California Press.

Lan, Pei-Chia (2006): Global Cinderellas. Durham, NC: Duke University Press.

Lutz, Helma (2008): When Home Becomes a Workplace: Domestic Work as an Ordinary Job in Germany? In: Lutz, Helma (ed.): Migration and Domestic Work: A European Perspective on a Global Theme. Aldershot, England: Ashgate, pp. 43-60.

Marchetti, Sabrina (2005): We Had Different Fortunes: Relationships Between Filipina Domestic Workers and their Employers in Rome and Amsterdam. Master's Thesis. Gender Studies. Utrecht University.

Misra, Joya/Merz, Sabine/Woodring, Jonathan (2004): The Globalization of Carework: Immigration, Economic Restructuring and the World-System. Paper presented at the meeting of the American Sociological Association, San Francisco, CA, August 17.

Mohanty, Chandra (1997): Women Workers and Capitalist Scripts: Ideologies of Domination, Common Interests and the Politics of Solidarity. In: Alexander, M. Jacqui/Mohanty, Chandra Talpade (eds.): Feminist Genealogies, Colonial Legacies, and Democratic Futures. New York: Routledge, pp. 2-29.

Mundlak, Guy/Shamir, Hila (2008): Between Intimacy and Alienage: The Legal Construction of Domestic and Carework in the Welfare State. In: Lutz, Helma (ed.): Migration and Domestic Work: A European Perspective on a Global Theme. Aldershot, England: Ashgate, pp 161-176.

Parreñas, Rhacel Salazar (2001a): Transgressing the Nation-State: The Partial Citizenship and 'Imagined (Global) Community' of Migrant Filipina Domestic Workers. Signs: Journal of Women in Culture and Society 26:4, pp. 1129-1154.

– (2001b): Servants of Globalization: Women, Migration and Domestic Work. Stanford, CA: Stanford University Press.

– (2008): The Force of Domesticity: Filipina Migrants and Globalization. New York: New York University Press.

Rollins, Judith (1985): Between Women. Philadelphia, PA: Temple University Press.

Romero, Mary (1992): Maid in the USA. New York: Routledge.

Sassen, Saskia (2006): Territory, Authority, Rights: From Medieval to Global As-
    semblages. Princeton/NJ: Princeton University Press.
Scrinzi, Francesca (2008): Migrations and the Restructuring of the Welfare State in
    Italy: Change and Continuity in the Domestic Work Sector. In: Lutz, Helma
    (ed.): Migration and Domestic Work: A European Perspective on a Global
    Theme. Aldershot, England: Ashgate, pp. 29-42.
Soysal, Yasemin (1994): Limits of Citizenship: Migrants and Postnational Member-
    ship in Europe. Chicago, IL: University of Chicago Press.
Williams, Fiona/Gavanas, Anna (2008): The Intersection of Childcare Regimes and
    Migration Regimes: A Three-Country Study. In: Lutz, Helma (ed.): Migration
    and Domestic Work: A European Perspective on a Global Theme. Aldershot,
    England: Ashgate, pp. 13-28.
Wrigley, Julia (1996): Other People's Children: An Intimate Account of the Dilem-
    mas Facing Middle-Class Parents and the Women They Hire to Raise their
    Children. New York: Basic Books.

Teil IV:
Haushaltsarbeit
und Migration

9 Care-Arbeit, Gender und Migration
Überlegungen zu einer Theorie der transnationalen Migration im Haushaltsarbeitssektor in Europa[1]

Helma Lutz/Ewa Palenga-Möllenbeck

Die transnationale Migration im Bereich der Care-Arbeit (also beispielsweise die Betreuung von Kindern bzw. die Pflege von älteren Menschen oder Menschen mit Behinderung) gewinnt in europäischen Gesellschaften immer mehr an Bedeutung. Hierfür gibt es vielfältige Gründe: Zu nennen wären die demografische Entwicklung (sinkende Geburtenraten, die alternde Gesellschaft), sozioökonomische Faktoren (die steigende Zahl erwerbstätiger Frauen, die zunehmende (berufliche) Mobilität auch über größere Entfernungen hinweg) und schließlich der Rückzug bzw. das fehlende Engagement des Staats bei der Pflege älterer Menschen und der Kinderbetreuung. In Deutschland, der im Folgenden von uns diskutierten Fallstudie, wird diese immer größer werdende Versorgungslücke durch transnationale Migrantinnen,[2] vor allem aus Osteuropa gedeckt, die die anfallende Betreuungs- und Pflegearbeit verrichten (siehe dazu: Lutz/Palenga 2010). Im vorliegenden Artikel soll zunächst das Analysemodell vorgestellt werden, auf das wir uns im Rahmen unserer Forschungsarbeit zum Thema Migration im Haushaltsarbeits- und Altenpflegesektor von der Ukraine nach Polen und von Polen nach Deutschland gestützt haben. Anschließend werden empirische Beispiele die Erklärungskraft des Modells belegen. Der Beitrag ist wie folgt gegliedert: Im ersten Abschnitt (9.1) wird unser Mehrebenen-Analysemodell der transnationalen Care-Migration eingeführt. Anschließend (9.2) werden Aspekte unse-

---

1 Wir stützen uns im Folgenden auf Ergebnisse des DFG-finanzierten Forschungsprojekts „Landscapes of Care Drain. Care provision and Care Chains from the Ukraine to Poland and from Poland to Germany" 2007-2010, das Mitglied des Forschungsverbundes „Migration and Networks of Care in Europe" war und im Rahmen des EUROCORE-Programms der European Science Foundation durchgeführt wurde.

2 Zwar sind auch Männer innerhalb dieses Tätigkeitsfeldes zu finden, jedoch ist der überwiegende Teil der in diesem Sektor beschäftigten Personen weiblich, weshalb in diesem Text im Folgenden die weibliche Form benutzt wird.

rer Fallstudie zur Situation in Deutschland angeführt, die aufzeigen, wie die relevanten Aspekte des Modells jeweils zusammenhängen. Dabei wird dargelegt, wie die nationalen Regime (die Makroebene) die transnationale Organisation der Care-Arbeit (die Mesoebene) beeinflussen. Schließlich wird die Situation auf der Mikroanalyseebene, aus Sicht der betroffenen Migrantinnen, analysiert.

9.1   Das Mehrebenenmodell der transnationalen Care-Migration

Das von uns entwickelte Analysemodell dient der Untersuchung der (transnationalen) Arbeitsmigration im Bereich der Care-Arbeit unter Berücksichtigung der folgenden *drei Analyseebenen*: der Makroebene gesellschaftlicher *Institutionen* (beispielsweise der Arbeitsmarkt in verschiedenen Ländern oder die Sozial- und Einwanderungspolitik), der Mesoebene der sozialen *Netzwerke und Organisationen* und der Mikroebene der *Individuen*:

1) **Makroebene**: *Intersektion dreier nationaler Regime: Migrations-, Gender- und Care-Regime* (Gesetzgebung, Vorschriften bezüglich des Arbeitsmarktes und des Marktes für Versorgungsdienstleistungen, kulturelle Codierungen),

2) **Mesoebene**: *Organisation der Arbeit* (vergeschlechtlichte und ethnisch segregierte informelle Netzwerke als auch staatliche Vermittlungsorganisationen sowie private Agenturen),

3) **Mikroebene**: *transnationale intersektionelle Praktiken und Positionen der Akteurinnen* (Geschlecht, Klasse, Ethnizität, etc.).

Auf der **Makroebene** lassen sich unserer Meinung nach *drei verschiedene, sich jeweils überlagernde oder interagierende „Regime"* ausmachen, die zentral für eine Betrachtung des Phänomens „migrantischer Haushaltsarbeit" in Europa sind (Lutz 2007a, 2008; Williams/Gavanas 2008; Williams 2010a, 2010b): 1) *Gender-Regime*, innerhalb derer Haushalts- und Care-Arbeit als Ausdruck eines spezifischen vergeschlechtlichten kulturellen Skripts aufgefasst werden kann; 2) *Care-Regime* als Teil des wohlfahrtsstaatlichen Regimes, die sich in einer Vielzahl von staatlichen Verordnungen ausdrücken, gemäß derer die Verantwortung für das Wohl der einheimischen Bevölkerung jeweils *auf den Staat, die Familie und den Markt verteilt wird* (Esping-Andersen 1990)*;* und 3) *Migrations-Regime*, die aus unterschiedlichen Gründen die Beschäftigung von Migrantinnen als Haushaltsarbeiterinnen entweder zulassen oder abwehren.

Auf der *Mesoebene* der Organisation transnationaler Arbeit interessieren uns sowohl informelle soziale Netzwerke als auch formelle Organisationen (Pries 2008: 186). In zahlreichen Studien zu transnationaler Arbeitsmigration und insbesondere transnationaler Haushaltsarbeitsmigration (Münst 2007; Elrick/Lewandowska 2008) wird die wichtige Rolle der auf der Mesoebene angesiedelten sozialen Netzwerke und Organisationen als „Bindeglieder" betont (Faist 1996). Auch in unserer Fallstudie erwiesen sich die Organisationsstrukturen, die die transnationale Arbeit (und das Familienleben) von Migrantinnen unterstützen, als wichtige Elemente zum Verständnis der Interaktionen in einem transnationalen Arbeitsmarkt.

Auf der *Mikroebene* rücken die individuellen Praktiken, Identitäten und Positionen der einzelnen Akteurinnen in den Blickpunkt. Da Migrantinnen ein transnationales Familienleben führen, müssen sie ihre Arbeit im Ausland mit dem Familienleben in ihrem Heimatland in Einklang bringen. In ihren Alltags- und Care-Praktiken spiegeln sich etwa geschlechtsspezifische Charakteristiken wider; gleichzeitig wird ihre soziale Position im transnationalen Raum von den intersektionellen Differenzlinien ‚Phasen des Lebenzyklus', ‚Klasse' und ‚Ethnizität' geprägt, die sich jeweils als eine Ressource oder eine Benachteiligung erweisen können.

Ausgehend von diesem Analysemodell wollen wir aufzeigen, dass die Entstehung und dynamische Entwicklung der transnationalen Arbeitsmigration im Haushalts-/Carearbeitssektor in Europa nur dann ausreichend erklärt werden kann, wenn alle drei Analyseebenen Berücksichtigung finden und das Phänomen sowohl aus der Perspektive der Aufnahmeländer als auch aus Sicht der Entsendeländer untersucht wird.

9.2   Fallstudie Deutschland: Die Migration von Altenpflegerinnen von Polen nach Deutschland

9.2.1   *Makroebene der Analyse: Die Intersektion von Migrations-, Gender- und Care-Regimen*

Das heutige Pflegesystem in Deutschland ist sehr oft nicht in der Lage, pflegebedürftigen älteren PatientInnen und deren Familien praktikable Lösungen zu bieten, und ist daher in hohem Maße auf Pflegerinnen aus dem Ausland angewiesen (Neuhaus et al. 2009; Lutz/Palenga 2010). Analytisch betrachtet basiert das deutsche Pflegesystem auf Prämissen, die nicht länger gegeben sind: so etwa auf der Annahme, dass Familien (und dabei vor allem weibliche Personen) ältere und kranke Angehörige versorgen, dass alle Familienmitglieder nah beieinander wohnen und dass deshalb täglich wenige Stunden Care-Arbeit ausreichen. Eine „offizielle" 24-Stunden-Betreuung, die von privaten Pflegediensten angeboten wird, ist kaum bezahlbar, und das Altersheim als einzige finanziell tragbare Alternative findet nur geringe Akzeptanz und wird in der öffentlichen Debatte skandalisiert (Fussek/Loerzer 2005). Die Betreuung pflegebedürftiger, älterer Personen im Privathaushalt stellt für die Angehörigen eine besondere Belastung dar – vor allem dort, wo nächtliche Fürsorge geleistet werden muss. Private Pflegedienste bieten dafür zwar einen Hausnotrufdienst an, nächtliche Dauerbetreuung erfordert dagegen den Einsatz von mehreren Pflegekräften, ein Arrangement, das außerordentlich kostspielig ist.

Das Care-Regime des deutschen Sozialstaats kann als „konservativ-korporatistisch" (Esping-Andersen 1990) oder „familialistisch" (vgl. Backes et al. 2008: 21) bezeichnet werden und ist mit Regimen in südeuropäischen Ländern oder Österreich vergleichbar. So lassen sich 70 % aller Pflegegeldempfänger zu Hause pflegen; die Pflegeleistungen werden dabei zumeist von Familienangehörigen (70 %) oder als Kombinationsleistung durch Familienangehörige und Pflegedienste erbracht (Statistisches Bundesamt 2007). Anfang der 1990er Jahre wurde eine Pflegeversicherung eingeführt, was bedeutet, dass Pflegeleistungen in Deutschland über ein Versicherungssystem und nicht über Steuern finanziert werden. Die deutsche Gesetzgebung bietet somit nur teilweise Schutz vor dem finanziellen Risiko, das von einer Pflegebedürftigkeit ausgeht, wodurch die BürgerInnen gezwungen sind, sich zusätzlich privat zu versichern. Angehörige, die Pflegebedürftige zu Hause versorgen, erhalten für ihre Arbeit Transferzahlungen (Pflegegeld), während private Pflegedienste vom Staat direkt bezahlt werden. Jedoch ist der Betrag, den der Staat für die Personen vorsieht, die 24 Stunden rund um die Uhr betreut werden müssen, viel zu gering, um die Kosten eines entsprechenden Pflegearrangements durch einen Pflegedienst zu decken. Es werden höchstens ein Drittel (oder sogar nur ein Viertel) der anfallenden Kosten erstattet. Außerdem gehen derartige legale Arrangements, bei denen die Pflegeleistungen durch kommerzielle Anbieter erbracht werden, mit einem ständigen Wechsel des Pflegepersonals einher. Insofern scheinen sowohl die geringe finanzielle Unterstützung der durch kommerzielle Anbieter erbrachten Pflegedienstleistungen als auch die direkten Transferleistungen an Familien, die unkontrolliert an Dritte weitergegeben werden, die Hauptgründe dafür zu sein, dass immer mehr migrantische live-in-Pflegehilfen in Privathaushalten tätig werden (vgl. van Hooren 2008). Das deutsche Pflegesystem ist also stillschweigend auf die informelle Arbeit von Migrantinnen angewiesen und zwar aufgrund der spezifischen Kultur, Politik, Finanzierung und Infrastruktur der Care-Arbeit in diesem Land.

Nichtsdestotrotz sind Migrantinnen aus Osteuropa, die als Pflegehilfen arbeiten, aus staatlicher Sicht nur bedingt willkommen. Die Haltung der Politik gegenüber migrantischem Pflegepersonal ist ambivalent, denn „einheimische" Lösungen zur Bekämpfung des Pflegenotstands werden präferiert, um der unerwünschten irregulären Migration entgegenzuwirken: Bislang wird – mit wenig Erfolg – versucht, Langzeitarbeitslose in der Altenpflege einzusetzen (Zimmermann 2003: 22; Dowideit 2006); zusätzlich verstärkt die aktuelle Regierung die familialistische Ausrichtung der Altenpflegepolitik, indem vom Familienministerium derzeit Gesetzesentwürfe zur Einführung der so genannten Familienpflegezeit vorbereitet werden, die pflegenden Angehörigen eine bessere Vereinbarung von Familie und Beruf ermöglichen soll (BMFSFJ 2010). Die offizielle Haltung gegenüber der durch irreguläre Migrantinnen verrichteten Care-Arbeit lässt sich daher als ‚semi-compliance' (staatliche Komplizenschaft) beschreiben: Das Phänomen gilt als ‚offenes Geheimnis', wird auch inoffiziell toleriert, indem Verstöße eher selten geahndet werden, offiziell bekämpft der Staat jedoch die damit einhergehende undokumentierte Migration (Lutz/Palenga 2010). Vor diesem Hintergrund sind, so unsere These, die billigen und flexiblen Pflegekräfte zu einem wesentlichen Bestandteil des Care-Regimes in Deutschland geworden, und zwar in einem solchen Maße, dass das System ohne die ‚Engel' aus Osteuropa kollabieren würde. Die Schlüsselrolle, die osteuropäische Migrantinnen in diesem Zusammenhang spielen, ist im öffentlichen Diskurs zum Thema Pflege äußerst präsent. Im Rahmen unserer Analyse der deutschen Presseberichterstattung zu den Themen ‚Migration' und ‚Pflege' zwischen 1997 und 2008[3] konnten wir eine lebhafte Debatte über den ‚Pflegenotstand' in der Altenpflege ausmachen, bei der die Rolle von migrantischen Pflegekräften als durchaus positiv bewertet wurde. Allgemein lässt sich feststellen, dass in den öffentlichen Meinungsäußerungen vor allem das Missverhältnis zwischen den durch das Gesundheitssystem angebotenen Leistungen und den tatsächlichen Bedürfnissen vor Ort nach individuellen und bezahlbaren Pflegearrangements im Privathaushalt beklagt wird.

9.2.2   Mesoebene der Analyse: Die Organisation der Arbeit

Professionelle Anbieter von Pflegedienstleistungen in Deutschland (also Pflegedienste und Pflegeverbände) sehen die Möglichkeit einer legalen selbstständigen Tätigkeit sowie die seit der EU-Osterweiterung 2004 bestehende Freiheit, Dienstleistungen auf dem gemeinsamen Markt anzubieten, eher kritisch und sprechen in diesem Zusammenhang von einer ‚Zwangsregulierung durch die EU'. In gleicher Weise kritisieren sie die ab 2011 erfolgende Öffnung des deutschen Arbeitsmarktes für StaatsbürgerInnen der neuen EU-Mitgliedsländer, durch die eine ‚Billig-Konkurrenz' für einheimische ArbeitnehmerInnen entstehen werde. Die Mehrzahl der migrantischen Pflegekräfte besitzt keine gültigen Papiere und wird über informelle soziale Netzwerke angeworben (Münst 2007; Elrick/Lewandowska 2008). Seit 2004 jedoch hat sich ein halblegaler transnationaler Markt für selbstständige oder durch ausländische Agenturen entsandte Arbeitnehmerinnen entwickelt, die Dienstleistungen im Pflegebereich erbringen. Hier spielen vor allem binationale kommerzielle Agenturen, die osteuropäische Pflegekräfte an deutsche Familien vermitteln, eine wichtige Rolle. Die wachsende Anzahl an derartigen Vermittlungsagenturen, die wir im Zuge unserer Recherchen im Internet vorfanden, kann als Beleg für die Expansion dieses Sektors dienen: 2007 zählten wir 28 solcher Agenturen, 2008 waren es bereits 65.

Doch auch aus juristischer Sicht wird die Anwendbarkeit der europäischen Dienstleistungsrichtlinie auf diesen speziellen Sektor kontrovers diskutiert. Etliche Akteure, darunter beispielsweise die bi-nationalen polnisch-deutschen Vermittlungsagenturen, argumentieren, dass die Richtlinie einzelnen ArbeitnehmerInnen die Freiheit zur Erbringung von Dienstleistungen an

---

3   Im Zeitraum von 1997 bis 2008 wurden 279 Zeitungsartikel analysiert, die in den drei Tageszeitungen der Frankfurter Allgemeinen Zeitung, der Süddeutschen Zeitung und in der Bild Zeitung erschienen.

jedem beliebigen Ort innerhalb der europäischen Union zusichere, während andere (z. B. Dollinger 2008; Würmseher 2010) dieser Ansicht widersprechen und beispielsweise darauf hinweisen, dass die Richtlinie nicht für Gesundheitsdienstleistungen gelte. Auch müssen selbstständige ArbeitnehmerInnen laut derzeitiger Gesetzeslage über mehr als einen Auftraggeber verfügen, was im Falle von migrantischen Haushaltsarbeiterinnen, die die Pflegebedürftigen zu Hause betreuen und gleichzeitig bei diesen wohnen, nicht gegeben ist. Diese Ansicht stützte auch das Amtsgericht München in einem 2008 entschiedenen Präzedenzfall. Das Gericht kam zu dem Schluss, dass selbstständige Pflegekräfte aus Ungarn, die nach Deutschland vermittelt worden waren, illegal beschäftigt worden seien, da häusliche Care-Arbeit nicht den deutschen Vorgaben einer selbstständigen Beschäftigung entsprächen. Zu diesen Kriterien gehöre etwa, mehrere Auftraggeber zu haben, nicht abhängig von Weisungen des Auftraggebers zu sein und ein eigenes unternehmerisches Risiko zu tragen (Süddeutsche Zeitung, 11.11.2008). Stattdessen liege ein illegales Arbeitsverhältnis vor.

Obgleich die rechtliche Situation dieser transnationalen Vermittlungsagenturen noch immer unklar ist, konnte im Rahmen unserer Forschungsarbeit[4] aufgezeigt werden, dass sie innerhalb der Strukturen des deutschen Pflegesystems eine Lücke schließen. Transnationale Agenturen sind als formales Pendant zu den informellen sozialen Netzwerken, die hier aus Platzgründen nicht näher beschrieben werden, zu betrachten, mit allen Vorteilen ersterer: Sie bieten Familien die nötige Flexibilität, sind bezahlbar und noch dazu legal; migrantische Arbeiterinnen wiederum profitieren von rechtlicher Sicherheit und können ein ähnlich hohes Einkommen wie in einer vergleichbaren irregulären Beschäftigung erzielen.

Vor diesem Hintergrund wird es in Zukunft mit hoher Wahrscheinlichkeit zu einer engeren Zusammenarbeit zwischen inländischen (nicht-)kommerziellen Pflegediensten und transnationalen Agenturen kommen, die sich zusammenschließen, um gemeinsam sowohl professionelle Betreuungsdienstleistungen als auch zeitaufwändige Unterstützung im Alltag zu bieten.

---

4   Hierbei wurden sieben Experteninterviews mit InhaberInnen von transnational operierenden Vermittlungsagenturen geführt und Interviews mit migrantischen Haushaltsarbeiterinnen, die mit derartigen Agenturen zusammenarbeiten.

Bis auf Weiteres scheint dies als ‚zweitbeste Praxis'[5] zu gelten (vgl. auch Neuhaus et al. 2009 für Deutschland; Schmid 2009 für Österreich).

In der vorliegenden Fallstudie wird aufgezeigt, inwiefern die transnationale Arbeitsmigration im Bereich der Haushaltsarbeit in institutionelle Vorgaben und Organisationsformen eingebettet ist. Gleichzeitig wird darin beleuchtet, auf welche Weise die drei oben erwähnten nationalen Regimes (Gender, Care und Migration) ineinandergreifen und sich überlagern: Die dominante Ideologie der Care-Arbeit hat zum einen Einfluss darauf, ob Frauen einer (Vollzeit-)Beschäftigung nachgehen; zum anderen beeinflusst sie das dominante Modell der Pflegeorganisation und nicht zuletzt bestimmt sie auch die Rolle des Staates. Das Modell der direkten Transferzahlungen, wie es durch das Pflegegeld praktiziert wird, begünstigt die undokumentierte Migration von Haushaltsarbeiterinnen aus zwei Gründen: Oft ist die Arbeit als Pflegehilfe in Privathaushalten die einzige Beschäftigungsmöglichkeit, die Migrantinnen offen steht. Für Familien wiederum stellt dieses Arrangement eine komfortable Alternative zu einer Pflegeeinrichtung oder professioneller häuslicher Pflege dar. Schlussendlich haben auch die seit 2004 erfolgten Änderungen im Migrations-Regime zur Herausbildung von Organisationsstrukturen geführt, die die von Migrantinnen als ‚live-ins' erbrachten flexiblen und erschwinglichen Pflegedienstleistungen als wünschenswert betrachten.

Das Phänomen der transnationalen Migration von Haushaltsarbeiterinnen kann jedoch nicht vollständig erfasst werden, wenn man sich nur auf die Rahmenbedingungen beschränkt, die durch den institutionellen und organisatorischen Rahmen vorgegeben werden. Dies ging insbesondere aus unseren Interviews mit Migrantinnen und deren Familienangehörigen sowie mit Vermittlungsagenturen hervor.

---

5   Wir sehen diese Lösung aus zwei Gründen nicht als geeignete Praxis an: Zum einen kann die Legalisierung migrantischer Haushaltsarbeit und eine Verschiebung vom Angestelltenverhältnis hin zur Selbstständigkeit innerhalb des Sektors dazu führen, dass prekäre Arbeitsbedingungen für Pflegekräfte zunehmen und sich den problematischen Arbeitsbedingungen irregulärer MigrantInnen angleichen (Bode 2009 für Frankreich; Schmid 2009 für Österreich; Karakayalı 2010 für Deutschland). Zum anderen ist für Rundum- und Intensivbetreuung alter Menschen der Einsatz mehrerer PflegerInnen notwendig. Aus der hohen Sterblichkeit der PatientInnen folgt zudem, dass Beschäftigungsverhältnisse zwangsläufig unsicher sind und ohne angemessene Kündigungsfrist beendet werden können. Als Folge davon sind Pflegekräfte entweder auf informelle Netzwerke oder auf formale Vermittlungsagenturen angewiesen, die einen Großteil ihrer Bezahlung einbehalten.

9.2.3 Die Mikroebene der Analyse: Ressourcen und Benachteiligungen transnationaler Care-Arbeiterinnen

Die individuellen Praktiken von migrantischen Pflegekräften sind dreifach eingebettet in a) transnationale Alltagserfahrungen der Betroffenen und ihrer Familien (Mikroebene), b) die transnationale Organisation der Arbeit (Mesoebene) und c) in institutionelle Kontexte der Entsende- und Zielländer (Makroebene) und müssen gleichzeitig aus diesen heraus erklärt werden.

Zwei theoretische Ansätze helfen in diesem Zusammenhang, die Situation der migrantischen Pflegekräfte zu verdeutlichen.

Erstens muss aus einer transnationalen Perspektive heraus sowohl der Kontext der Entsendeländer als auch der Zielländer betrachtet werden: Da die Migration osteuropäischer Haushaltsarbeiterinnen überwiegend transnational (als Pendeln zwischen Arbeitsort und Herkunftsland) verläuft, ist dieser Blickwinkel unabdingbar für ein umfassendes Verständnis der Situation.

Zweitens hat sich das Konzept der Intersektionalitätsanalyse als grundlegend erwiesen, um die soziale Dynamik der transnationalen (Haushalts-)-Arbeitsmigration erfassen zu können. Bei diesem analytischen Konzept wird davon ausgegangen, dass Akteure an Schnittpunkten von Differenz- und Ungleichheitsstrukturen positioniert sind, wie beispielsweise Geschlecht, Klasse, Ethnizität/‚Rasse‘. Diese sind interdependent und werden durch Alltagspraktiken sozial konstruiert (vgl. Anthias 1998; Lutz 2007b). Es wird angenommen, dass diese sozialen Strukturen einerseits individuelle Handlungen hervorbringen, andererseits durch ebendiese Handlungen perpetuiert werden.

Wie aus unserer Studie[6] hervorgeht, wird die Situation der betroffenen Migrantinnen in hohem Maße durch Faktoren wie Gender, Ethnizität, Alter, Phase des Familienzyklus und Klasse beeinflusst. Dies lässt sich anhand folgender Beispiele verdeutlichen: Derzeit haben ältere polnische Frauen, die das Rentenalter (fast) erreicht haben, sehr gute Chancen auf dem deutschen Arbeitsmarkt der Privatpflege, da sie als gute live-in-Pflegerinnen betrachtet werden. Den ‚polnischen Perlen‘ werden bestimmte Eigenschaften unterstellt, wie Warmherzigkeit und die Bereitschaft, tatkräftig anzupacken. Diese positive, essentialisierende ethnische Zuschreibung geht mit naturalisierten Zuschreibungen der besonderen Care-Kompetenzen von Frauen einher. Auch wird angenommen, dass ältere Migrantinnen mehr Lebenserfahrung haben und sich durch mehr persönliches Engagement auszeichnen und dass diese

---

6   Insgesamt wurden 22 narrativ-biografische Interviews mit ukrainischen und polnischen Migrantinnen sowie 41 Interviews mit Familienangehörigen (Ehepartnern, Großeltern, Kindern, etc.) in Polen und der Ukraine durchgeführt.

Frauen weniger Familienverpflichtungen und/oder Bedürfnisse nach persönlicher Autonomie artikulieren. Diese Klischees, die gleichzeitig als Selbstaffirmation von Agenturen und von den betreffenden Migrantinnen benutzt werden, führen zu einer starken Nachfrage nach dieser Gruppe von Frauen. Darüber hinaus scheint auch die Sexualität der Frauen eine Rolle zu spielen, in dem Sinne, dass jüngere Frauen als potenziell kontaktfreudiger und sexuell aktiver gelten und daher möglicherweise eher das live-in-Pflegearrangement verlassen oder zu gefährden drohen[7]. Hingegen scheinen sich deutsche ArbeitgeberInnen wenig dafür zu interessieren, ob die Frauen, die sie beschäftigen, überhaupt eine Ausbildung im Pflegebereich vorweisen können, was im Zusammenhang mit der Debatte über *gute Pflege* interessant ist, denn der wissenschaftliche und öffentliche Diskurs über ‚Qualität in der Pflege' weist zahlreiche Widersprüche und Ambivalenzen auf:

So wird momentan der Professionalisierung der Pflege und der zunehmenden Bedeutung von Pflegeeinrichtungen, wie zum Beispiel Altersheimen, sehr viel Aufmerksamkeit geschenkt. Skandale, die die Qualität der Pflege in solchen Einrichtungen in Frage stellten (OECD 2005: 4), haben öffentliche Debatten ausgelöst und zu entsprechenden gesetzlichen Regelungen geführt (z. B. das seit 2006 in Deutschland geltende Pflegequalitätssicherungsgesetz). Die Qualität der Pflege in Pflegeheimen wird ebenfalls seit 2006 durch Pflegeberichte überprüft. Innerhalb der Gerontologie als professionellem Tätigkeitsfeld wurden Definitionen und Kriterien ausgearbeitet, um die Standards für Pflegequalität festzulegen. In den meisten Ansätzen wird zwischen so genannten objektiven und subjektiven Kriterien, medizinischen Pflegestandards und dem subjektiven Wohlbefinden des Pflegeempfängers unterschieden. Die objektiven Kriterien beziehen sich beispielsweise auf die Professionalität des Pflegenden und die Rahmenbedingungen der Pflege, wie etwa Organisation, finanzielle Aspekte, sowie die vorhandene Ausstattung. Nicht zuletzt wird beurteilt, inwieweit bestimmte medizinische Pflegeziele erreicht werden. Subjektive Kriterien können zwar nicht objektiv nachgewiesen werden, werden aber dennoch individuell von den Pflegeempfängern beurteilt. Hierunter fallen Faktoren wie Lebensqualität, Wohlbefinden, Zufriedenheit und die Möglichkeit, weiterhin unabhängig zu leben (Behrens 2005). Die Unterscheidung zwischen körperbezogenen Versorgungstätigkeiten und seelischer Betreuung macht den doppelten Charakter der Care-Arbeit deutlich; gleichzeitig besteht dadurch die Gefahr, medizinische und soziale Aspekte künstlich voneinander abzukoppeln, obwohl diese

---

7   Obwohl dies in Interviews selten thematisiert wird, ist evident, dass diese Gruppe
      geringere Ansprüche stellt und niedrigere Löhne fordert als jüngere Migrantinnen und ausgebildete deutsche Arbeitskräfte.

in der Pflegearbeit in jedem Fall zusammen erbracht und gedacht werden müssen (Brückner 2009: 10f.). Aus der Perspektive der Sozialwissenschaften wiederum sind in diesem Zusammenhang sozioökonomische, demografische, politische und kulturelle Aspekte von Bedeutung (Schröter/Rosenthal 2005). Für uns ist folglich von Interesse, wie diese Aspekte, und dabei vor allem soziokulturelle Ideologien und Rollenkonzepte wie das der ‚guten Mutterschaft' oder der ‚Familien- und Altenpflege', zu *Diskursen* über ‚gute Pflege' beitragen.

Als Ergebnis unserer Studie lässt sich festhalten, dass die Care-Arbeit derzeit zwei Prozesse durchläuft, die in unterschiedliche Richtungen weisen: zum einen in die Kommodifizierung, zum anderen in die Dekommodifizierung (Hochschild 2001, 2003, 2008). Migrantische Care-Arbeit (und allgemeiner „globale Betreuungsketten") scheinen von diesen Prozessen stark beeinflusst zu sein. Dabei geben ArbeitgeberInnen Tätigkeiten, die erst vor kurzem kommodifiziert wurden, bereitwillig an Personen ab, die, obwohl sie dafür bezahlt werden, diese Arbeiten anschließend ‚dekommodifzieren', indem sie ihre KlientInnen nicht etwa im Rahmen einer begrenzten Arbeitszeit, sondern 24 Stunden am Tag betreuen, ihnen emotionale und authentische physische Zuneigung zukommen lassen, auf Freizeit und Ruhezeit verzichten und auf diese Weise als *Familienersatz* dienen (Hochschild 2008; Lutz 2008, 2009; s. a. Parreñas in diesem Band). Gerade älteren Migrantinnen aus Osteuropa wird zugetraut und abverlangt, eine Familie zu ersetzen. In diesem Zusammenhang wird die oben erwähnte Debatte über ‚gute Pflege' um eine neue, ‚transnationale' Dimension erweitert, was bereits hitzige öffentliche Diskussionen über die Professionalität und die Qualität der von Migrantinnen erbrachten Pflegearbeit ausgelöst hat (DBfK 2006, Bpa 2007).

Es scheint somit offensichtlich, dass die Kombination der drei Attribute Alter, Ethnizität und Geschlecht für ältere polnische Haushaltsarbeiterinnen in Deutschland durchaus eine Ressource darstellen kann (vgl. auch Lutz 2007a für die Fälle, in denen die biografische Erfahrung, ein eigenes Kind zu haben, als Voraussetzung für die Einstellung als Kinderbetreuerin gilt). In vielen Herkunftsländern ist das Alter dagegen ein Diskriminierungsmerkmal des Arbeitsmarktes, denn in Transformationswirtschaften wie Polen und der Ukraine waren in den letzten Jahren vor allem Frauen mittleren Alters von Arbeitslosigkeit betroffen. Teilweise sind die Gründe hierfür ähnlich gelagert wie bei Frauen in *Ost*deutschland und deren spezieller Situation auf dem Arbeitsmarkt: unterbrochene Berufslaufbahnen, weiblich vergeschlechtlichte Arbeitsmarktsektoren, die speziell in den Transformationswirtschaften von einer hohen Arbeitslosenquote (ca. 20 %) gekennzeichnet sind und daher Frauen eher als Männer treffen (Kałwa 2007: 208f.). So lässt sich feststellen, dass ältere Frauen in diesem transnationalen Kontext aufgrund von Faktoren wie Geschlecht und eben auch Alter gegenüber jüngeren Frauen und Männern in diesem Beschäftigungssegment einen Vorteil haben.

Gleichzeitig wirken sich Geschlecht und Alter innerhalb des transnationalen Kontexts jedoch auch negativ auf Migrantinnen aus. So führt beispielsweise die transnationale Arbeitsmigration zu einem so genannten *care drain*,
also zu einem Abzug von ‚Fürsorgekapital' in den Herkunftsländern. In unserer Studie wurde deutlich, dass die Abwesenheit der Mutter für die betroffene Familie zahlreiche negative Konsequenzen nach sich ziehen kann, abhängig vom Alter, der jeweiligen Familienkonstellation und den bestehenden
unterstützenden Netzwerken vor Ort. Insbesondere die soziale Isolation der
Kinder oder Erziehungsprobleme, die die Großeltern oder der zurückbleibende Elternteil schlecht bewältigen, sollten in diesem Zusammenhang nicht
unerwähnt bleiben. Sehr oft sind die gesellschaftlichen Kosten der Arbeitsmigration erst Jahre später spürbar. Der Kampf um wirtschaftlichen Erfolg –
unabhängig davon, ob Erfolg bedeutet, die eigene Existenz zu sichern, ein
höheres Konsumniveau zu erreichen oder ein neues Haus zu bauen – hat
häufig negative Auswirkungen auf zurückbleibende Kinder. Dies ist insofern
problematisch, da Migrantinnen mit ihrem Weggehen eigentlich gegenteilige
Ziele verfolgen: Sie verlassen ihr Zuhause, weil sie ihren Kindern eine bessere Zukunft bieten möchten, für ungedeckte Kosten aufkommen müssen usw.

Dennoch zeigen die Resultate unserer Studie auch, dass die Abwesenheit
der migrierenden Mutter nicht zwangsläufig negative Auswirkungen auf das
Familienleben haben muss. Entscheidend für die Migrationsverläufe sind
etwa die Qualität sozialer Unterstützungsnetzwerke, des Betreuungsarrangements, Frequenz und Qualität des persönlichen Kontakts zwischen der Mutter und ihrer Familie, aber auch – und hier handelt es sich um einen weitgehend vernachlässigten Aspekt – die jeweiligen kulturell kodierten Mutterschaftsideologien, die mit der Diffamierung migrierender Mütter einhergehen
kann (Palenga/Lutz 2011, Zentgraf/Stoltz 2010). Wir haben im Rahmen
unserer Forschungsarbeit durchaus stabile und gut funktionierende Versorgungsarrangements und Beispiele für transnationale Mutterschaft vorgefunden, die auf einer ‚virtuellen' täglichen Präsenz der Mutter im Familienleben
oder auf regelmäßigen Besuchen beruhen. Auch die öffentlichen Diskurse
über ‚gute Mutterschaft' spielen hierbei eine Rolle.

In unseren Analysen der polnischen und ukrainischen Presse[8] stießen wir im Zeitraum von Ende 1997 bis 2008/2009 auf ein lebhaftes Interesse, was das Thema Kinder von MigrantInnen betrifft. Diese nicht migrierenden Kinder, die man in Polen als ‚Eurowaisen' und in der Ukraine als ‚Sozialwaisen' bezeichnet, werden in der Presse als ‚stille' Opfer der Arbeitsmigration ihrer Eltern (und dabei insbesondere ihrer Mütter) dargestellt. Diese Diskussionen sind insofern problematisch, als sie zwischen gegensätzlichen normativen Erwartungen oszillieren: Einerseits wird erwartet, dass beide Eltern permanent im Alltag ihres Kindes präsent sind; andererseits wird damit auf vergeschlechtlichte Normen der Sorgearbeit Bezug genommen, die in keiner Weise auf Tatsachen beruhen. Das Beispiel einer polnischen Großmutter, die sich um ihre zweieinhalbjährige Enkelin kümmert, verdeutlicht dies in anschaulicher Weise. Unsere Beobachtungen der Beziehung zwischen der Großmutter und dem Kind ließen deutlich erkennen, dass die Großmutter als äußerst kompetente Betreuerin des Kindes fungiert. Dies legten auch mehrere Interviews mit der Mutter, dem Vater und der Großmutter selbst nahe. Dennoch fühlte sich die Großmutter während des Interviews gezwungen, ihre Kompetenz als Betreuerin zu verteidigen. So verwies sie in diesem Zusammenhang auf Berichte über MigrantInnenkinder im polnischen Fernsehen, die von ihren Großeltern vernachlässigt und schlecht versorgt wurden.

Ein weiterer wichtiger Aspekt neben dem Geschlecht und dem Alter ist die Differenzkategorie ‚Klasse'. Polnische oder ukrainische Haushaltsarbeiterinnen erfahren aufgrund des geringen Ansehens ihrer Tätigkeit häufig Statusinkonsistenzen, da sie oft über ein hohes Bildungsniveau verfügen. Ob diese negativen Gesichtspunkte bis zu einem gewissen Grad durch das erzielte Einkommen und den höheren ökonomischen Status in ihrem Herkunftskontext ausgeglichen werden, wird von den einzelnen Akteurinnen sehr unterschiedlich beurteilt. (Eine interessante Analyse dieses Sachverhalts ist bei Karakayalı 2010 zu finden; s.a. Karakayalı in diesem Band.)

Inzwischen scheint der in Deutschland herrschende Arbeitskräftemängel im Pflegebereich, der sich in den letzten Jahren weiter verschärft hat, die Wettbewerbsfähigkeit polnischer Migrantinnen weiter verbessert zu haben. Auch die wachsenden Chancen im Bereich der legalen Beschäftigung können

---

8   Analysiert wurden 181 polnische und 559 ukrainische Artikel (1997-2008/2009). Für Polen wurde „Gazeta Wyborcza" und „Rzeczpospolita" sowie die Boulevardzeitung „Super Express" und die regionale Tageszeitung „Nowa Trybuna Opolska" ausgewählt. Für die Ukraine haben wir uns auf die zwei Tageszeitungen „Fakty i Kommentary" und „Ukraina Moloda", auf die regionale Tageszeitung „Lvivskaja Gazeta" sowie auf die auflagenstarke Gratiszeitung „15 Minut" konzentriert.

mit hoher Wahrscheinlichkeit die Handlungsspielräume der Migrantinnen vergrößern.

Jedoch muss auch erkannt werden, dass die verbesserten Möglichkeiten zur Aufnahme einer legalen Beschäftigung nur eine Seite der Medaille sind. Wie die Erfahrung mit Arbeitsmarktgesetzen in Deutschland gezeigt hat, darf das Potenzial für eine Legalisierung der Haushaltsarbeit nicht überschätzt werden. Insbesondere sollte die ‚neue' Selbstständigkeit von Migrantinnen nicht vorschnell als freiwillige und lukrative Form der Beschäftigung gefeiert werden. Wie auf dem Arbeitsmarkt insgesamt, so führt auch in diesem Fall der Weg in die Selbstständigkeit häufig zu prekären Beschäftigungsverhältnissen statt zu einer privilegierten Form der Existenz (vgl. etwa Bode 2009 für die Folgen der politischen Regulierung der Selbstständigkeit im Bereich der häuslichen Altenpflege in Frankreich).

Indem wir im Rahmen unserer Fallstudie sowohl die Perspektive der Akteurinnen als auch der nationalen Regime berücksichtigen, können wir abschließend aufzeigen, wie die Handlungsmächtigkeit (*agency*) von Migrantinnen, aber auch ihrer AuftraggeberInnen jeweils auf die Gesetzgebung in den Entsende- und den Zielländern einwirken kann. Durch die Beschäftigung älterer, migrantischer häuslicher Pflegekräfte entsteht eine Situation, in welcher (migrantische) ältere Personen (deutsche) ältere Menschen betreuen. Dieses Szenario ist nicht nur für den polnischen Staat ein Glücksfall, der von den Remissionen seiner loyalen Bürgerinnen profitiert. Auch die deutsche Gesellschaft, die als so genannte *home-caring society* (Pfau-Effinger 2000) auf einem von familialer Betreuung und Pflege geprägten Familienmodell beruht, begrüßt diese Praxis ausdrücklich. Was stört, ist einzig die Tatsache, dass es sich bei den Pflegenden eben nicht um Familienmitglieder handelt (wie dies Staat und Kirchen vorzögen), sondern um migrantische, ethnische Andere, denen die Sorgearbeit übertragen wird. Da der Großteil ihrer Löhne aus den staatlichen Beihilfen für ‚pflegende Angehörige' stammt, wird dieser Outsourcing-Prozess verschleiert: Der Staat kann das Bild der häuslichen Pflege innerhalb der Familie aufrechterhalten, die AuftraggeberInnen nutzen und profitieren von diesem Arrangement, und auch für die Beschäftigten scheint diese Konstellation aus oben genannten Gründen sinnvoll.

Zugleich handelt es sich hierbei um ein hochaktuelles Beispiel für die Individualisierung von Betreuungsverpflichtungen, die sich in den aufnehmenden Gesellschaften immer mehr verfestigt. Auch zeigt sich, dass die ökonomische Logik des Marktes immer mehr in diese Sphäre eindringt. Der Markt, von dem wir sprechen, ist jedoch ein Grauzonenphänomen, dem die staatliche Absicherung und Anerkennung versagt wird, indem die Migration von gering qualifizierten ArbeitnehmerInnen als migrationspolitisch unerwünscht gilt; private Pflegedienste, Gewerkschaften, ArbeitgeberInnen und ArbeitnehmerInnen verheimlichen oder verschleiern die Existenz eines solchen Marktes. Unter der Hand scheint also die Regel zu gelten, ArbeitgeberInnen nicht zu diskriminieren und von staatlicher Seite aus nicht einzugreifen (vgl. Lutz 2007b)

Exemplarisch haben wir hier eine systematische Analyse der Interaktion verschiedener Ebenen der transnationalen Care-Migration vorgenommen und dargelegt, wie die Entstehung und dynamische Entwicklung der Arbeitsmigration im Sektor Haushaltsarbeit in Europa mittels unseres Analysemodells aus mehreren Perspektiven heraus erklärt werden kann, und wie auf der institutionellen Ebene insgesamt drei Regime (Migrations-, Gender-, Wohlfahrts- bzw. Care-Regime) interagieren. Dieses Zusammenspiel von verschiedenen Regimen scheint für das Verständnis der spezifischen Dynamik dieses Phänomens relevant zu sein. Die Operationalisierung der drei Ebenen mithilfe des Intersektionalitätsansatzes ermöglicht die Darstellung der Komplexität transnational erbrachter Care-Arbeit unter Einbeziehung von Ressourcen und Behinderungen/Exklusionen der unterschiedlich betroffenen Akteure in diesem Bereich. Als Gewinner der Situation können auf jeden Fall die jeweiligen Nationalstaaten (als Empfänger von Remissionen und billiger Care-Arbeit) und die kommerziellen Vermittlungsagenturen betrachtet werden; in Bezug auf alle anderen Involvierten ist eine differenzierte Bewertung erforderlich, die nicht isoliert, sondern nur im Schnittpunkt der verschiedenen, hier dargelegten Faktoren erfolgen kann.

Literatur

Andall, Jaqueline (2000): Gender, Migration and Domestic Service. The Politics of Black Women in Italy. Aldershot: Ashgate.

Anthias, Floya (1998): Rethinking Social Divisions: Some Notes Towards the Theoretical Framework. The Sociological Review 46, 3, S. 557-80.

Anttonen, Anneli/Sipilä, Jorma (2005): Comparative Approaches to Social Care: Diversity in Care Production Modes. In: Pfau-Effinger, Birgit/Geissler, Birgit (Hrsg.): Care and Social Integration in European Societies. Bristol: The Policy Press, S. 115-134.

Arango, Joaquín (2004): Theories of International Migration. In: Joly, Danièle (Hrsg.): International Migration in the New Millenium. Global Movement and Settlement. Aldershot: Ashgate, S. 15-35.

Backes, Gertrud M./Amrhein, Ludwig/Wolfinger, Martina (2008): Gender in der Pflege. Herausforderung für die Politik. Expertise im Auftrag der Friedrich-Ebert-Stiftung, Abteilung Wirtschafts- und Sozialpolitik, Bonn: Friedrich-Ebert-Stiftung.

Behrens, Johann (2005): Soziologie der Pflege und Soziologie der Pflege als Profession: die Unterscheidung von interner und externer Evidence. In: Schröter, Klaus R./Rosenthal, Thomas (2005): Soziologie der Pflege. Grundlagen, Wissensbestände und Perspektiven. Weinheim und München: Juventa Verlag, S. 51-70.

BMFSFJ – Bundesministerium für Familie, Senioren, Frauen und Jugend (2010): Politik für ältere Menschen: Familienpflegezeit fördern, eine Mitteilung vom 09.04.2010. In: http://www.bmfsfj.de/BMFSFJ/aeltere-menschen,did=76894. html [19.04.2010].

Bode, Ingo (2009): Frankreich. In: Larsen, Christa/Joost, Angela/Heid, Sabine (Hrsg.): Illegale Beschäftigung in Europa. Die Situation in Privathaushalten älterer Personen. München: Hampp, S. 116-24.

Bpa – Bundesverband privater Anbieter sozialer Dienste e.V. (2007): SPD: Illegale Beschäftigung in der Pflege bekämpfen. Pressemitteilung vom 5. Juni 2007 (29/07), http://www.presseportal.de/pm/17920/997268/bpa_priv_anbieter_ sozialer_dienste?search=spd,illegale,besch%E4ftigung,pflege,bek%E4mpfen [28.02.2009].

Brückner, Margrit (2009): Kulturen des Sorgens über die Grenzen hinweg? In: Jansen, Mechtild M. (Hrsg.): Pflegende und sorgende Frauen und Männer. Aspekte einer künftigen Pflege im Spannungsfeld von Privatheit und Professionalität. Serie: Polis 49 Analysen – Meinungen – Debatten, Wiesbaden: Hessische Zentrale für Politische Bildung, S. 9-28.

Castles, Stephen/Miller, Mark J. (2004): The Age of Migration: International Population Movements in the Modern World. 3. ed., rev. and updated. Basingstoke: Palgrave Macmillan.

DBfK – Deutscher Berufsverband für Pflegeberufe (2006): Positionspapier des DBfK zur illegalen Beschäftigung in der Pflege, Berlin: DBfK, http://www. dbfk.de/download/download/pospap-illegale-Beschaeftigung-2006-10-16.pdf, [28.02. 2009].

Dollinger, Franz-Wilhelm (2008): Von der Schwarzarbeit zur legalen pflegerischen Dienstleistung. Wie wir den Status der osteuropäischen Pflegerinnen legalisieren können. Gesundheitspolitisches Seminar 26.04.2008, Erbacher Hof, Mainz. Im Auftrag der Konrad-Adenauer-Stiftung e.V.

Donato, Katherine M./Gabaccia, Donna/Holdaway, Jennifer/Manalansan, Martin/Pessar, Patricia R. (2006): A Glass Half Full? Gender in Migration Studies. In: International Migration Review 40, 1, S. 3-26.

Dowideit, Anette (2006): Pfleger wollen keine Hilfe von Hartz-IV-Empfängern. In: Welt online 14.03.2010, http://www.welt.de/wirtschaft/article6766397/Pfleger-wollen-keine-Hilfe-von-Hartz-IV-Empfaengern.html, [19.04.2010]

Espinosa, Kristin/Massey, Douglas (1999): Undocumented Migration and the Quantity and Quality of Social Capital. In: Pries, Ludger (Hrsg.): Migration and Transnational Social Spaces. Aldershot: Ashgate, S. 141-162.

Elrick, Tim/Lewandowska, Emilia (2008): Matching and Making Labour Demand and Supply: Agents in Polish Migrant Networks of Domestic Elderly Care in Germany and Italy. In: Journal of Ethnic and Migration Studies 34, 5, S. 717-734.

Esping-Andersen, Gøsta (1990): The Three Worlds of Welfare Capitalism. Cambridge: Polity Press.

European Parliament (2000): Report on Regulating Domestic Help in the Informal Sector. Report prepared by the Committee on Women's Rights and Equal Opportunities, Rapporteur Miet Smets, Brussels, 17 October 2000.

Faist, Thomas (1996): Soziologische Theorien internationaler Migration. Das vernachlässigte Meso-Bindeglied. In: Faist, Thomas/Hillmann, Felicitas/Zühlke-Robinet, Klaus (Hrsg.): Neue Migrationsprozesse: politisch-institutionelle Regulierung und Wechselbeziehung zum Arbeitsmarkt, SAMF/ZES-Arbeitspapier Nr. 6, Bremen: S. 12-19.

Fussek, Claus/Loerzer, Sven (2005): Alt und abgeschoben: Der Pflegenotstand und die Würde des Menschen. Freiburg: Herder Verlag.

Hochschild, Arlie Russel (1979): Emotion Work, Feeling Rules and Social Structure. American Journal of Sociology 85, 3, S. 551-575.

Hochschild, Arlie Russel (2001): Globale Betreuungsketten und emotionaler Mehrwert. In: Hutton, Will/ Giddens, Anthony (Hrsg.): Die Zukunft des globalen Kapitalismus. Frankfurt a. M., New York: Campus Verlag, S. 157-176.

Hochschild, Arlie Russel (2003): The Commercialization of Intimate Life: Notes from Home and Work. Berkeley: University of California Press.

Hochschild, Arlie Russel (2008): Gifts, Commodities and Intimate Life. Ein Vortrag gehalten am Institut für Sozialforschung, Frankfurt am Main, 25. April 2008.

Hooren, van Franca (2008): Bringing Policies Back in: How Social and Migration Policies Affect the Employment of Immigrants in Domestic Care for the Elderly in the EU-15. Paper prepared for: Transforming Elderly Care at Local, National and Transnational Levels. International conference at the Danish National Centre for Social Research (SFI) Copenhagen, 26-28 June 2008.

Kałwa, Dobrochna (2007): „So wie zu Hause". Die private Sphäre als Arbeitsplatz. In: Magdalena, Nowicka (Hrsg.): Von Polen nach Deutschland und zurück. Die Arbeitsmigration und ihre Herausforderungen für Europa. Bielefeld: transcript, S. 205-226.

Karakayalı, Juliane (2010): Transnational Haushalten. Biographische Interviews mit care workers aus Osteuropa. Wiesbaden: VS-Verlag.

Kastner, B. (2008): Gesetzlose Hilfeleistung. In: Süddeutsche Zeitung, 25.01.2008, S. 41.

Lutz, Helma (2007a): Vom Weltmarkt in den Privathaushalt. Die neuen Dienstmädchen im Zeitalter der Globalisierung, Opladen: Barbara Budrich.

Lutz, Helma (2007b): „Die 24-Stunden-Polin" – Eine intersektionelle Analyse transnationaler Dienstleistungen. In: Klinger, Cornelia/Knapp, Gudrun-Axeli/Sauer, Birgit (Hrsg.): Achsen der Ungleichheit. Zum Verhältnis von Klasse, Geschlecht und Ethnizität. Frankfurt/New York: Campus, S. 210-234.

Lutz, Helma (2008): Introduction: Migration Domestic Workers in Europe. In: Helma, Lutz (Hrsg.): Migration and Domestic Work. A European Perspective on a Global Theme, Aldershot: Ashgate, S. 1-10.

Lutz, Helma (2011): The New Maids: Transnational Women and the Care Economy, London: Zed Books (in Vorbereitung).

Lutz, Helma (2010a): Unsichtbar und Unproduktiv? Haushalts- und Care-Arbeit – die Rückseite der Arbeitsgesellschaft. In: Österreichische Zeitschrift für Soziologie, Themenheft: Arbeit im Alltag, Biografie, Gesellschaft 2/2010, S. 23-37.

Lutz, Helma (2010b): Gender in migratory processes. In: Journal of Ethnic and Migration Sudies, first published on 29 June 2010, http://dx.doi.org/10.1080/ 1369183X.2010.489373.

Lutz, Helma/Palenga-Möllenbeck, Ewa (2010): Care Work Migration in Germany: Semi-Compliance and Complicity. In: Kilkey, Majella/Lutz, Helma/Palenga-Möllenbeck, Ewa (Hrsg.): Domestic and Care Work at the Intersection of Welfare, Gender and Migration Regimes: Some European Experiences. Special Issue for the Journal Social Policy and Society 9, 3, S. 419-430.

Mahler, Sarah J./Pessar, Patricia R. (2006): Gender Matters: Ethnographers Bring Gender from the Periphery toward the Core of Migration Studies. IMR, 40 (1) 2006: S. 27–63.

Münst, Agnes Senganata (2007): Persönliche und ethnische Netzwerke im Migrationsprozess polnischer Haushaltsarbeiterinnen. In: Magdalena, Nowicka (Hrsg.): Von Polen nach Deutschland und zurück. Die Arbeitsmigration und ihre Herausforderungen für Europa. Bielefeld: transcript, S. 161-177.

Nilsson, Linnéa (2005): Varför inte en liten polska? (Why not a Polish woman?). In Clarté, no 4.

Neuhaus, Andrea/Isfort, Michael/Weidner, Frank (2009): Situation und Bedarfe von Familien mit mittel- und osteuropäischen Haushaltshilfen. Deutsches Institut für angewandte Pflegeforschunge.V., Köln. http://www.dip.de/fileadmin/data/pdf/ material/bericht_haushaltshilfen.pdf, [20.04.2010].

OECD Policy Brief March 2005:. Ensuring quality long-term care for older people. http://www.oecd.org/dataoecd/53/4/34585571.pdf, [5.03.2009].

Palenga-Möllenbeck, Ewa/Lutz, Helma (2011): Das Care-Chain-Konzept auf dem Prüfstand. Eine Fallstudie der transnationalen Care-Arrangements polnischer und ukrainischer Migrantinnen. In: Metz-Göckel, Sigrid/Bauschke Urban, Carola (Hrsg.): Transnationalisierung und Gender. In: Schwerpunktthema in GENDER. Zeitschrift für Geschlecht, Kultur und Gesellschaft 1/2011 (in Vorbereitung).

Pfau-Effinger, Birgit (2000): Conclusion: Gender Cultures, Gender Arrangements and Social Changes in the European Context. In: Duncan, Simon/Pfau-Effinger, Birgit (Hrsg.): Gender, Economy and Culture: The European Union. London, London: Routledge, S. 262-279.

„Pflegebericht" (2009): Erster Bericht des Bundesministeriums für Familie, Senioren, Frauen und Jugend über die Situation der Heime und die Betreuung der Bewohnerinnen und Bewohner, http://www.bmfsfj.de/bmfsfj/generator/Publikationen/ heimbericht/root.html, [4.3.2009].

Pries, Ludger (2008): Die Transnationalisierung der sozialen Welt: Sozialräume jenseits von Nationalgesellschaften. Frankfurt am Main: Suhrkamp.

Schmid, Tom (2009): Hausbetreuung – die Legalisierungs-Policy in Österreich. In: Larsen, Christa/Joost, Angela/Heid, Sabine (Hrsg.): Illegale Beschäftigung in Europa. Die Situation in Privathaushalten älterer Personen. München: Hampp, S. 53-82.

Schröter, Klaus R./Rosenthal, Thomas (2005): Soziologie der Pflege. Grundlagen, Wissensbestände und Perspektiven. Einheim und München: Juventa Verlag.

Scrinzi, Francesca (2008): Migrations and the Restructuring of Welfare State in Italy. Change and Continuity in the Italian Domestic Work Sector. In: Lutz, Helma (Hrsg.): Migration and Domestic Work: A European Perspective on a Global Theme. Aldershot: Ashgate, S. 29-42.

Statistisches Bundesamt 2007: Pflegestatistik 2005. Wiesbaden. (Online: https://
www-ec.destatis.de/csp/shop/sfg/bpm.html.cms.cBroker.cls?cmspath=struktur,
vollanzeige.csp&ID=1019863), [07/November/2008].

Süddeutsche Zeitung vom 11.11.2008: Ost-Modell bei der Altenpflege illegal. Anwalt
wegen Vermittlung ungarischer Pfleger verurteilt.

Williams, Fiona/Gavanas, Anna (2008): The Intersection of Child Care Regimes and
Migration Regimes: A Three-Country Study, In: Lutz, Helma (Hrsg.): Migration
and Domestic Work: A European Perspective on a Global Theme. London: Routledge, S. 13-28.

Williams, Fiona (2010a): Migration and Care in Western Welfare States. In: Dahl,
Hanne Marlene/Kovalainen, Anne (Hrsg.): Complexities of Care: Globalisation,
Europeanization and Other Strange Words, Cheltenham: Edward Elgar (in Vor-
bereitung).

Williams, Fiona (2010b): Towards a Transnational Analysis of the Political Economy
of Care. In: Mahon, R./Robinson, F. (Hrsg.): The Global Political Economy of
Care: Integrating Ethical and Social Politics, Vancouver: UBC Press (in Vorbereitung).

Würmseher, Barbara (2010): Prozess in Neuburg. Schwarzarbeit eines polnischen Engels. In: Augsburger Allgemeine vom 12.07.2010. http://www.augsburger-all
gemeine.de/Home/Artikel,-Schwarzarbeit-eines-polnischen-Engels-_arid,21932
00_popup,1_print,1_regid,2_puid,2_pageid,5534.html, [22.07.2010].

Yuval Davis, Nira (1994): Women, Ethnicity, and Empowerment. Feminism and Psy-
chology 4, 1, S. 179-97.

Zentgraf, Kristine/Stoltz Chinchilla, Norma (2010): Immigrant Family Separation and
Reunification: A Framework for Analysis. Paper read at the Workshop "Transnational Parenthood and children-left-behind", Oslo, 20.-21.11.2008, S. 320-336
(in Vorbereitung für special issue of Ethnic and Migration Studies).

Zimmermann, Klaus F. (2003): Beschäftigungspotentiale im Niedriglohnsektor. In:
Vierteljahreshefte zur Wirtschaftsforschung 72, 1, S. 11-24.

10 Prec(ar)ious Labor
Die biografische Verarbeitung widersprüchlicher Klassenmobilität transnationaler ‚care workers' aus Osteuropa

Juliane Karakayalı

10.1 Einleitung und Fragestellung

Die Beschäftigung transnationaler Migrantinnen in Privathaushalten Pflegebedürftiger in Deutschland ist in den letzten Jahren ein öffentlich viel diskutiertes Thema geworden. Der Fokus der Diskussion liegt dabei auf der Tatsache, dass ein großer Teil dieser Beschäftigungsverhältnisse nicht regulär ist, die Migrantinnen also ohne Arbeits- oder sogar ohne Aufenthaltserlaubnis und Sozialversicherung arbeiten. Der angenommene Umfang irregulärer Beschäftigungsverhältnisse im Privathaushalt ist so groß, dass die Bundesregierung mit dem 2005 in Kraft getretenen Zuwanderungsgesetz eine Möglichkeit schuf, diese Tätigkeit für Migrantinnen zu regulieren (Bundesagentur für Arbeit 2010: 2). Zu einer solchen Annahme besteht Anlass, denn die Zahl pflegebedürftiger älterer Menschen wächst (vgl. Statistisches Bundesamt 2008: 4), Pflegeheime sind aufgrund schockierender Berichte über Missstände in ein schlechtes Licht geraten (vgl. z.B. Breitscheidel 2005; MDS 2007: 200), die regulären Pflegedienstleister sind für eine 24-Stunden-Pflege, wie sie zumeist gewünscht wird, zu teuer und die Übernahme der Pflege durch (meist weibliche) Familienangehörige ist heute aus verschiedensten Gründen, u.a. der zunehmenden Erwerbstätigkeit von Frauen und der wachsenden Diversifizierung von Familienformen und Familienpraxen (vgl. Dienel 2005: 24; Jurzcyk in diesem Band) weniger selbstverständlich als früher. Mit der mehr oder weniger legalen Beschäftigung von Migrantinnen versuchen viele Pflegebedürftige bzw. deren Angehörige diese ‚Versorgungslücke' zu schließen (siehe Lutz/Palenga-Möllenbeck in diesem Band). Wie die Arbeit im Haushalt Pflegebedürftiger beschaffen ist, darüber ist bisher vergleichsweise wenig bekannt. In Internetforen, Reportagen und Zeitungsartikeln kommen vor allem die Angehörigen Pflegebedürftiger zu Wort, die zumeist über-

schwänglich die Unentbehrlichkeit ihrer ‚Perlen' loben.[1] Diese positive Darstellung sowie die Regulierung von Haushaltsarbeit in Haushalten Pflegebedürftiger durch die Bundesregierung vermittelt den Eindruck, dass es sich bei
dieser Tätigkeit um eine anerkannte und respektierte Beschäftigung handelt.

Die Ergebnisse einer qualitativen Untersuchung, die diesem Beitrag zugrunde liegen,[2] zeichnen jedoch ein anderes Bild: Wie im Folgenden gezeigt
wird, ist diese Arbeit, wie jede andere Form bezahlter Haushaltsarbeit auch
(vgl. Gather et al. 2002; Hess 2005; Lutz 2007) mit wenig Prestige verbunden, überfordernd, sozial isolierend, schlecht bezahlt und offen für Miss-
brauch. Daran hat auch die Regulierung nichts geändert, wie ich anhand
eines Vergleichs der Arbeitsbedingungen regulär und irregulär beschäftigter
Migrantinnen zeigen werde.

Ausgehend von einer Darstellung des Arbeitsplatzes im Privathaushalt
Pflegebedürftiger geht dieser Beitrag der Frage nach, wie die im Haushalt beschäftigten Migrantinnen selbst diese Tätigkeit für sich deuten und im Rahmen eines narrativen Interviews biografisch einordnen. Denn auch die Migrantinnen wissen, dass es sich bei der Arbeit im Privathaushalt um eine
stigmatisierte Tätigkeit handelt, der viele von ihnen vor allem in Ermange-
lung anderer Beschäftigungsoptionen aufgrund fehlender Arbeits- oder Aufenthaltserlaubnis bzw. der Nichtanerkennung von im Ausland erworbenen
Bildungsabschlüssen nachgehen. Viele von ihnen haben in ihren Herkunftsländern qualifizierte Berufsausbildungen erlangt, akademische Abschlüsse
erreicht oder langjährige Berufserfahrungen gesammelt, bevor sie eine Tätigkeit im Haushalt in Deutschland aufnahmen. Parreñas beschreibt dieses Phänomen mit dem Begriff der „contradictory class mobility" (2001), der widersprüchlichen Klassenmobilität, die darin besteht, dass qualifizierte Frauen als
transnationale ‚care workers' im Ausland in einem vergeschlechtlichen, eth-
nisierten und prekären Arbeitsbereich tätig sind und mit dem Verdienst in
ihrem Herkunftsland ihren Lebensstandard bzw. den ihrer Familien erhöhen
können. Im Folgenden wird der Frage nachgegangen, inwiefern sich auch in
der vorliegenden Untersuchungsgruppe transnationaler ‚care workers' aus

---

1   Vgl. z.B. „Ohne Grazyna müsste die Mutti ins Heim". In: SuperIllu vom 5.11.
    2007; chrismon 11/2006.

2   Grundlage meiner Überlegungen sind die Ergebnisse einer empirischen Studie im
    Rahmen meiner Dissertation, für die ich biografische Interviews mit regulär und
    irregulär beschäftigten ‚care workers' aus Osteuropa geführt habe. Dafür wurden
    im Zeitraum zwischen Februar 2004 und Mai 2006 biografische Interviews mit
    14 ‚care workers' aus Bulgarien, Polen, Rumänien, Ungarn und Litauen geführt.
    Von diesen 14 Frauen arbeiteten 6 irregulär, 7 über das Arbeitsamt vermittelt und
    eine Frau als, wie sie sich selbst bezeichnete, „Selbstständige" in Haushalten
    Pflegebedürftiger (Karakayalı 2010).

Osteuropa die These der widersprüchlichen Klassenmobilität bestätigt, wie diese von den Migrantinnen selbst subjektiv gedeutet wird und welchen Umgang sie aus diesen Deutungen heraus mit ihrer Beschäftigung als Haushaltsarbeiterinnen entwickeln. Dafür werden die Ergebnisse einer Analyse biografischer Interviews (nach Rosenthal 1995) in Form einer Typologie im zweiten Teil des Beitrags vorgestellt.

10.2 Reguläre und irreguläre Beschäftigungsverhältnisse in Haushalten Pflegebedürftiger – ein Vergleich

Die Untersuchung der Effekte der Regulierung bestimmter Arbeitsverhältnisse auf die konkreten Arbeitsbedingungen ist bisher in der – zumindest deutschen – Forschung über transnationale Migration nicht üblich. Dies hängt zum einen damit zusammen, dass in Deutschland, anders als in anderen europäischen Ländern, eine nachträgliche Legalisierung zuvor irregulär beschäftigter Migrantinnen und Migranten bisher nicht durchgeführt wurde. Dennoch werden sie in verschiedensten Arbeitsbereichen (wie dem Baugewerbe, der Gastronomie oder der Landwirtschaft) beschäftigt. Die Frage, inwiefern der reguläre Status bedeutsam ist für die konkreten Arbeitsbedingungen, drängt sich also auf und ich werde ihr am Beispiel der ‚care workers' nachgehen, die in Haushalten Pflegebedürftiger beschäftigt sind.

Mit dem 2005 in Kraft getretenen Zuwanderungsgesetz (§ 18, Abs. 2) können Bürgerinnen und Bürger aus Bulgarien, Polen, Rumänien, Slowenien, der Tschechischen Republik, der Slowakischen Republik und Ungarn über die Zentrale Arbeitsvermittlung der Bundesagentur für Arbeit (ZAV) als Haushaltshilfen in Haushalte mit Pflegebedürftigen vermittelt werden.[3] Den Migrantinnen[4] wird eine Arbeitserlaubnis über drei Jahre erteilt; der Lohn orientiert sich an den Tarifverträgen für Beschäftigte im Privathaushalt und liegt abhängig vom Tarifgebiet bei einer wöchentlichen Arbeitszeit von 38,5 Stunden zwischen 1.099 und 1.342 Euro monatlich brutto (vgl. Bundesagentur für Arbeit 2009). Vermittelt wird in Haushalte, in denen mindestens eine Person lebt, die in eine Pflegestufe eingruppiert wurde. Die große Reso-

---

3   Bereits im Jahr 2002 galt eine Anwerbestoppausnahmeverordnung, die es Männern und Frauen aus Polen, Ungarn, Slowenien, der Slowakei und Tschechien ermöglichte, als Haushaltshilfen in Haushalten Pflegebedürftiger zu arbeiten (vgl. Karakayalı 2010: 107f.).

4   Da fast nur Frauen diese Möglichkeit in Anspruch nehmen, verwende ich ausschließlich die weibliche Form.

nanz auf diese Regulierung blieb bisher aus: Laut Auskunft der Bundesagentur für Arbeit wurden 2005 über das Zuwanderungsgesetz 1.667 Haushaltshilfen aus Osteuropa nach Deutschland vermittelt, 2006 waren es 2.241,
2007 kamen 3.032, 2008 dann 3.051 und 2009 nur noch 1.571. Es ist also
davon auszugehen, dass irreguläre Beschäftigungsverhältnisse auch weiterhin eher die Regel denn die Ausnahme sind. Die irregulär Arbeitenden organisieren ihre Migration sowie die Weitergabe von Stellen weitgehend ohne
die Hilfe von Institutionen über persönliche Netzwerke von Freundinnen und
Bekannten. Häufig teilen sich mehrere Frauen eine Stelle und pendeln in verschiedenen Rhythmen zwischen dem Herkunftsland, in dem sie meist ihre
Familien und Kinder zurücklassen, und ihrem Arbeitsort in Deutschland. Die
Netzwerke der Migrantinnen können außerordentlich dicht geknüpft und ef-
fektiv sein, so dass Pflegebedürftige und ‚care workers‘ einfach zueinander
finden. Die fehlende Arbeitserlaubnis und die bei manchen Beschäftigten
zusätzlich fehlende Aufenthaltserlaubnis machen sie allerdings in besonderer
Weise verletzlich für Übergriffe. Arbeiten und Leben unter illegalen Bedingungen verursacht häufig Ängste und erschwert die Alltagsorganisation.

10.2.1 Die Arbeit

Obgleich im öffentlichen Diskurs die gesellschaftliche Bedeutung von *care
work* für Pflegebedürftige oft betont wird, handelt es sich dabei keineswegs
um eine gesellschaftlich anerkannte, geschätzte Tätigkeit. Denn neben dem
für die Arbeitgeber mit Scham besetzten Einblick in intime Bereiche des Privaten (vgl. Kaufmann 1999: 119ff.) und einer Identifikation der Haushaltsarbeiterinnen mit dem Schmutz, den sie beseitigen sollen (vgl. Anderson
2006: 39f.), ist die Arbeit im Haushalt Pflegebedürftiger zusätzlich stigmati-
siert, weil sie „touch work" ist, also den Kontakt zum Körper des Pflegenden
beinhaltet. „Touch work" wird generell gesellschaftlich abgewertet (vgl.
Isaksen 2002; Twigg 1997), und insbesondere dann, wenn sie an alten Menschen vorgenommen wird, die selbst nur wenig gesellschaftliche Anerkennung erfahren. Darüber hinaus wird Haushaltsarbeit als Tätigkeit im Privaten
auch in unbezahlter Form kaum als Arbeit anerkannt (vgl. Bock/Duden
1977), was sich auch durch ihre Delegation an bezahlte Kräfte nicht positiv
verändert (vgl. Anderson 2006).

Hinsichtlich der konkreten Tätigkeiten lassen sich keine Unterschiede
zwischen regulär und irregulär Beschäftigten ‚care workers‘ feststellen. Für
beide Gruppen besteht die Arbeit aus einem breiten Spektrum aller im gemeinsamen Alltag mit einer pflegebedürftigen Person anfallenden Tätigkeiten vom Abwasch über das Reichen des Essens bis hin zur Begleitung

zum Arztbesuch, denn auch für die über die ZAV vermittelten Haushaltshilfen existiert keine genaue Definition ihrer Zuständigkeiten (vgl. Karakayalı 2010: 16, 122ff.). Grundsätzlich werden die ‚care workers' nicht als professionelle Arbeitskräfte beschäftigt, sondern als Familienersatz: Sie sollen
nicht Dienstleistungen erbringen, sondern anstelle der nicht (mehr) zur Verfügung stehenden pflegenden Töchter und Schwiegertöchter und der traditionell abwesenden Söhne und Schwiegersöhne mit den Pflegebedürftigen
den Alltag teilen und Anteil nehmen (vgl. Parreñas in diesem Band). Für die
beschäftigten Migrantinnen sind Tätigkeiten wie das gemeinsame Fernsehen,
Unterhaltungen, Spaziergänge sowie z.B. Erledigungen für die Nachbarn
jedoch Arbeit. Die Pflegebedürftigen und ihre Angehörigen erwarten weniger Professionalität, sondern vielmehr „emotional labor", emotionale Arbeit
(Hochschild 1983: 7; sowie Hochschild in diesem Band; s.a. Bock/Duden
1977).

10.2.2   Live-in-Situation

Regulär wie irregulär beschäftigte Migrantinnen arbeiten zumeist als *live-in*,
d.h. sie leben im Haushalt der pflegebedürftigen Person und gewährleisten so
eine 24-Stunden-Betreuung. Dies ist ihnen vor allem darum möglich, weil
ihre Familien meist im Herkunftsland verbleiben und sie damit am Arbeitsort
frei von eigenen familiären Verpflichtungen sind, was ihnen eine permanente
Anwesenheit ermöglicht. Die konkrete Unterbringung fällt dabei sehr unterschiedlich aus (von einer eigenen Wohnung bis zu einer Matratze auf dem
Fußboden, vgl. Karakayalı 2010: 116ff.) und ist nicht von der Regularität des
Arbeitsverhältnisses abhängig. Seitens der Beschäftigten wird das Live-in-
Arrangement als ambivalent empfunden: Die irregulär Beschäftigten sparen
Kosten für eine eigene Unterkunft und der Haushalt stellt einen Schutz vor
Entdeckung dar. Andererseits führt die ständige Verfügbarkeit zu einer Entgrenzung der Arbeitszeiten. Dies erleben auch die durch die ZAV vermittelten Migrantinnen, die über eine vertraglich vereinbarte Wochenarbeitszeit
von 38,5 Stunden verfügen. Diese wird zumeist bei Weitem überschritten,
häufig werden keine freien Tage oder Urlaubszeiten vertraglich vereinbart,
und selbst wenn freie Zeiten gewährt werden, verwischt unter den Bedingungen des Zusammenlebens die Trennung zwischen Arbeits- und Freizeit (vgl.
Karakayalı 2010: 117). Während sich in irregulären Beschäftigungsverhältnissen häufig mehrere Frauen eine Stelle teilen, die ‚care workers' dadurch in
längeren Abständen zwischen Arbeitsort und Herkunftsland pendeln und sich
dort erholen können, ist die Arbeitsbelastung der über die ZAV vermittelten
Haushaltshilfen häufig größer, denn sie arbeiten über längere Zeiträume

hinweg (vgl. Karakayalı 2010: 118).[5] Das *live-in-Arrangement* führt für viele
‚care workers' zu sozialer Isolation, zu einem Gefühl ausgeprägter Lange-
weile oder aber im Gegenteil, abhängig vom Grad der Pflegebedürftigkeit
des Klienten/der Klientin, zu einem Gefühl permanenter Beanspruchung und
Überlastung.

10.2.3   Löhne

Der Lohn der regulären ‚care workers' orientiert sich an den Tarifverträgen
für Beschäftigte im Privathaushalt und liegt, abhängig vom Tarifgebiet, bei
einer wöchentlichen Arbeitszeit von 38,5 Stunden zwischen 1.099 Euro
(Bremen) und 1.353 Euro (Hamburg) monatlich brutto (vgl. Bundesagentur
für Arbeit 2009). Nach Abzug aller Sozialabgaben, der Kosten für Kranken-
und Unfallversicherung sowie der Kosten für Unterkunft und Verpflegung
bleiben davon durchschnittlich etwa 550 bis 650 Euro netto übrig. Die Löhne
der irregulär Beschäftigten in meiner Untersuchung schwankten zwischen
600 und 1.000 Euro netto, einige der Befragten ließen sich von ihren Arbeitgeberinnen oder Arbeitgebern die Auslandskrankenversicherung sowie die
durch das Pendeln entstehenden Fahrtkosten extra bezahlen (vgl. Karakayalı
2010: 113, 162). Bezogen auf die tatsächliche Arbeitszeit einer 24-Stunden-
betreuung sind dies außerordentlich niedrige Löhne: Ein Pflegedienst würde
für eine solche Betreuung drei Arbeitskräfte beschäftigen, die sich täglich im
Drei-Schichtsystem abwechseln würden.

10.2.4   Übergriffe und Stellenwechsel

Die Arbeit in Privathaushalten und damit außerhalb der Öffentlichkeit begünstigt missbräuchliche Situationen, wie z.B. Beschimpfungen, das Verbot,
Kontakt zu Nachbarn oder Bekannten aufzunehmen, sexuelle Übergriffe oder
die Verzögerung oder Verweigerung von Lohnzahlungen – Situationen, die
auch die von mir befragten Migrantinnen erlebten (vgl. Karakayalı 2010:
118ff.). Forschungen zu Migrantinnen in der bezahlten Hausarbeit haben
immer wieder die besondere Verletzlichkeit der Migrantinnen herausgestellt,
die ohne Aufenthalts- und Arbeitserlaubnis arbeiten (vgl. Anderson 2006;
Lutz 2007). Zu erwarten wäre, dass Übergriffe gegenüber regulär Beschäftig-

---

5   Rein rechtlich ist es zwar möglich, dass sich zwei oder mehrere reguläre ‚care
     workers' eine Stelle teilen und sich abwechseln. Dies ist allerdings für die Ar-
     beitgeberInnen mit einem erhöhten bürokratischen Aufwand verbunden, was vie-
     le davon abzuhalten scheint.

ten deutlich seltener vorkommen. Tatsächlich aber zeigte sich in meiner Untersuchung, dass die über die ZAV vermittelten Frauen gleichermaßen davon betroffen sind, da die ZAV die Einhaltung der Verträge offensichtlich nicht überprüft – nach Auskunft eines ZAV-Mitarbeiters endet der Kontakt zu den Haushaltshilfen mit dem Abschluss des Vermittlungsverfahrens und der Arbeitsaufnahme im Haushalt der pflegebedürftigen Person.[6]

Aus Furcht vor dem Verlust ihres Arbeitsverhältnisses wagten es diese regulär Beschäftigten nicht, die Übergriffe zu melden. Zudem verfügen die Frauen zwar über eine Aufenthalts- und Arbeitserlaubnis, nicht aber über Möglichkeiten, im Fall von Problemen ihre Rechte durchzusetzen, denn dafür fehlen ihnen Geld, Zeit, rechtliche Kenntnisse sowie Unterstützung.

Tauchen gravierende Probleme auf, so suchen die Haushaltsarbeiterinnen die Lösung häufig in einem Wechsel der Arbeitsstelle. Hier sind regulär und irregulär Beschäftigte mit unterschiedlichen Problemen konfrontiert. Für die regulär Beschäftigten ist es oft schwierig, eine neue Arbeit zu finden, weil ArbeitgeberInnen häufig kein Interesse an einem regulären Beschäftigungsverhältnis haben, weil ihnen diese zu teuer sind oder ihnen der Verwaltungsvorgang unbekannt oder unangenehm ist. Insofern ist das Arbeitsangebot für regulär Beschäftigte recht begrenzt und ein Stellenwechsel darum mit Schwierigkeiten verbunden. Für irregulär arbeitende Migrantinnen scheint ein Stellenwechsel demgegenüber deutlich leichter zu sein. Die von mir Befragten unterhielten vielfältige Kontakte zu anderen Haushaltsarbeiterinnen, mit denen sie sich laufend über verschiedene Beschäftigungsoptionen austauschten. Aufgrund der großen Nachfrage nach irregulären Arbeitskräften hatten sie meistens keine Schwierigkeiten, eine neue Stelle zu finden. Allerdings ist für die irregulär Arbeitenden ein Stellenwechsel auch mit Ängsten vor Entdeckung ihrer Irregularität verbunden, da sich die Vertrauenswürdigkeit der neuen ArbeitgeberInnen erst noch erweisen muss (vgl. Karakayalı 2010: 235).

Zusammenfassend lässt sich sagen, dass die Vermittlung durch die ZAV weder mit der Garantie einer Einhaltung von Arbeits- und Freizeiten noch mit einer angemessenen Unterkunft oder dem Schutz vor Übergriffen verbunden ist. Ganz offensichtlich verbessert allein die Gewährung von Rechten die Situation der ‚care workers‘ nicht, wenn sie nicht in der Lage sind, von diesen Rechten Gebrauch zu machen, weil ihnen hierfür das nötige Wissen sowie die ökonomischen und sozialen Ressourcen fehlen.

---

6 Aus diesem Grund hat die ZAV auch keinen genauen Überblick darüber, welche der Haushaltshilfen tatsächlich (noch) in den Haushalten tätig sind, an die sie vermittelt wurden – es sei denn, die pflegebedürftige Person oder die Haushaltshilfe meldet von sich aus die Beendigung des Arbeitsverhältnisses.

10.3 Widersprüchliche Klassenmobilität und der Umgang damit – eine Typologie

Welche Perspektiven entwickeln aber die Haushaltsarbeiterinnen selbst für ihre Arbeit? Welchen Umgang finden sie mit den Zumutungen des Arbeitsalltages? Und wie deuten sie die Beschäftigung im Haushalt für sich, gerade wenn sie weit unter ihrem beruflichen Qualifikationsniveau liegt? Grundsätzlich lässt sich feststellen, dass die Tätigkeit im Haushalt von allen Interviewpartnerinnen problematisiert wurde.

Alle Interviewten thematisierten 1., dass sie dieser Tätigkeit nur aus Mangel an Alternativen nachgingen, 2. die Zuweisung von Haushaltsarbeit als gesellschaftlich wenig anerkannter Tätigkeit an Migrantinnen, 3. verschiedene Probleme mit der Arbeit, ihrer Organisation oder den ArbeitgeberInnen, 4. im Falle zurückgelassener Kinder den Schmerz über die Trennung.

Neben diesen Gemeinsamkeiten ließen sich aber sehr unterschiedliche Umgangsweisen mit der Beschäftigung im Haushalt feststellen. Im Folgenden werde ich eine Typologie vorstellen, die ich aus der biografischen Analyse (nach Rosenthal 1995) von 14 narrativen Interviews mit ‚care workers' aus Osteuropa entwickelt habe (vgl. Karakayalı 2010: 281ff.). Die Typenbildung erfolgte entlang der Frage, wie die Migrantinnen die gesellschaftliche ‚Platzierung' als migrantische Haushaltsarbeiterinnen in ihre biografischen Erzählungen integrieren und welche verschiedenen Formen des produktiven Umgangs sie mit dieser Platzierung entwickeln. Die Typen sind sowohl als Handlungstypen als auch als biografische Typen zu verstehen.

Typus 1: Haushaltsarbeit als Dequalifizierungserfahrung –
Ursula Niendorf [7]

„Es war schwer am Anfang, ich habe geweint, weil, stell dir vor, du machst Diplom und bist jemand ne, und äh dann musst du hier auf dem Boden knien und schrubben."

So beschrieb Ursula Niendorf ihre ersten Erfahrungen mit Haushaltsarbeit in Deutschland. Ursula Niendorf, geboren und aufgewachsen in Ungarn, hatte bereits nach dem Abitur als Au-Pair in Deutschland gearbeitet. Danach war sie nach Ungarn zurückgekehrt und studierte Germanistik und Journalismus. Nach Abschluss ihres Studiums verliebte sie sich in einen in Deutschland lebenden Mann. Sie ging nach Deutschland und musste feststellen, dass alle Versuche, hier beruflich Fuß zu fassen, scheiterten: Weder der ungarische Hochschulabschluss noch die Ausbildung zur Krankenschwester wurden anerkannt. Der Versuch, über eine Festanstellung bei dem Pflegedienst, bei dem sie stundenweise jobbte, eine Aufenthaltsgenehmigung zu erhalten, schlug fehl. Auch gelang es nicht, über die Geltendmachung ihrer deutschen Abstammung die deutsche Staatsangehörigkeit zu erhalten. Als die Beziehung zerbrach, konnte sie sich trotz der schwierigen Lebenssituation nicht entschließen, nach Ungarn zurückzukehren, weil sie dorthin kaum mehr Kontakte unterhielt. Zudem hätte sie eine Rückkehr als Scheitern empfunden. Zum Zeitpunkt des Interviews im März 2006 arbeitete Ursula Niendorf irregulär für einen Pflegedienst und hatte mehrere Putz- und Babysitterstellen.

Ursula Niendorf repräsentiert den Typus ‚Haushaltsarbeit als Dequalifizierungserfahrung'. Dieser zeichnet sich durch eine starke Identifikation mit seinen beruflichen Qualifikationen und beruflichen Tätigkeiten im Herkunftsland aus. Die Erfahrung, in Deutschland professionell nicht angemessen platziert zu werden, führte zu einem Leiden an der gegenwärtigen Situation in der Migration. Die mit der Migration verbundenen Pläne und Wünsche konnten nicht befriedigend erfüllt werden, da ein Leben mit einer Tätigkeit im Privathaushalt, die eine massive Beschränkung der eigenen beruflichen Ambitionen bedeutete, nicht vorstellbar war und kaum andere berufliche Perspektiven in Deutschland existierten. Dieses Leiden erschien ausweglos. Dies auch darum, weil Befragte, die diesem Typus zugeordnet werden können, ausschließlich in Netzwerke und Joboptionen in Deutschland investierten, wo die beruflichen Entfaltungsmöglichkeiten in besonderer Weise beschränkt sind. Dies trägt dazu bei, dass kein instrumentelles Verhältnis zur Haushaltsarbeit entwickelt werden kann und diese nur als Abwärtsmobilität, als schmerzhafter Statuswechsel erfahren wird. Es werden

---

7   Die Namen aller Interviewpartnerinnen wurden anonymisiert.

ungeheure Anstrengungen unternommen, die eigene (berufliche) Situation zu verbessern, die allerdings aufgrund der vielfältigen Ausschlüsse von Migrantinnen auf dem Arbeitsmarkt nicht fruchten.

Typus 2:Haushaltsarbeit als Passage zur transnationalen Berufskarriere –
Raluka Vasile

Ganz anders stellte sich die Arbeit im Haushalt Pflegebedürftiger für Raluka Vasile dar, ebenfalls eine studierte Germanistin, die aus Rumänien nach Deutschland kam. Sie hatte sich über die Zentrale Arbeitsvermittlung der Bundesagentur für Arbeit als Haushaltshilfe nach Deutschland vermitteln lassen, weil sie die Verdienstmöglichkeiten in Rumänien unattraktiv fand. Mit der Arbeit im Haushalt wollte sie Geld für eine Hochzeit und den Bau eines Hauses in Rumänien verdienen und sich damit einen ihrer Meinung nach einer Akademikerin angemessenen Lebensstandard schaffen. Nach dem Erreichen ihres Sparziels würde sie gern nach Rumänien zurückkehren und dort einen deutschsprachigen Kindergarten leiten. Zur Haushaltsarbeit hatte sie ein durch und durch pragmatisches Verhältnis:

> „Ich habe mich dafür entschieden, weil ich ja, ich hab gedacht, also meinen Haushalt hab ich auch zu Hause, meinen eigenen Haushalt, und das kann nicht schwer sein. Jede Frau kann sich um, um den Haushalt kümmern."

Die Beschäftigung im Haushalt deutete Raluka nicht im Kontext eines Ausschlusses vom Arbeitsmarkt, sondern als universell weibliche Arbeit, die zum Leben einer jeden Frau gehört. Das ist einerseits eine pragmatische Haltung, andererseits eine subjektive Technik, das Stigma dieser Arbeit auszublenden.

Raluka steht für den Typus ‚Haushaltsarbeit als Passage zur transnationalen Berufskarriere'. Die Befragten dieses Typus zeichnen sich dadurch aus, dass sie ein pragmatisches Verhältnis zu ihrer Tätigkeit im Privathaushalt entwickeln. Sie sind mit ihrem Beruf identifiziert und deuten die Arbeit im Privathaushalt im Kontext der eigenen Berufsbiografie als Passage, die für den in die Zukunft weisenden Lebensentwurf positive Effekte hat. Damit wird der Arbeit im Privathaushalt ein subjektiver Sinn verliehen: Die Haushaltsarbeit in Deutschland soll langfristig zu einer Statuserhöhung beitragen. Die transnationale Orientierung dieses Typus unterstützt diese Perspektive, denn die Unterhaltung vielfältiger Kontakte zu ehemaligen und potenziellen zukünftigen Arbeitsstellen sowie zu ihren Familien in den Herkunftsländern ermöglicht es, die Berufsidentität auch während der Arbeit im Privathaushalt aufrecht zu erhalten, und wirkt dem Gefühl der Dequalifizierung als Haushaltsarbeiterin entgegen.

Für zwei weitere Typen, die ich aus meinem Sample gebildet habe, spielt der Aspekt der Beschäftigung jenseits des eigenen beruflichen Qualifikationsniveaus keine Rolle, da die in diesen beiden Typen zusammengefassten Fälle weder über qualifizierte Berufsausbildungen verfügen, noch eine starke Identifikation mit den zuvor ausgeübten Tätigkeiten verbunden haben. Für diese beiden Typen ist die Arbeit im Haushalt zwar nicht unproblematisch, nicht aber mit der Erfahrung einer widersprüchlichen Klassenmobilität verbunden.

Typus 3: Haushaltsarbeit als Bedingung eines gelungenen biografischen Neuanfangs – Ewa Holler

Ewa Holler verließ nach dem Ende ihrer Ehe mit einem gewalttätigen Ehemann und Problemen mit ihrer sie dominierenden Familie Polen. Trotz schlechter Erfahrungen mit verschiedenen ArbeitgeberInnen und dem Wunsch, langfristig einer anderen Art von Arbeit nachgehen zu können, litt sie nicht unter der Tätigkeit im Haushalt, da diese ihr die Möglichkeit bot, regulär und mit einem regelmäßigen, wenn auch niedrigen Einkommen in Deutschland zu leben. Das Projekt ‚biografischer Neuanfang' war für sie geglückt. Sie lebte gemeinsam mit ihrer Tochter und einem neuen Lebensgefährten fern und unabhängig von ihrem Exmann und ihrer Familie. Ewa Holler steht für einen Typus, der die Arbeit im Haushalt als Mittel zum Zweck sieht. Die Bewertung und das Erleben der Schattenseiten der Haushaltsarbeit ordnet dieser Typus diesem Zweck unter.

Typus 4: Haushaltsarbeit um das bessere Überleben zu sichern – Alma Pakierené

Nach der Scheidung von ihrem Mann in Litauen konnte Alma Pakierené nicht genug verdienen, um sich und ihren Sohn zu ernähren und pendelte deshalb nach Deutschland. Für sie war die Arbeit in Deutschland vor allem mit dem Schmerz der Trennung von ihrem Sohn verbunden. Die Beschäftigung im Haushalt selbst wurde von ihr allerdings nicht im Sinne eines Leidens unter den Bedingungen der Haushaltsarbeit beschrieben.

Befragte der Typen 3 und 4 schafften es, ähnlich wie die des Typus ‚Haushaltsarbeit als Passage' dieser Tätigkeit einen übergeordneten subjektiven Sinn zu verleihen, der sie die Härten der Arbeit im Haushalt besser ertragen ließ.

10.4 Schluss

Betrachtet man die vorgestellte Typologie, so ist festzustellen, dass die im Haushalt Beschäftigten verschiedene Formen der biografischen Integration und des produktiven Umgangs mit der Arbeit finden. Dafür scheinen Faktoren wie ein Aufenthaltsstatus oder eine Arbeitserlaubnis, die Länge des Arbeitsaufenthaltes oder die Anzahl schlechter Erfahrungen mit Arbeitgeberinnen oder Arbeitgebern nicht ausschlaggebend zu sein. Vielmehr scheint bedeutsam zu sein, inwiefern es den ‚care workers' gelingt, der Arbeit einen übergeordneten Sinn für die eigene Biografie zu verleihen und damit der Selbstwahrnehmung als Haushaltsarbeiterin etwas entgegenzusetzen. Unter den vier vorgestellten Typen ist es Typus 1, dem dies nicht gelingt. Hier scheint die Berufsorientierung in Verbindung mit der starken Orientierung auf Deutschland in besonderer Weise zum Problem zu werden. Während für Typus 2, der ebenfalls beruflich qualifiziert ist, seine transnationale Orientierung zu einer Ressource wird, dadurch dass mehrere Optionen für die berufliche Zukunftsplanung offen stehen und die eigene (Berufs)Identität durch Kontakte ins Herkunftsland stabilisiert wird, erscheint für Typus 1 die Tätigkeit im Haushalt als Sackgasse – auch deshalb, weil sich der in Deutschland erworbene Lohn nicht in eine soziale Aufwärtsbewegung im Herkunftsland umsetzen lässt. Dies führt allerdings nicht dazu, dass der Typus 1 handlungsunfähig würde. Im Gegenteil, es wird – wenn auch vergeblich – viel Kraft investiert, um die eigene Situation zu verändern. Diese Typologie zeigt auf, dass die in Haushalten Pflegebedürftiger tätigen ‚care workers' zwar mit den im ersten Teil des Artikels aufgezeigten Härten der Haushaltsarbeit und ihrer mangelnden Anerkennung kämpfen, darin ihre Handlungsfähigkeit aber nicht verlieren.

Literatur

Anderson, Bridget (2006): Doing the Dirty Work. Migrantinnen in der bezahlten Hausarbeit in Europa. Berlin: Assoziation A.

Bock, Gisela/Duden, Barbara (1977): Arbeit aus Liebe, Liebe als Arbeit. In: Frauen und Wissenschaft. Beiträge zur Berliner Sommeruniversität für Frauen.

Breitscheidel, Markus (2005): Abgezockt und totgepflegt. Alltag in deutschen Pflegeheimen. Berlin: Econ.

Bundesagentur für Arbeit (2009): Haushaltshilfen in Haushalte mit Pflegebedürftigen [Entgelttabelle], Stand: August 2009, im Internet abrufbar unter http://www.arbeitsagentur.de/zentraler-Content/A04-Vermittlung/A044-Vermittlungshilfen/

Publikation/pdf/Entgelttabelle-Haushaltshilfen-Pflegebeduerftige.pdf (Zugriff am 02.03.2010).

Bundesagentur für Arbeit (2010): Merkblatt Vermittlung von Haushaltshilfen in Haushalte mit Pflegebedürftigen nach Deutschland. Hinweise für Arbeitgeber, Stand 01/2010, im Internet verfügbar unter http://www.arbeitsagentur.de/zentraler-Content/Veroeffentlichungen/Merkblatt-Sammlung/Merkblatt-zur-Vermittlung-in-Haushalte-mit-Pflegebeduerftigen.pdf (Zugriff am 26.02.2010).

Dienel, Christiane (2005): Familienpolitische Unterstützung privater Dienstleistungen im Europäischen Vergleich. In: Bundesministerium für Familie, Senioren, Frauen und Jugend (Hrsg.): Expertenworkshop „Lokale Märkte". Potentiale und Entwicklungsperspektiven von Bedarfen und Angeboten familienunterstützender Dienstleistungen, Berlin, S. 20-52.

Ehrenreich, Barbara/Hochschild, Arlie Russel (Hrsg.) (2003): Global Woman: Nannies, Maids, and Sex Workers in the New Economy. New York: Owl Books.

Gather, Claudia/Geissler, Birgit/Rerrich, Maria S. (2002): Weltmarkt Privathaushalt. Bezahlte Haushaltsarbeit im globalen Wandel. Münster: Westfälisches Dampfboot.

Hess, Sabine (2005): Globalisierte Hausarbeit. Wiesbaden: VS-Verlag.

Hochschild, Arlie Russell (1983): The Managed Heart: Commercialization of Human Feeling. Berkeley: University of California Press.

Isaksen, Lise Widding (2002): Toward a sociology of (gendered) disgust: images of bodily decay and the social organization of care work. Journal of family issues, 32 (7), S. 791-811.

Karakayalı, Juliane (2010): Transnationales Sorgen. Biographische Interviews mit care workers aus Osteuropa. Wiesbaden: VS-Verlag.

Kaufmann, Jean-Claude (1999): Mit Leib und Seele. Theorie der Haushaltstätigkeit. Konstanz: Universitätsverlag.

Lutz, Helma (2007): Vom Weltmarkt in den Privathaushalt. Die neuen Dienstmädchen im Zeitalter der Globalisierung. Opladen: Barbara Budrich.

MDS [Medizinischer Dienst der Spitzenverbände der Krankenkassen e.V.] (2007): 2. Bericht des MDS nach § 118 Abs. 4 SGB XI. Qualität in der ambulanten und stationären Pflege. Köln 2007, im Internet abrufbar unter http://www.mds-ev.de/media/pdf/2._Bericht_des_MDS.pdf (Zugriff am 26.02.2010).

Parreñas, Rhacel Salazar (2001): Servants of Globalization. Women, Migration and Domestic Work. Chicago: Stanford University Press.

Rosenthal, Gabriele (1995): Erlebte und erzählte Lebensgeschichte. Gestalt und Struktur biographischer Selbstbeschreibungen. Frankfurt, New York: Campus.

Statistisches Bundesamt (2008): Pflegestatistik 2007, Deutschlandergebnisse. Wiesbaden.

Twigg, Julia (1997): Deconstructing the "social bath": Help with bathing at home for older and disabled people. Journal of Social Policy, 26 (2), S. 211-232.

11 Ausbeutungsverhältnisse und Aushandlungsprozesse in der Pflege- und Haushaltsarbeit von polnischen Frauen in deutschen Haushalten

Agnieszka Satola

Kurz vor oder nach Beendigung ihrer Berufstätigkeit in Polen kommen viele Frauen zur Ausübung einer Haushalts- und Pflegetätigkeit nach Deutschland: Sie beginnen also in einem Alter, in denen eine Normalvorstellung vom Lebensablauf erwarten ließe, dass sie Rentnerinnen werden und sich möglicherweise um die Enkelkinder kümmern, eine weitere „Berufskarriere" in Deutschland als dem Land ihrer Migration, in dem sie Familien- und Pflegearbeit für Fremde leisten. Sie werden in Deutschland als „nicht ausgebildete", billige Hilfskräfte angesehen, die ihre sozusagen „natürlich" erworbenen Frauenkompetenzen in einem illegalen Arbeitsverhältnis anwenden können. Sie sind so genannte „live-ins", d.h. sie wohnen an ihrem Arbeitsplatz und arbeiten in einem Rotationssystem, in dem sie sich alle paar Monate mit anderen Frauen an der Arbeitsstelle abwechseln.

Im Folgenden möchte ich aus einer biografie- und narrationsanalytischen Perspektive der Frage nachgehen, wie die Frauen ihre prekäre Existenz in der neuen abhängigen Arbeitssituation, die oft durch eigene familiäre Schwierigkeiten oder gesundheitliche Probleme zusätzlich erschwert wird, in ihren Erzählungen zum Ausdruck bringen und damit eine soziale Wirklichkeit konstruieren. Welchen Einfluss hat die Materialisierung bzw. „Verberuflichung" der Tätigkeiten, die in Polen zu den unbezahlten Familienpflichten gehörten, auf ihre Haltung und Gestaltung der Arbeitsbeziehung in Deutschland? Wie trägt der permanente Perspektivenwechsel auf die Herkunftsfamilie in Polen und die Pflegefamilie in Deutschland dazu bei, dass die Frauen die Ansicht über ihre Biografie ändern und neue eigene Handlungspotenziale entdecken? Dies wird nicht ohne Auswirkungen auf das Selbstverständnis der Frauen zu ihrer Position in der eigenen Familie in Polen bleiben.

Ausgehend von der interaktionistischen Professionsforschung und dem Konzept des Arbeitsbogens (Strauss 1985) als auch den Paradoxien des professionellen Handelns (Schütze 1996) werde ich aufzeigen, dass die ‚Haushalts-Migrantinnen' in ihrer Arbeit nicht nur ‚natürlich' erworbene Kompetenzen anwenden, sondern – trotz ihres ohnmächtigen illegalen Status im Arbeitsverhältnis – eine Tätigkeit ausüben, die Qualitäten des professionellen Handelns besitzt. Wie werden in einer solchen rechtsfreien Situation professionelle Standards entwickelt bzw. ausgehandelt und welche Rolle spielen dabei biografische Ressourcen, die in den einzelnen Interaktionssituationen ihre Anwendung finden?

Die empirische Basis der Analyse besteht aus autobiografisch-narrativen Interviews mit älteren polnischen Frauen, die illegal in Frankfurt und Umgebung eine Haushalts- und Pflegetätigkeit ausüben. Als Fallbeispiel beziehe ich mich in meinem Aufsatz auf eines dieser Interviews mit Jadwiga, an dem die Zusammenhänge zwischen biografischer Arbeit, Professionalisierungs- und Aushandlungsprozessen deutlich zum Ausdruck kommen.

11.1 Interaktionistische und biografietheoretische Professionsforschung

Die Organisierung von Haus- und Pflegearbeit, die ausländische Frauen ausüben, ist heute ein Thema, das zunehmende Beachtung in der Öffentlichkeit, Politik, Wissenschaft und Literatur findet. In den letzten Jahren sind in Deutschland einige Studien entstanden, die individuelle Lebensgeschichten von ausländischen Frauen, welche illegale Haushalts- und Pflegearbeit ausüben, in dem Mittelpunkt stellen (u.a. Karakayalı 2010; Lutz 2007; Lutz/ Schwalgin 2006).

Im folgenden Aufsatz werde ich die interaktionistische Perspektive auf professionelle Handlungsbereiche anwenden, die von George Herbert Mead, Everett Hughes, Howard Becker und Anselm Strauss (als Repräsentanten unterschiedlicher Generationen der Chicago School) sowie in den Forschungsansätzen von Fritz Schütze und Gerhard Riemann in Deutschland weiter entwickelt wurde. Im Gegensatz zu dem in Deutschland vorherrschenden strukturfunktionalistischen Ansatz, der, wie Ulrich Oevermann anmerkt, das Expertenwissen und professionelles Handeln als „Ort der Vermittlung von Theorie und Praxis unter Bedingungen der wissenschaftlichen Rationalität" (Oevermann 1996: 80) definiert, nimmt die interaktionistische Perspektive keine Abgrenzung zwischen Beruf und Profession vor, sondern konzentriert sich auf konkrete Arbeitssituationen, in denen die unaufhebbaren Probleme und Paradoxien des professionellen Handelns (Schütze 1996) auftreten. Damit werden in diesem Ansatz die Undeutlichkeit der professionellen Handlungsanforderungen, reflexive Auseinandersetzung mit ihnen und zugleich die situative Notwendigkeit von Konfliktlösungen in den Vordergrund gerückt. Schütze betont die Herausforderungen des professionellen Handelns mit KlientInnen, die marginalisiert werden. Im Fall von illegalen Haushalts- und Pflegearbeit handelt es sich um ein umgekehrtes Machtgefälle: Die KlientInnen und ArbeitgeberInnen sind die ‚Mächtigen', dagegen sind die polnischen Frauen aufgrund von fehlenden kontraktuellen Grundlagen des Arbeitsverhältnisses ohnmächtig. Professionalität verstehe ich als

> „relationships of practice where interactions develop and are sustained within contexts that are rarely predetermined or formally defined, and in which the rules of engagement may be shaped under conditions of uncertainty and challenges to established boundaries. … This understanding draws on a wide set of social relationships that are better understood in terms of context, and interaction and consequently biography" (Apitzsch et al. 2004: 1-2).

Die Anwendung dieser Analyseperspektive bei der Untersuchung der illegalen Haushalts- und Pflegearbeit von Migrantinnen ist meines Erachtens aus dem Grund von Vorteil, weil sie es ermöglicht, die zahlreichen und differenzierten Arbeitsaufgaben und ihre Koordination situativ auf der Interaktionsebene angemessen zu bestimmen. Die Verbindung des Biografie-Konzeptes mit den professionstheoretischen Fragestellungen ermöglicht es wiederum, die Dimensionen der berufsbiografischen Entwicklung der illegal arbeitenden Pflegekräfte genauer zu bestimmen.

Eines der Konzepte der interpretativen Professionsforschung ist das von Anselms Strauss entwickelte Konzept des „Arbeitsbogens" („arc of work")[1]. Dieses hat bis jetzt, meines Wissens, kaum oder gar keine Beachtung in der Forschung über die von Migrantinnen ausgeübte Pflege- und Haushaltsarbeit gefunden. Dieses Konzept hat Strauss in seinen Forschungen über chronisch kranke und im Sterben liegende Patienten entwickelt. Als Arbeitsbogen definiert Strauss: „… the work of staff who was involved in managing the illness of any hospitalized patient" (Strauss 1985: 2). Dieses heuristische Konzept umfasst zum einen die Komplexität der Arbeitsformen und der Arbeitsorganisation, der die Pflegeperson genügen muss, um den Patienten bzw. den Klienten angemessen zu behandeln und am Leben zu erhalten. Zum anderen werden unter dem Konzept des Arbeitsbogens alle persönlichen Erfahrungen der Menschen zusammengefasst, die am Prozess der Behandlung beteiligt sind.

In meinem Artikel werde ich mich auf die sprachlichen Ausdrucks- und Interaktionsformen der Migrantinnen und deren Bedeutung für ihre Verbe-

---

1   Das Konzept des Arbeitsbogens ist eng verknüpft mit dem Konzept der Krankheitsverlaufskurve.

ruflichungsprozesse in ihrer Arbeit beziehen. Die sprachlichen und parasprachlichen Symbole sind zunächst das Einzige, was in der Interaktionssituation mit dem Interviewer eine geteilte Bedeutung aufweisen kann und damit eine Grundlage dafür, die Perspektive des Interviewten in den von ihm berichteten Erlebnissen einzunehmen. Durch eine interpretative und sprachfokussierte Herangehensweise wird die alltagsweltliche Sichtweise objektiviert und die Differenzen zwischen sozialer Wirklichkeit und ihrer symbolischen Interpretation können erfasst werden (Inowlocki 2000: 27-28).

Die Objektivierung des subjektiv gemeinten Sinnes vollzieht sich also im Wesentlichen durch die Versprachlichung (Berger/Luckmann 1992: 39). Das von den Interviewten thematisierte Handeln und Erleiden ist in zeitlich langfristige soziale Prozesse eingebettet, die in der Regel über einzelne Gesprächssituationen, Begegnungen und Interaktionsepisoden hinausgehen und im Kern aus autobiografischen, beziehungsgeschichtlichen und/oder kollektiv-historischen Abläufen bestehen.

> „Arbeitsmigration erscheint wie kaum ein anderer Bereich sozialen Handelns von Individuen intentional gesteuert und auf lange Zeiträume hin geplant. Zugleich ist Migration ein Phänomen, dessen Grundkontext (...) fast immer auf ein kollektives Schicksal hinweist" (Apitzsch 2000: 62).

Dabei bleibt die Frage offen, auf welche Weise die Interviewten ihre Handlungen und Orientierungen in der konkreten Situation selbst interpretieren – „accountable" machen (Garfinkel 2007) – und wie sich diese Interpretationen auf sie auswirken. Es stellt sich also die Frage, was sinnkonstitutiv für die Handelnden ist. Für die Untersuchung der Biografien bieten die von Schütze entwickelten Kategorien biografischer „Prozessstrukturen" (Schütze 1981), also die Haltungen der Akteure ihren Erfahrungen gegenüber, eine wichtige Orientierungshilfe.

Die empirischen Daten wurden mithilfe autobiografisch-narrativer Interviews (Schütze 1983, 1987) gewonnen. Die Anwendung dieses Erhebungsinstruments ermöglicht es den Interviewpartnern, frei zu erzählen und möglicherweise neue Erkenntnisse über ihre Lebensgeschichte und Lebenssituation zu gewinnen (Apitzsch/Inowlocki 2000; Apitzsch/Siouti 2007).

11.2 Situation in Polen und in Deutschland

Die Emigration polnischer Frauen nach Deutschland ist eine Folge der sozialen und ökonomischen Transformationen, die in beiden Ländern seit zwei
Jahrzehnten stattfinden. Die wirtschaftliche Misere, die anhaltende Arbeitslosigkeit, die unzureichende Höhe der staatlichen Transferleistungen und vor
allem eine ausgeprägte Perspektivlosigkeit in Polen bestärken den Migra-
tionswillen vieler Frauen.

In Deutschland hingegen führen der demografische Wandel und der Abbau sozialstaatlicher Leistungen zu einem wachsenden Bedarf an Pflegekräften in privaten Haushalten. Hinzu kommt der mit der Tendenz zur steigenden
Lebenserwartung korrespondierende Wandel der Krankheitsbilder und eine
Veränderung der Arbeitsteilung in deutschen Haushalten, in denen beide Le-
benspartner erwerbstätig sind, auch dann, wenn im Haushalt entweder Kinder oder Pflegebedürftige zu versorgen sind. Somit entsteht die Notwendigkeit der Redistribution von Aufgaben an weitere Personen.

Diesen Erwartungen korrespondieren besonders bei älteren polnischen
Frauen Kompetenzen, die sie dadurch erwarben, dass sie bereits in ihrer Hei-
mat in Großfamilien eine multifunktionale Rolle auszufüllen hatten. In der
Zeit der Volksrepublik Polen mussten sie ihre Berufsarbeit mit der Hausarbeit und der Kindererziehung in Einklang bringen. Heute ziehen sie ihre
Enkelkinder in Polen groß und unterstützen die Familien ihrer Kinder, auch
emotional und materiell, und sorgen so für den Erhalt der Mehrgenerationen-
Familie. Ihre langjährige Erfahrung im eigenen Haushalt ist Grund für die
große Nachfrage deutscher Haushalte nach weiblichen Arbeitskräften gerade
dieser Alters- und Erfahrungsgruppe. Die Situation der Frauen ist dadurch
geprägt, dass sie sich in Polen schon zumeist nicht mehr im Erwerbsalter be-
finden, nun aber in Deutschland einer Erwerbsarbeit nachgehen. Meistens
haben sie keine ausreichenden Sprachkenntnisse, um eine Beschäftigung in
anderen Tätigkeitsbereichen als der häuslichen Pflegearbeit zu finden. Darüber hinaus ist die private Haushaltsarbeit besonders dafür geeignet, sie in
der Illegalität zu halten, weil sie schwer zu entdecken ist.

Die polnischen Frauen emigrieren also in ein fremdes Land, dessen Sprache sie nicht beherrschen, zu einer unbekannten Familie/Person, der sie 24
Stunden zur Verfügung stehen, weil sie sog. ‚live-ins' sind, d.h., sie wohnen
bei den PatientInnen zu Hause; ihr Wohnplatz ist also auch der Arbeitsplatz.

Sie verrichten oft eine schwere körperliche und psychisch belastende Arbeit und haben einen rechtslosen Status.[2]

11.3 Fallrekonstruktion: Jadwiga

Jadwiga arbeitet seit fünf Jahren illegal in Frankfurt als Pflegekraft und Haushaltshilfe bei der 90-jährigen Frau Allenstein, mit der sie zusammen in einer Zweizimmerwohnung im zehnten Stock wohnt. Der Arbeitgeber ist der 70-jährige Sohn der Frau Allenstein, Rudolf, der als offizieller Betreuer von Frau Allenstein, die in die Pflegestufe III eingestuft ist, fungiert. Mit beiden kann sie sich in der polnischer Sprache verständigen. Das Interview findet im Wohnzimmer der Wohnung von Frau Allenstein statt, das gleichzeitig das Schlafzimmer von Jadwiga ist. Alle dort stehenden Möbel und Gegenstände gehören Frau Allenstein, und die Sachen von Jadwiga sind in einem separaten Schrank eingeschlossen. Der zweite Raum ist das Schlafzimmer von Frau Allenstein. Jadwiga pendelt alle sechs Wochen zwischen Polen und Deutschland und rotiert mit ihrer Kollegin Jozefa[3]. Ihr Gehalt umfasst inklusive der Erstattung der Reisekosten 900 Euro pro Monat.

Um sowohl den Orientierungsrahmen für Jadwigas[4] Handeln in der Beziehungsgestaltung zu bestimmen als auch zu erfahren, „wie auf Migrationserfahrungen im Zusammenhang mit anderen Erfahrungen bzw. Erfahrungssträngen in der jeweiligen biografischen Konstruktion Bezug genommen

---

2   Die einzige Möglichkeit, in diesem Bereich legal zu arbeiten, wurde für osteuropäische „Haushaltshilfen in Haushalten mit Pflegebedürftigen" mit dem am 1.Mai 2005 in Kraft getretenen Zuwanderungsgesetzt geschaffen. http://www. arbeitsagentur.de/nn_25294/Navigation/zentral/Buerger/Arbeit/Vermittlung/Haus haltshilfen/Haushaltshilfen-Nav.html (Zugriff am 28. April 2010). (Siehe dazu: Lutz 2007; Karakayali 2010). Die Legalisierungen erfolgen vor allem, weil die Arbeitgeber eine Beschädigung ihres eigenen sozialen Status befürchten.

3   Jadwiga rotiert am häufigsten mit ihrer Kollegin Jozefa. In der Sommerzeit arbeiten bei Frau Allenstein noch zwei andere Kolleginnen, die man als ‚Springer' bezeichnen könnte, im Gegensatz zu Jozefa und Jadwiga, die das „Stammpersonal" bilden.

4   Das Interview mit Jadwiga habe ich im Rahmen eines europäischen Forschungsprojektes durchgeführt, "Integration of Female Immigrants in Labour Market and Society. Policy Assessment and Policy Recommendations" (FeMiPol), koordiniert von Dr. Maria Kontos am Institut für Sozialforschung; an dem ich von April 2006 bis März 2008 als wissenschaftliche Hilfskraft gearbeitet habe. Das Interview mit Jadwiga wurde in diesem Projekt verwendet.

wird" (Breckner 2005: 146), also inwieweit die Migration eine biografische Kontinuität oder Diskontinuität herstellt, muss man sowohl die ganze Lebensgeschichte als auch den sozialen Rahmen des familiären Lebensmilieus, in dem die Migrantin geboren und großgezogen wurde, in Betracht ziehen. Jadwiga wächst in einer Familie auf, die durch eine längere Vorgeschichte von Migrationserfahrungen gekennzeichnet ist. Die ‚Tradition' der Arbeitsmigration in der Familie nimmt Jadwiga als Schicksal der Generationen wahr, innerhalb deren sie auch ihre eigene Mobilität bei der Suche nach Arbeit verortet.

Jadwiga ist 1959 in Polen in Niederschlesien geboren und in einem kleinen Dorf in einer Mehrkinderfamilie (7 Schwestern und 2 Brüder) groß geworden. Das Familienleben war nicht vom Arbeitsplatz getrennt und zeichnete sich durch eine große Bedeutung der Subsistenzwirtschaft aus, d.h. einem flüssigen Übergang zwischen der Arbeit und Freizeit. Der Vater wird als ein ‚Multitalent' dargestellt, als selbstständig Arbeitender, der in den nahegelegenen Woiwodschaften ein wegen seiner handwerklichen Fähigkeiten anerkannter und renommierter Handwerker und zugleich ein ausgezeichneter Familienversorger war, der so zu einem Vorbild für Jadwiga wurde. Sie hat von ihm ein großes Repertoire an handwerklichen Fähigkeiten gelernt und daran orientiert sie sich ganz stark, wenn sie z. B. die Wohnung der Frau Allenstein, bei der sie in Deutschland angestellt ist, renoviert oder über den Aufbau ihres eigenen Familienhauses berichtet. Die Mutter wird wiederum als vorbildhafte Erzieherin der Großfamilie dargestellt, die die Mehrfachbelastung, die mit dem Führen des Haushalts, dem Großziehen der Kinder und dem Betreiben der Landwirtschaft verbunden ist, gut koordinieren kann und die sich nicht auf die Hausfrauenrolle reduzieren lässt; die Vereinbarung der Familienarbeit mit Haushalts- und Landarbeit bildet auch für Jadwiga eine Ressource, auf die sie selbst als Mutter und erwerbstätige Frau zurückgreifen kann. Die selbstständige und den Lebensunterhalt sichernde Arbeit der Eltern wird als eine wertvolle Tätigkeit dargestellt. Ebenso wird die Beschäftigung der Kinder, also Jadwiga und ihre Geschwister, z.B. das gemeinsame Sammeln von Waldfrüchten in der Zeit der Sommerferien, als eine lukrative Tätigkeit präsentiert, die durch Verkauf der Beeren entlohnt wird und so eine Wertschätzung erfährt. Schon als Kind wird Jadwiga in die kollektive Pflegearbeit einbezogen, da sie ihre jüngste Schwester gemeinsam mit den älteren Geschwistern betreuen muss.

Um eine Ausbildung als Krankenschwester und danach eine zweijährige medizinische postlyzeale Schule[5] zu absolvieren, zieht sie aus ihrem Heimatdorf in die Großstadt, Opole (dt. Oppeln), um. Zwischen der Jugend- und Schulzeit und ihrer späteren Lehrzeit und dem Kennenlernen ihres späteren Ehemanns wird in dem Interview keine Kontinuität hergestellt. Nachdem sie ihre Berufsausbildung abgeschlossen hatte, arbeitete sie 24 Jahre als Krankenschwester im polnischen staatlichen Gesundheitsdienst (1977-2001), zuerst im Krankenhaus und die letzten fünf Jahre in einer schulischen Zahnarztpraxis.

Die wahrscheinlich ungeplante Schwangerschaft im Alter von 24 Jahren ist das Resultat sowohl der Unwissenheit über Empfängnisperioden als auch des katholischen Verbots von Empfängnisverhütungsmitteln. Da Jadwiga aus einem traditionellen bäuerlichen Milieu stammt, stand sie unter einem normativen Druck, den Vater des Kindes, der sich zur Zeit des Ausnahmezustandes in Polen im Militärdienst befand, zu heiraten. Seine ständige Abwesenheit infolge des Militärdienstes versetzt Jadwiga in die Situation einer allein erziehenden Mutter. Die Eheschließung und den Verlauf der Ehe präsentiert sie als eine individuelle Erfahrung, die von der kollektiven Erfahrung des Ausnahmezustandes als einer historischen Gegebenheit geprägt ist, die das Leben der Individuen beeinflusst hat. Die Ehezeit empfindet sie als eine Zeit des Sich-Selbst-Überlassen-Seins, in der sie die Berufsarbeit mit der Haushalts- und Erziehungsarbeit in Einklang bringen musste. Ihr Sohn Darek (geb. 1981) wurde im Alter von 16 Jahren durch einen schweren Autounfall gesundheitlich geschädigt und ist deshalb nur eingeschränkt arbeitsfähig.

In ihrer Erzählung werden die Ehe- und die Berufsgeschichte parallel dargestellt und als eine misslungene und abgeschlossene Zeit betrachtet, von der sie nicht gerne erzählt. Sie bringt in dem Interview ihre Enttäuschung über das politische System in Polen und die schwierigen Lebensbedingungen, die sich in ihrer Biografie niedergeschlagen haben, mehrmals zum Ausdruck. Das erste Mal spricht sie über die politischen Barrieren, als ihre kirchliche Eheschließung sich aufgrund der historischen Gegebenheiten des Ausnahmezustandes verzögert, da ihr Mann als Berufssoldat keinen Urlaub für diese Zeremonie bekommt. Das zweite Mal wird sie enttäuscht, als ihr sechzehnjähriger Sohn nach dem Autounfall in das Krankenhaus gebracht wird, in dem sie selbst jahrelang gearbeitet hat, und sie auf eine Aushandlung mit dem korrupten Oberarzt angewiesen ist, der nicht bereit ist, ihr Kind in ein besser ausgestattetes Krankenhaus zu überweisen, ohne dafür eine entspre-

---

5   Die „Postlyzeale Schule: bietet nach der Hochschulreife Bildungsgänge an, die eine erweiterte Qualifikation (bzw. eine berufliche Erstqualifikation) unterhalb der Hochschulebene vermittelt." (Gries 2005: 60)

chende ‚Entlohnung' zu erhalten. Nach der Privatisierung des staatlichen Ge-
sundheitssektors in Polen wurde Jadwiga arbeitslos und war dann auf Ar-
beitslosengeld angewiesen. Die Entlassung nach langjähriger Arbeit im
Krankenhaus, die Reduktion auf den Status der Arbeitslosengeldempfängerin
und die demütigenden Erfahrungen, die mit dem Erhalt der Arbeitslosenhilfe
verbunden waren, lösen bei Jadwiga das Gefühl der Erniedrigung, der Scham
und letztendlich Depressionen aus: „Ich war einfach so ein Jahr *niedergeschlagen*". Diese Zeit präsentiert sie in Form einer biografischen Verlaufskurve des Erleidens (Strauss 1985; Schütze 1995), d.h. der Schwierigkeit, die
eigene „Handlungslinie" aufrechtzuerhalten. Nach einem Jahr der Arbeitslosigkeit hat sie von einer ihrer Freundinnen, Krysia, ein Angebot erhalten, in
Deutschland illegal als Betreuerin für eine ältere Frau zu arbeiten. Die Migration bildet für Jadwiga eine Chance, aus der Verlaufskurve der Arbeitslosigkeit herauszukommen.

11.4 ‚Samowolka'[6]/Eigenmacht

An einem eindrucksvollen Ausschnitt aus dem Interview wird gezeigt, wie
Jadwiga durch ihren Sprachstil auf die oben erwähnten biografischen Ressourcen, Kompetenzen und beruflichen Fähigkeiten in der Beziehungshal-
tung und -gestaltung rekurriert und damit eine eigene soziale Wirklichkeit
konstruiert. Somit ist die angeführte szenische Episode, ein „Quasitranskript"
(Schütze 1980: 89), repräsentativ für die gesamten von Jadwiga in ihrem Interview geschilderten Arbeitsverhältnisse und Beziehungsstrukturen. Sie ist
auf Arbeitsbedingungen angewiesen, die bei ihr ein starkes Gefühl von Ungerechtigkeit erwecken und sie zum Aushandeln von Verbesserungen akti-
vieren.

> Ich habe hier samowolka gemacht. Die Wohnung war sehr schmutzig, weil seitdem
> die Großmutter hier eingezogen ist, es hier gar nicht renoviert wurde. Und so von Jahr
> zu Jahr hat es immer mehr gestunken. Wenn man hier gesessen hat, fühlte man das
> nicht, aber wenn man draußen war und dann zurückkam, besonders bei solcher Hitze
> wie jetzt-. (1) Dann habe ich dem Sohn gesagt, ich sage ihm: (ab hier steigt die Stim-
> me) „Hör mal, ENTWEDER machst du etwas oder ich fahre nach Hause, weil ich den
> Gestank nicht mehr aushalte. Die Säcke von dem Katheder von der Oma wechsele ich
> die ganze Zeit, manchmal zweimal in der Woche". Ich sage ihm: „Hör mal, wir haben
> hier dreißig Grad Nonstop, dreißig Grad." Es gab keinen Ventilator, na dann sage ich

---

6 ‚Samowolka' – übersetzt Eigenmacht – ist 1) eine Handlung, die aus dem vor-
   sätzlichen Ignorieren der geltenden Vorschriften und Normen resultiert, 2) im
   Militär: Dienstflucht.

ihm; „Entweder kaufst du irgendwelche Farben-". Ich habe samowolka gemacht, selbst die Farben gekauft und selbst die Küche und das Bad gestrichen. Meine Arbeit, ich habe wie ein Esel gearbeitet, aber aus diesem Grund, jetzt habe ich das Vergnügen, dass ich die Mahlzeiten in einer sauberen Küche vorbereite, weil er so: "ne, weil dies und das" (wählerische Sprechweise). Und so war es die ganze Zeit (schmatzt). (1) Die Deutschen sind so, sie haben so einen Charakter, wenn sie etwas machen sollen, ich weiß nicht, ob Du das gemerkt hast, dann muss man zuerst eine Magisterarbeit schreiben, ein Projekt, wie man das machen soll. Man braucht Jahre bis alles stimmt und dann entscheidet sich man vielleicht für eine Renovierung. Als ich hierher kam, sagte ich zu Krysia: „Jesus Christus, die Küche ist so schmutzig, so dass aus den Wänden der Schmutz tropft, dass es hier gar nicht zu putzen ist". Krysia sagte mir: „Hör mal, ich habe schon Rudolf um Farben gebeten. Das ist doch nichts so eine Küche zu streichen, ne". (Klatscht) Ich habe also jetzt die Zeit genutzt. Es gab gerade Angebotswoche bei Lidl. Ich habe niemandem etwas gesagt, eigenes Geld ausgelegt, später habe ich die Farbe und die Rollen gekauft, für die Fenster Ölfarbe, also alles was ich brauchte (lachend). Ich sage: „Ich weiß nicht, auf eigenes Risiko, entweder gibt er mir das Geld zurück oder verliere ich das Geld". Ich sage: „Egal, siebzehn Euro, ich bin so ein Mensch, gut, keine Ursache." (1) Als er kam, sage ich ihm: „Hör mal, hier ist die Rechnung, siebzehn Euro für Dich." Er sagt: „Aber wofür?" Ich sage ihm: „Na dann komm, schau mal, wofür du zahlst." Er sagt: „O.K., später". „Nein", sage ich, „jetzt, das ist gerade für das Streichen." Er sagt: „OOO, weißt Du, Du bist eine Verrückte". Ich sage: „Ich bin eine Verrückte, (1) aber mit Dir geht es nicht anders, wenn du mit mir gefahren wärst. Ich musste das alles wie ein Esel tragen." Ich sage: „Die Farben, die waren schwer". Ich sage: „Aber ich habe Dich schon seit fünf Jahren gebeten, also jetzt habe ich samowolka gemacht und jetzt brauche ich noch die Farbe (1) für das Zimmer. Bitte liefere mir sie." Er hat gezögert. (1) Schon die zweite Woche. (1) Er sagt: "Ah, weißt Du, weil es zu heiß ist, weil dies und das". Zwei Wochen. Endlich hat er, das war gestern, nein, vorgestern, heute ist Freitag, Donnerstag, Mittwoch. Ich muss zurück zählen, Dienstag. Und am Montag hat er mich angerufen und ich sage ihm: „Hör mal, kommst du?" „Gut, ich komme am Dienstag". Na, aber am Dienstag kam er natürlich nicht (1) und hier war es so heiß, und er ruft mich an und ich sage ihm: „Hör mal, gibt es in Deutschland keine Ventilatoren in den Geschäften?" Ich sage: „Mensch, schon fünf Jahre, weil das nicht der erste heiße Sommer ist, aber wirklich in diesem Jahr ist es unglaublich heiß". Ich sage: „**Für mich** (1) ist es ganz egal, (1) weil ich jede Stunde duschen kann, (1) aber **die Oma** liegt (1) und ich muss ihr die ganze Zeit die Hemden wechseln, (1) Bettwäsche". Ich sage ihm: „Hör mal, sie ist ganz nass, **sie schwitzt, schwitzt**, sie liegt einfach so im Wasser, nicht dass sie sich Wunden reibt." Ich sage: „Du hast überhaupt keine Ahnung, was ein bettlägeriger Patient bedeutet". Ich sage: „Bei solcher Hitze". Ich sage: „Mach was du willst, aber ich fahre nach Hause, weil Du solche Umstände bereitest, die die Frau nicht verdient hat." (1) Er sagt mir: „Was, bist du sauer auf mich?" „Nein, ich bin nicht, (1) aber man muss Dich um alles bitten". Ich sage: „Das ist eine **Schande**, wirklich eine Schande." Ich sage ihm: „Das ist doch Deine Mutter und ich habe schon genug von der Hitze, ich muss sie jeden Tag baden, wir haben dreißig Grad, hör mal und für mich ist es sehr schwer, weil man sie im Winter ein Mal die Woche badet (1) und nur während der Woche ihr die Aftergegend wäscht. (1) Und jetzt", sage ich: „Jeden Tag". Ich sage: „Hör mal, wirklich jeden Tag muss ich sie in der Badewanne waschen, jeden Tag bügeln, waschen." Ich sage: „Das ist für mich eine zusätzliche Arbeit". (…) (Jadwiga hat im Geschäft gemeinsam mit Rudolfs Frau einen Ventilator gekauft und die Farben.) Am Mittwoch kam ich, sagen wir, ich habe alles schnell gesammelt und sage so, ne, (1) der Oma äh habe ich das Abendessen gegeben äh und sie ins Bett gebracht, (1) ich sage, es gab keinen Sonnenschein, die Sonne ist untergegangen, es gibt keine Zeit mehr, ich sage, Mädel, schlage solange das Eisen heiß ist und beginn das Streichen. Und am Mittwoch (1) die ganze Nacht, bis zu drei Uhr in der Nacht (1). Ich habe kurz geschlafen, von der Müdigkeit konnte ich nicht schlafen, weil ich sage, ich muss das zum Ende bringen, weil man der Oma (1) äh am Morgen das Frühstück geben muss, ne. (1) Ich musste alle Sachen rüber tragen (1) und am Donnerstag hatte ich bis um halb zwölf (1) *Ordnung.* (1) (…) Also er würde sich **nie im Leben** entscheiden, vielleicht hatte er **Angst**, weil ich sage: „Hör mal". Ich zähle auf. Ich sage: „Hör mal, ich habe schon gerechnet, mehr als hundert Euro (1) wird (1) die Erfrischung der Wohnung nicht kosten, es wird nicht mehr sein." (1) Ich sage: „Als ich für die Rollen bezahlt habe". Ich sage: „Siebzehn für die Farbe, siebzehn Euro, na dann für das Zimmer braucht man genauso viel." Ich sage: „Na Hundert Euro. (1) Ich sage: „Kannst du dir das nicht leisten? (1) „Ne, ne, ne, ich denke gar nicht an das Geld, es geht hier gar nicht um das Geld". (1) Na, vielleicht hatte er Angst, dass äh (1) er mir extra zahlen muss. Ich sag: „Hör mal, ich will wirklich (1) für meine Arbeit (1) kein Geld. (1) Ich mache das aus dem reinen Herzen, (1) wegen **der Oma** und wegen **uns.** (…) Wir lachen hier, dass die Oma uns noch überlebt. (1) Na, weil schon 12 Jahre (1) und sie die ganze Zeit den Katheter hat. (1) Sie hat Gesundheit (1) und hatte so viele Operationen. (1) Sie ist eine starke Frau. Na, aber ich sage, sie ist gut ernährt, (1) gut gepflegt, (1) jeden Tag trink ein Bier, (1) nach dem Abendessen trink zwei Gläser Wein, (1) hat einen guten Blutdruck, (1) guten Zucker, (1) alles bekommt rechtzeitig ((schmatzt)) na ((seufzt)). (…) Er hat gesagt: „Wenn die Polinnen nicht mehr kommen, dann kommen die Thailänderinnen für den halben Preis und werden arbeiten. (1) Ich weiß nicht, ob er nur so gesagt hat, vielleicht ist ihm die Oma **nicht wichtig,** (1) na weil wenn die Polinnen für sie nicht gesorgt hätten, dann würde sie schon seit langem Druckgeschwüre haben und würde gar nicht mehr leben. (1) Ich weiß nicht, vielleicht liegt ihm daran, dass sie schneller stirbt, weil es eine Eigentumswohnung ist, ne.

Die Episode beginnt mit der Ankündigung „ich habe hier samowolka gemacht", die gleichzeitig eine Vorschau und Gesprächsanweisung für das Verständnis des Kommenden darstellt. Jadwiga benutzt das Wort „samowolka", das als Verstoß gegen geltende Normen verstanden werden kann; in diesem Fall handelt es sich um das Streichen der Wohnung ohne Wissen des Arbeitgebers. Paradoxerweise tut sie das, um anständige Lebensbedingungen für die Patientin, sich selbst und ihre Kolleginnen herzustellen. Die Ausgangssituation für ihre Handlung ist der aus ihrer Sicht heruntergekommene Zustand der Wohnung. Die Verwendung der Adjektive „schmutzig" und „stinkend" ermöglicht es ihr, die Atmosphäre in der Wohnung bildhaft darzustellen und als Folge die Notwendigkeit einer Renovierung nachvollziehbar zu machen. Die Episode wird im „szenischen Präsens" (Lucius-Hoene/Deppermann 2004: 228) dargestellt, also als eine „Gegenwartsformdarstellung" (ebd.), die durch das oft wiederholte „ich sage" geprägt ist. Das wichtigste Mittel der Re-Inszenierung ist die Redewiedergabe bzw. Dialogwiedergabe. Damit kann Jadwiga das vielfältige Repertoire von Möglichkeiten der eigenen Positionierung in den damaligen Interaktionssequenzen darstellen, die

Dramaturgie des Geschehens betonen und die Überzeugungskraft der Konstruktion des „erzählenden Ich" (Lucius-Hoene/Deppermann 2004: 24) verstärken.

Mit der ersten Zitation spricht sie deutlich schneller, skandierend, mit leicht erhobener Stimme und rollendem Ton. Sowohl Formulierungen wie „hör mal" als auch die autoritäre Stimmfärbung ähneln einem belehrenden Gespräch zwischen einer Mutter und ihrem Sohn.

Jadwiga ist nicht die Erste, die wegen der Renovierung der Wohnung an den Arbeitgeber appelliert; ihre Kolleginnen unternahmen auch schon solche Versuche, aber ohne Erfolg. Die Umstände sind aus der Sicht Jadwigas hinreichend kritisch, um dem Arbeitgeber ein Ultimatum zu stellen, worauf dieser bislang aber nicht reagiert hat; sie ergreift daher selbst die Initiative und streicht die Wohnung auf eigene Kosten. In der Kommunikation mit ihrem Arbeitgeber nimmt sie für sich die Position in Anspruch, dem Arbeitgeber Verweise zu erteilen, die sich aus der Missachtung ihrer Anforderungen, die sich auf die Lebensbedingungen der Oma und damit auch ihrer eigenen beziehen, aber auch auf den Stellenwert ihrer eigenen Person. Durch die Sprache, in der die moralischen Standards durchgesetzt werden, wird die Relevanz der eigenen Person und Identität betont und der Wert der eigenen Tätigkeit sichtbar.

Auf der Ebene der Interaktion mit dem Arbeitgeber kann sie ihre normativen Standards durchsetzen. Sie führt mit dem Arbeitgeber eine Art „moralischer Kommunikation" (Bergmann/Luckmann 1999), mit ihren sprachlichen Handlungen infantilisiert sie ihn und setzt ihn herab. Damit positioniert sie sich auf der überlegenen Seite und weist dem Arbeitgeber einen niedrigen Status zu, in dem sie ihn verachten kann.

Jadwigas Argumentationsschema beginnt mit der Schilderung und Aufzählung der Aufgaben und Pflichten, die sie zu erfüllen hat und koordinieren muss. Im Weiteren präsentiert sie die Bewältigung ihrer als schwierig empfundenen Situation, wodurch sie eventuelle Kritik an ihrer Arbeit ausschließen will. Daran anschließend bewertet sie ihre Arbeit als unterschätzt und beklagt sich darüber, womit sie an das Verständnis für ihre Situation und an die Sympathie der Zuhörerin appelliert. Sie präsentiert sich als ,Botschafterin' im Namen der Klientin und ihrer Kolleginnen mit einer klaren Vorstellung davon, was aus ihrer Sicht erforderlich ist. Ihre Argumentation berechtigt sie aus ihrer Sicht, anschließend eine moralisierende Position einzunehmen und dem Arbeitgeber „die Leviten zu lesen". Mit seiner Reaktion auf ihre Arbeit und die Durchsetzung ihres Plans wird ihr Bemühen trivialisiert. Sie wird für ihr Tun weder gelobt noch kritisiert, was von der Sichtbarkeit ihrer Arbeit zeugen würde, sondern als „Verrückte" bezeichnet und damit als eine Person dargestellt, die nicht den einer Pflegeperson entsprechenden Normen entspricht.

Die Episode ist ein Aushandlungsprozess auf dem Hintergrund der Ungleichheit, die Jadwiga jahrelang erfahren und „schweigend" ausgehalten hat. Indem sie während des Interviews biografische Arbeit leistet und ihre gegenwärtige Situation mit der in Polen vergleicht, bilanziert sie die vergangene Zeit als eine abgeschlossene Phase. Sie versucht zu retten bzw. zu ändern. Eine Reflexion über die jetzige Lage folgt in dem Versuch, sich in begrenztem Rahmen zu wehren.

11.4.1 Der Arbeitsbogen von Jadwiga

Ausgehend vom zitierten Ausschnitt des Interviews besteht Jadwigas Arbeitsbogen (der Pflege und Haushaltstätigkeit) aus folgenden Arbeitsformen:

- *Comfort work* – die Komplexität der Arbeit zur Sicherung des Wohlbefindens der Patientin, z.B. Jadwiga streicht die Wohnung, um anständige Lebensbedingungen für Frau Allenstein herzustellen oder kauft einen Ventilator, wenn es in der Wohnung zu heiß ist.

- *Task work* – pflegerische medizinische Tätigkeiten, die Jadwiga als eine ausgebildete und erfahrene Krankenschwester ausübt, um z.B. die Entstehung vom Dekubitus zu verhindern; die arbeitsteilige Rotation der illegal arbeitenden Haushalts- und Pflegekräfte und deren Koordination mit der Arbeit der legal arbeitenden deutschen Pflegedienste.

- *Biographical work* – die psychologische und Reflexionsarbeit, die dem Klienten helfen soll, aus einer der derzeitigen Phase der Biografie resultierenden Krise herauszukommen bzw. sie auszuhalten; Jadwiga agiert in der Auseinandersetzung mit dem Sohn als Fürsprecherin für Frau Allenstein und ihre unberücksichtigten Bedürfnisse.

- *Articulation work* – sie rettet die Patientin als Menschen, die der Sohn aus ihrer Perspektive vernachlässigt; sie artikuliert Empörung über die Vernachlässigung.

- *Evaluation work* – die Bewertung der Qualität der Arbeit, die von ihr und anderen erbracht wird.

Jadwiga ist an dem Gesamtarbeitsbogen der Klientin beteiligt und ist diejenige, die die lebengeschichtliche Totalität der Klienten-Fallproblematik im Auge hat, ihre Bedürfnisse erkennt und aktiv auf sie eingeht.

11.4.2   Grundparadoxie des professionellen Handelns: Adressatendilemma

Jadwiga steht in ihrer Arbeit dauerhaft vor einem Dilemma: Einerseits positioniert sie sich auf der Seite der Patientin und will sich für deren Wohlbefinden einsetzen, steht aber andererseits einem Arbeitgeber gegenüber, der ihre Vorstellung, in welcher Form man sich um seine kranke Mutter kümmern sollte, nicht teilt. Schütze bezeichnet diese ambivalente Handlungssituation als Adressatendilemma: „Fokussierung des Professionellen auf einen einzelnen Klienten bzw. eine einzelne Klientenpartei oder Fokussierung auf das gestalthafte gemeinsame Interaktions- und Beziehungsgeflecht des Klienten" (Schütze 2000: 79). Die Rahmenbedingungen ihrer Pflege werden durch ihren Arbeitgeber ständig erschwert; um alles muss sie kämpfen, Zugeständnisse zäh erringen. Um ihre Arbeitsstelle nicht zu verlieren, bleibt sie der Willkür des Sohnes/Arbeitgebers ausgeliefert, sie kann nicht ausschließlich als Sprecherin der Patientin fungieren und muss sich auf einen Aushandlungsprozess einlassen.

Zwar könnte sie sich der Situation der Patientin gegenüber gleichgültig verhalten und sich einseitig mit dem Arbeitgeber arrangieren, damit würde sie aber eine Haltung gegenüber seiner Mutter annehmen, die aus Jadwigas Sicht durch eine Vernachlässigung der Familienpflichten gekennzeichnet wäre. Zu einer Ethik der Familienpflichten entwickelt Jadwiga eine professionelle Fürsorgehaltung gegenüber der Patientin als einer Person, die ihr anvertraut ist und für die sie sorgen muss. Die Bezeichnung von Frau Allenstein als ‚Oma' bedeutet dabei keine Familiarisierung der Beziehung, sondern die Übernahme der Rolle im Sinne von Stanislavskij (1988): Sie agiert, „als ob" sie die Rolle der Tochter übernehme, um in der Aushandlungssituation mit ihrem Arbeitgeber auf der Verpflichtung von Kindern gegenüber ihren (alten) Eltern zu bestehen. Die ‚live-in'-Situation und Rundum-die-Uhr-Pflege, Unbestimmtheit der Arbeitsverhältnisse und Übernahme der Familienpflichten von Rudolf bei der Versorgung seiner älteren Mutter sind Ausübung von Tätigkeiten, die weit den monetären Gegenwert ihrer Arbeit überschreiten und einen „emotionalen Mehrwert" im Sinne von Hochschild (2000) hervorbringen. Als Professionell-Handelnde übernimmt sie volle Verantwortung für ihre Handlungen und – entsprechend dem Prinzip der Reziprozität – hält sie den Sohn Rudolf für verantwortlich für seine Handlungen. „Diese wechselseitige Zuschreibung von Verantwortung für vollzogene Handlungen und Verhaltensweisen bildet ein elementares Grundprinzip moralischer Beurteilung und Wertschätzung" (Bergmann/Luckmann 1999: 27).

Sie bleibt letztendlich auf seine Entscheidungen angewiesen. In begrenztem Umfang kann sie ihren Eigensinn und ihre Standards durchsetzen, genau genommen handelt sie ja auch im Sinne und zum Nutzen ihres Arbeitgebers, dem es nur recht sein kann, dass Jadwiga Zusatz-Arbeit leistet und die Wohnung renoviert. Aufgrund ihrer unterprivilegierten Situation und ihres illegalen Status riskiert sie in den Aushandlungen mit dem Arbeitgeber den Verlust ihrer Arbeitsstelle. Indem sie ihn immer wieder herausfordert, ihre Bedingungen und Standards zumindest zur Kenntnis zu nehmen, arbeitet sie in den Szenen der Auseinandersetzung an einer symbolischen Anerkennung ihrer professionellen Pflege.

11.5 Fazit

In dem Interview mit Jadwiga zeigt sich einerseits eindrucksvoll, was die professionelle Herausforderung und zugleich sehr komplexe Handlungsanforderung an ihre Arbeit sind. Professionell an Jadwigas Beziehung zur ‚Oma‘ ist, dass sie alle diffusen Kontakte zur Pflegeperson zum Gegenstand ihrer pflegerischen Professionalität macht. Die Besonderheit ihrer Arbeitssituation besteht in der Ausübung von Tätigkeiten, die nach den normativen Vorstellungen von Jadwiga von den leiblichen Kindern, im vorliegenden Fall von Rudolf, ausgeübt werden müssten – oder zumindest von Personen, denen bei der Anvertrauung der Mutter entsprechend gute Arbeitsbedingungen geboten werden. Da letzteres nicht der Fall ist, sondern ganz im Gegenteil die Arbeitsbedingungen sehr schlecht sind, lässt sich diese Entwertung der geleisteten Pflege durch den Sohn grundsätzlich kritisieren. Andererseits stellt Jadwiga dar, wie sie trotz der gegenwärtig ihre Handlungsmöglichkeiten einengenden Situation Freiräume für sich schafft. Sie nimmt die persönlichen Veränderungen, ihre „Eigenmacht" wahr und leistet „biografische Arbeit" (Corbin/Strauss 1993), indem sie die Situation für sich so umdefiniert, dass sie handlungsfähig wird. Die Kommunikationslosigkeit und die Einsamkeit am Arbeitsplatz, die sie mit der fließenden Zeit konfrontieren, bestärken bei Jadwiga den Willen zu einer schnellen Veränderung der Lebensbedingungen, was sich bei ihr in einem Akt der Wohnungsrenovierung realisiert. Im weiteren Verlauf, als Bilanz ihrer bisherigen Errungenschaften und ihrer Einschätzung der gegenwärtigen Situation, kommt Jadwiga dazu, über die Zukunft in Form eines Handlungsschemas für ihre Kernfamilie, vor allem für ihren Sohn, zu sprechen. Die Migration ermöglicht es ihr, biografische Kontinuität durch den geplanten Aufbau des Familienhauses herzustellen.

Transkriptionskonventionen

(1)   Pause
viell-   Abbruch
nein   betont
NEIN   laut
(lacht)   Kommentar der Transkribierenden
nein   Worte auf Deutsch
„hör mal"   direkte Rede

Literatur

Apitzsch, Ursula (2000): Migration als Verlaufskurve und Transformationsprozess. In: Dausien, Bettina/Calloni, Marina/Friese, Marianne (Hrsg.): Migrationsgeschichten von Frauen. Werkstattberichte des IBL Universität Bremen, S. 62-78.

Apitzsch, Ursula/Inowlocki, Lena (2000): Biographical Analysis: a German School? In: Chamberlayne, Prue/Bornat, Joanna/Wendegraf, Tom (Hrsg.): The Turn to Biographical Methods in Social Sciences. Comparative Issues and Examples. London, New York. S. 53-71.

Apitzsch, Ursula/Chamberlayne, E. Prue/Bornat, Joanna (Hrsg.) (2004): Biographical Methods and Professional Practice. Policy press.

Apitzsch, Ursula/Siouti, Irini (2007): Biographical Analysis as an Interdisciplinary Research Perspective in the Field of Migration Studies. Frankfurt a. M. http://www.york.ac.uk/search/?q=apitzsch&btnG=Search&site=yorkweb&client=york web&output=xml_no_dtd&proxystylesheet=yorkweb (Zugriff: 29. April 2010).

Berger, Peter L./Luckmann, Thomas (1992): Die gesellschaftliche Konstruktion der Wirklichkeit. Eine Theorie der Wissenssoziologie. Frankfurt a. M.: Fischer Taschenbuch Verlag, S. 36-48.

Bergmann, Jörg/Luckmann, Thomas (Hrsg.) (1999): Kommunikative Konstruktion von Moral. Bd. 1, Opladen/Wiesbaden: Westdeutscher Verlag.

Breckner, Roswitha (2005): Migrationserfahrung – Fremdheit – Biographie. Zum Umgang mit polarisierten Welten in Ost-West-Europa. Wiesbaden: VS-Verlag.

Corbin, Juliet M./Strauss, Anselm L. (1993): Weiterleben lernen: chronisch Kranke in der Familie. München: Piper Verlag.

Garfinkel, Harold (2007): Studia z etnometodologii. Warszawa, PWN SA. (Authorized translation from the English language edition, entitled: Studies in Ethnomethodology. Englewood Cliffs, NJ: Prentice-Hall, 1967.)

Gries, Jürgen et al. (Hrsg.) (2005): Bildungssysteme in Europa. Kurzdarstellungen. Berlin: ISIS Berlin e.V., S. 60.

Hochschild, Arlie Russell (2000): Global Care Chains and Emotional Surplus Value. In: Giddens, Tony/Hutton, Will (Hrsg.): On the Edge: Globalization and the New Millennium. London: Sage Publishers, S. 130-146.

Inowlocki, Lena (2000): Sich in die Geschichte hineinreden. Biographische Fallanaly-
sen rechtsextremer Gruppenzugehörigkeit. Frankfurt a. M.: Cooperative Verlag,
Reihe Migration und Kultur.

Inowlocki, Lena (2003): Kritische Theoriebildung zu Antisemitismus, Rassismus und
Reaktionen auf Einwanderung. In: Demirovic, Alex (Hrsg.): Modelle kritischer
Gesellschaftstheorie. Traditionen und Perspektiven der Kritischen Theorie. Stutt-
gart, Weimar: Metzler Verlag, S. 225-246.

Karakayalı, Julianc (2010): Transnational Haushalten. Biographische Interviews mit
care workers aus Osteuropa. Wiesbaden: VS-Verlag.

Lucius-Hoene, Gabriele/Deppermann, Arnulf (2004): Rekonstruktion narrativer Identität. Ein Arbeitsbuch zur Analyse narrativer Interviews. Wiesbaden: VS-Verlag.

Lutz, Helma/Schwalgin, Susanne (2006): Globalisierte Biographien: Das Beispiel
einer Hauhaltsarbeiterin. In: Bukow, Wolf-Dietrich/Ottersbach, Markus/Tuider,
Elisabeth/Yilidz, Erol (Hrsg.): Biographische Konstruktionen im multikulturellen
Bildungsprozess. Wiesbaden: VS-Verlag, S. 99-113.

Lutz, Helma (2007): Vom Weltmarkt in den Privathaushalt. Die neuen Dienstmädchen im Zeitalter der Globalisierung. Leverkusen/Opladen: Verlag Barbara Budrich.

Oevermann, Ulrich (1996): Theoretische Skizze einer revidierten Theorie professio-
nalisierten Handelns. In: Combe, Arno/Helsper, Werner (Hrsg.): Pädagogische
Professionalität. Untersuchungen zum Typus pädagogischen Handelns. Frankfurt
a. M.: Suhrkamp, S. 71-181.

Schütze, Fritz (1980): Interaktionspostulate – am Beispiel literarischer Texte (Dosto-
jewski, Kafka, Handke u.a.). In: Hess-Lüttich, Ernest W.B. (Hrsg.): Literatur und
Konversation. Sprachsoziologie und Pragmatik in der Literaturwissenschaft.
Wiesbaden: Athenaion, S. 72-94.

Schütze, Fritz (1981): Prozeßstrukturen des Lebensablaufs. In: Matthes, Joachim et al.
(Hrsg.): Biographie in handlungswissenschaftlicher Perspektive. Kolloquium am
sozialwissenschaftlichen Forschungszentrum der Universität Erlangen-Nürnberg.
S. 67-156.

Schütze, Fritz (1983): Biographieforschung und narratives Interview. In: Neue Praxis,
Jg. 13, H. 3, S. 283-293.

Schütze, Fritz (1987): Das narrative Interview in Interaktionsfeldstudien: Erzähltheo-
retische Grundlagen. Teil I: Merkmale von Alltagserzählungen und was wir mit
ihrer Hilfe erkennen können. Studienbrief der Fernuniversität Hagen.

Schütze, Fritz (1995): Verlaufskurven des Erleidens als Forschungsgegenstand der
interpretativen Soziologie. In: Krüger, Heinz-Herrmann/Marotzki, Wilfried
(Hrsg.): Erziehungswissenschaftliche Biographieforschung. Opladen, Leske und
Budrich, S. 116-157.

Schütze, Fritz (1996): Organisationszwänge und hoheitsstaatliche Rahmenbedingungen im Sozialwesen: Ihre Auswirkung auf die Paradoxien des professionellen
Handelns. In: Combe, Arno/Helsper, Werner (Hrsg.): Pädagogische Professionalität. Untersuchungen zum Typus pädagogischen Handelns. Frankfurt a. M.:
Suhrkamp, S. 183-275.

Schütze, Fritz (2000): Schwierigkeiten bei der Arbeit und Paradoxien des professionellen Handelns. Ein grundlagentheoretischer Aufriss. Zeitschrift für qualitative
Bildungs-, Beratungs- und Sozialforschung, 1, S. 49-96.

Schütze, Fritz (2002): Schwierigkeiten bei der Arbeit und Paradoxien des professionellen Handelns. Ein grundlagentheoretischer Aufriß. In: Zeitschrift für qualitative Bildungs-, Beratungs- und Sozialforschung 1 (1) 2000, S. 49-96.

Stanislavskij, Konstantin Sergeevic (1988): Die Arbeit des Schauspielers an der Rolle: Fragmente eines Buches. Westberlin: Verlag Das Europäische Buch.

Strauss, Anselm L. (1985): Work and the Division of Labor. In: Sociological Quarterly 26/1, S. 1-19.

12 Transnationale und lokale Organisierungsprozesse für eine ILO-Konvention „Decent Work for Domestic Workers"

Helen Schwenken

12.1 Einleitung

> „In San Francisco arbeiten wir als *Women's Collective of La Raza Centro Legal* vor allem mit Migrantinnen aus Lateinamerika. Für uns ist es sehr wichtig, ihnen Hoffnung und Selbstvertrauen zu bringen, dass der Kampf weiter geht. Diese Konvention wird uns stärken."[1]

Diese Einschätzung einer internationalen Konvention als „organizing tool" (Prügl 2009) vertrat die frühere Haushaltsarbeiterin und derzeitige Aktivistin Guillermina Mendoza, als sie im Juni 2010 gemeinsam mit mehreren Dutzend weiteren Hausarbeiterinnen an den Verhandlungen der Internationalen Arbeitsorganisation (International Labour Organisation, ILO) zu einer Konvention „Decent Work for Domestic Workers" teilnahm. Aus der Forschung zu internationalen Normen aus Geschlechterperspektive ist bekannt, dass die Verabschiedung einer internationalen Konvention die realen Lebensbedingungen von Frauen weder sofort ändern kann, noch eine Garantie für die Implementierung ist. Eine starke Frauenbewegung und die Interventionen von frauenpolitisch Aktiven auf allen Ebenen sind Bedingungen für die Wirksamkeit solch einer Konvention.

---

1 Im Rahmen der 99. Arbeitskonferenz der ILO im Juni 2010 habe ich sieben Einzelinterviews und ein Gruppeninterview (gemeinsam mit Rebeca Pabon) mit sieben Haushaltsarbeiterinnen durchgeführt, sowie an den Verhandlungen und den Treffen der „Workers' Group" als teilnehmende Beobachterin teilgenommen. Weitere Gespräche mit in dem Prozess Aktiven fanden vor und nach der Konferenz statt.

Das Thema der zumeist prekären Beschäftigungssituation von Haushaltsarbeiterinnen steht bereits seit 1948 immer wieder auf der Agenda der ILO.
Lange wurde angenommen, dass die Existenz von ‚Hausmädchen' ein Über-
gangsphänomen sei, das mit der Modernisierung verschwinde und folglich
keiner globalen Regulierung bedürfe. Dem ist jedoch nicht so. Anfang des
Jahrtausends ergab sich eine politische Situation in der ILO, in der die Kon-
kretion eines standardsetzenden Instruments möglich schien. So diskutiert die
ILO auf ihren Beschluss fassenden Konferenzen 2010 und 2011, ob und
wenn ja, welches Instrument sie verabschieden soll, um Haushaltsarbeiterinnen „decent work" – das Leitmotiv der ILO – zu ermöglichen. Die ILO ist
zwar eine UN-Unterorganisation, unterscheidet sich jedoch signifikant von
dieser, beispielsweise durch ihre tripartite Struktur – Regierungen, Gewerkschaften, Arbeitgeber. Dadurch ergeben sich potenziell andere Kräftekonstel-
lationen als bei der UN. Eine Mehrheit von Regierungen und Gewerkschaften sprach sich im Juni 2010 für eine Konvention aus, die durch eine
Empfehlung konkretisiert werden soll. Die ArbeitgeberInnen halten eine
nichtverbindliche Empfehlung für ausreichend.

Vor diesem Hintergrund möchte ich in diesem Beitrag drei Problemkomplexe
diskutieren:

Erstens bearbeite ich die *Frage der politischen und gewerkschaftlichen
Organisierung* von und für die Rechte von Haushaltsarbeiterinnen mit dem
Ziel, auf den ILO-Prozess Einfluss zu nehmen. Die Verknüpfung von loka-
lem Aktivismus und globalem Lobbying ist weder einfach noch konfliktfrei.
Amrita Basu identifiziert drei Elemente, die das Lokale und das Globale zu
verknüpfen helfen: die Existenz von transnationalen Advocacy-Netzwerken,
die internationale Finanzierung von Aktivitäten und die Herstellung globaler
Diskurse, die nicht zuletzt durch globale Konferenzen etabliert werden (Basu
2010: 5). Im Bereich der Haushaltsarbeit ist weltweit ein Muster von Organisierung und Mobilisierung zu erkennen: Am stärksten ist der Aktivismus auf
lokaler Ebene verankert, häufig unter starker Beteiligung von Frauen und
Migrantinnen, die in Privathaushalten arbeiten oder gearbeitet haben. Auf
nationaler und großregionaler Ebene existieren in vielen Ländern ein Austausch und eine Vernetzung der Aktivitäten. Auf globaler Ebene hingegen
hat es bislang wenig Koordination gegeben. Für den ILO-Prozess ist diese
Situation eine Herausforderung: Wie können Organisationen von Haushaltsarbeiterinnen Einfluss nehmen auf diesen Prozess? Werden sie im tripartiten
Kontext der ILO überhaupt gehört, in dem Gewerkschaften, Arbeitgeberverbände und nationale Regierungen das Sagen haben?

Zweitens sind die *vorgeschlagenen Maßnahmen* im ILO-Prozess von Interesse. Sind diese geeignet, der Komplexität der Lebens- und Arbeitsver-

hältnisse gerecht zu werden? Denn beim Phänomen der Haushaltsarbeit über-
lappen sich vier Problemkomplexe und entsprechende Regime: 1) das Geschlechterregime und die innerfamiliäre Verteilung von Haushalts- und Für-
sorgearbeiten; 2) die Sorgeregime als Teil der Wohlfahrtsregime mit ihrer je
spezifischen Verteilung von Verantwortung zwischen Staat, der Familie und
dem Markt; 3) Migrationsregime, in denen die Einwanderung von Haushaltsarbeiterinnen gefördert oder sanktioniert wird (Lutz 2008: 2; Lutz/Palenga-
Möllenbeck in diesem Band); 4) das Arbeits(rechts)regime mit nationalen
Spezifika, in denen häufig Haushaltsarbeit von der nationalen Arbeitsgesetzgebung ausgenommen ist und somit das Einklagen von Löhnen o.ä. erschwert ist. Kann eine ILO-Konvention dieser Komplexität Rechnung tragen
oder ist sie aufgrund des Mandats und der Reichweite der ILO notwendigerweise begrenzt?

Damit ist die dritte Fragestellung verbunden: *Welche Bedeutung und Relevanz wird die geplante ILO-Konvention haben?* Gibt es die Chance, die realen Lebens- und Arbeitsbedingungen von Haushaltsarbeiterinnen weltweit zu
verbessern? Oder bleibt die Konvention – wie viele vor ihr – ein zahnloser
Tiger?

12.2 Die ILO nimmt das Thema der Haushaltsarbeit auf die Tagesordnung

Die ILO hat das Thema der Haushaltsarbeit auf die Tagesordnung für ihre
99. Internationale Arbeitskonferenz im Juni 2010 genommen. Dort sprach
sich die Mehrheit für ein Standard setzendes Instrument in diesem Sektor
aus, das auf der 100. Konferenz im Juni 2011 erneut diskutiert und verabschiedet werden soll. Eingebettet ist die Initiative in die „Decent Work Agenda" der ILO, der vier strategische Prinzipien zugrunde liegen: Erstens die
Einhaltung von Kernarbeitsnormen und Arbeitsstandards; zweitens die
Schaffung von Erwerbsarbeits- und Einkommensmöglichkeiten; drittens der
Zugang zu sozialer Sicherung und Schutz für alle Beschäftigten; viertens die
Etablierung von sozialem Dialog und Tripartismus. Der Diskussion auf den
ILO-Konferenzen vorausgegangen ist ein Konsultationsprozess, der einen
ausführlichen globalen Überblick über Definitionen und die Rechtslage (ILO
2009) und einen zweiten Bericht mit Ergebnissen einer Befragung aller beteiligten Stakeholder enthält (ILO 2010a). Die Beteiligung an den Prozessen ist
im Vergleich mit anderen ausgesprochen hoch. Anschließend an die Be-

schlussfassung im Juni 2011 wird im Falle der Verabschiedung eines Instruments der Ratifizierungs- und Implementationsprozess beginnen. In diesen offiziellen Prozess innerhalb der ILO sind als Stakeholder Regierungen, Gewerkschaften und Arbeitgeberorganisationen einbezogen. Anderen Interessengruppen wie zum Beispiel NGOs kommt keine formale Rolle zu. Auch war in der Vergangenheit das Interesse der Zivilgesellschaft an den ILO-Verhandlungen relativ gering.

12.3 Die Organisierung von und für Haushaltsarbeiterinnen

Form und Grad der Organisierung von und für Haushaltsarbeiterinnen variieren weltweit beträchtlich. Aufgrund der Struktur des Sektors handeln Haushaltsarbeiterinnen häufig das Arbeitsverhältnis zu ihren ArbeitgeberInnen in impliziter und informeller Weise aus (Chang/Ling 2000, Shinozaki 2005). Soziale, transnationale und ethnische Netzwerke dienen der gegenseitigen Unterstützung und der Vermittlung von Arbeitsplätzen. Aber auch in Kontexten, in denen Haushaltsarbeit vertraglich geregelt und in der nationalen Arbeitsgesetzgebung anerkannt ist, verlieren informelle Organisierungsprozesse nicht an Bedeutung. So setzt sich Shireen Ally mit dem Paradox auseinander, dass in Südafrika viele Haushaltsarbeiterinnen auch nach der Apartheid weiterhin informelle Strategien gegenüber durchgesetzten, formalen rechtlichen Verfahren und gewerkschaftlichen Organisierungsprozessen bevorzugen, um ihre Rechte wie etwa Mutterschutz gegenüber ihren ArbeitgeberInnen durchzusetzen (Ally 2009).

12.3.1 Lokal, national, transnational

Transnationale Bewegungen basieren auf einem grenzüberschreitenden Zusammengehörigkeitsgefühl, seltener auf realer intensiver Kooperation lokaler Akteure. Wichtig für eine globale Bewegung sind auch zentrale, symbolische (Gegen-)Veranstaltungen. Im Bereich der Organisierung von Haushaltsarbeiterinnen gibt es erst ansatzweise eine transnationale, die Kontinente überschreitende Vernetzung, die meisten Aktivitäten und koordinierten Mobilisierungen finden auf lokaler, nationaler und regionaler Ebene statt. Bislang gab es für Haushaltsarbeiterinnen auch wenig globale Veranstaltungen, zu denen sie mobilisieren konnten. Dies beginnt sich zu ändern. So hat der ILO-Prozess einen globalen Organisierungsprozess angestoßen. Auch finden auf den Alternativveranstaltungen zum Global Forum on Migration and Development (GFMD), der People's Global Action (PGA), seit 2007 globale Vernetzungstreffen zu Haushaltsarbeit und Migration statt.

Auf großregionaler Ebene existieren recht ausgeprägte und gut funktionierende Netzwerke von Selbstorganisationen von Haushaltsarbeiterinnen und unterstützenden Gruppierungen. Netzwerke gibt es in Lateinamerika und der Karibik, in den USA, in Asien sowie in Europa.

Exemplarisch gehe ich auf zwei Regionen ein. Asien ist die Großregion mit der ausdifferenziertesten Landschaft an Organisationen für Haushaltsarbeiterinnen. Dies ist darauf zurückzuführen, dass viele asiatische Staaten eine ‚Arbeitskraftexportstrategie' betreiben, in der die temporäre Migration von Frauen als Haushaltsarbeiterinnen eine tragende Rolle spielt (vgl. Rodriguez 2010, Gamburd 2000, Oishi 2005). Die „Asian Migrant Domestic Workers Alliance" wurde 2007 gegründet und umfasst Selbstorganisationen, Gewerkschaften von Haushaltsarbeiterinnen und Nichtregierungsorganisationen. Ziel ist es, auf großregionaler Ebene Einfluss zu nehmen, u.a. um die Bedingungen, unter denen Haushaltsarbeiterinnen mit temporären Verträgen arbeiten, zu verbessern. Darüber hinaus spielen der Migrationsaspekt und das Empowerment von Arbeitsmigrantinnen eine zentrale Rolle.

Das europäische RESPECT-Netzwerk ist eine lose Vernetzung von Selbstorganisationen von Haushaltsarbeiterinnen, von Unterstützungsorganisationen, Wissenschaftlerinnen und einigen Gewerkschafterinnen. Als die Europäische Union die Aktivitäten des Netzwerks förderte, war es sehr aktiv. Nach dem Auslaufen der Förderung gestaltet sich die Arbeit vor allem auf ehrenamtlicher Basis prekär (siehe ausführlicher Schwenken 2006). Anders als in Asien spielt die organisierte Form der Arbeitsmigration keine große Rolle, sondern die Illegalisierung vieler Frauen und die damit verbundenen Probleme wie Lohnvorenthaltung und drohende Abschiebung. Der europäische Kontext ist auch insofern ein anderer als in Asien, als dass die Beschäftigung von Migrantinnen in Privathaushalten erst in den letzten etwa zwanzig Jahren deutlich zugenommen hat.

Die großregionale Vernetzung stellt meiner Beobachtung nach eine wichtige Ebene der Verknüpfung von lokalen und nationalen Aktivitäten und der im Aufbau befindlichen globalen Vernetzung dar (siehe 12.4.3). Auch kommen Personen mit unterschiedlichen Organisationsansätzen und Inhalten zusammen, die sich so oder in ähnlicher Form auf globaler Ebene wiederfinden. Ein häufig nicht ganz spannungsfreies Verhältnis gibt es beispielsweise zwischen Gewerkschaften und Haushaltsarbeiterinnen.

12.3.2　Verhältnis zwischen Gewerkschaften und Haushaltsarbeiterinnen

Gewerkschaften sind zumindest in vielen Staaten etablierte Großorganisationen mit einer eigenen Logik und einer ausgeprägten Hierarchie, häufig von Männern dominiert und im formellen Sektor angesiedelt. Haushaltsarbeiterinnen sind jedoch meistens in wenig formalisierten Netzwerken und – im Falle von Migrantinnen – entlang von *ethnic communities* organisiert. Sie verrichten eine typische Frauenarbeit in isolierten Privathaushalten und häufig im informellen Sektor. Allein von dieser Ausgangslage her lässt sich erahnen, dass eine Organisierung von Haushaltsarbeiterinnen in traditionellen Gewerkschaften mit Schwierigkeiten verbunden sein kann. Beschäftigte in Privathaushalten lassen sich gewerkschaftlich schlecht erreichen, denn der Arbeitsplatz ist nicht im traditionellen Sinne organisierbar. Für die Beschäftigten gilt in den meisten Fällen kein Tarifvertrag, und wenn einer existiert, wie etwa in Deutschland, ist dieser in der Praxis irrelevant. Dass in diesem Sektor auch viele Migrantinnen häufig ohne legalen Status arbeiten, erschwert die gewerkschaftliche Parteinahme ebenfalls, da sich nur wenige Gewerkschaften aktiv für Migrantinnen ohne Papiere einsetzen.

Allerdings kommt es bezüglich der Offenheit von Gewerkschaften und des Organisierungsgrades sehr auf den Kontext an: Während in Deutschland die Organisierung von Haushaltsarbeiterinnen in Gewerkschaften erst ganz am Anfang steht, gibt es in einigen asiatischen und lateinamerikanischen Ländern seit vielen Jahren und Jahrzehnten (bspw. seit 1936 in Brasilien, seit 1926 in Chile) eigene Gewerkschaften von Haushaltsarbeiterinnen bzw. sind sie in Gewerkschaften stark vertreten. In ihrer Studie zum Verhältnis zwischen Haushaltsarbeiterinnen und Gewerkschaften in Hongkong und Amsterdam sind Dina Nuriyati und Rebeca Pabon zu dem Ergebnis gekommen, dass Haushaltsarbeiterinnen über eigene Strukturen verfügten, bevor sie in Kontakt mit einer Gewerkschaft traten bzw. dieser beitraten (Nuriyati/Pabon 2009). Eine Stärke der Migrantinnen war es, diese Strukturen beizubehalten und nicht zugunsten der Gewerkschaftsstrukturen aufzugeben. Auf Seite der Gewerkschaften stellen Nuriyati und Pabon jedoch fest, dass es noch ein fehlendes Bewusstsein gibt, Haushaltsarbeiterinnen zu organisieren, und es in beiden Fällen NGOs waren, die den Organisierungsprozess unterstützten. Allerdings kam es auch darauf an, mit welchen NGOs die organisierten Haushaltsarbeiterinnen Allianzen eingingen. Es waren im Fall von Amsterdam und Hongkong nicht diejenigen NGOs, die zum Thema Frauenhandel arbeiten und die Haushaltsarbeiterinnen vor allem als Opfer betrachten und ansprechen, sondern die Organisationen, die einen „empowered worker approach" vertreten (ebd.). Diese Fallstudien lassen Schlüsse für den erfolgreichen Umgang zwischen Gewerkschaften und Organisationen von Haushaltsarbeiterinnen zu. So sind erstens die Beibehaltung der sozialen Netzwerke und der Autonomie von Haushaltsarbeiterinnen eine wichtige Voraussetzung, um sich in den gewerkschaftlichen Organisierungsprozess einzubringen; zweitens können NGOs als Scharniere funktionieren. Insofern ist neben der Vermittlung der räumlichen Organisierungsebenen eine Vermittlung verschiedener Organisationslogiken vonnöten, soll die Vernetzung und Reichweite der Organisationen von Haushaltsarbeiterinnen erweitert werden.

12.4 Strategien, den ILO-Prozess zu beeinflussen

Von engagierten GewerkschafterInnen und VertreterInnen der Netzwerke und Organisationen von Haushaltsarbeiterinnen wurden verschiedene Strategien entwickelt, um den ILO-Prozess zu begleiten und in eine Richtung zu leiten, die zur Verabschiedung eines starken Instruments führt. Drei dieser Strategien habe ich bislang in dem Prozess identifiziert: 1) die Schaffung eines Problembewusstseins zu Haushaltsarbeit vor allem in der Gewerkschaftsbewegung; 2) die Reflexion früherer Diskussionen in der ILO zu ähnlichen Themen und 3) die Entwicklung eines Umgangs mit der spezifischen Struktur der ILO, in der Nichtregierungsorganisationen nicht zu den Stakeholdern gehören, jedoch viele der Haushaltsarbeiterinnen über NGOs organisiert sind und insofern vom ILO-Prozess ausgeschlossen wären. Diese drei Strategien sind dazu geeignet, die Basis für die Verabschiedung eines neuen ILO-Instruments zu Haushaltsarbeit zu verbessern. Allerdings sind Prozesse, die am Bewusstsein und der Organisationsfähigkeit der Basis ansetzen, notwendigerweise Prozesse, die auf längere Zeiträume angelegt sind als der unter 12.2 beschriebene ILO-Prozess.

12.4.1 Die Schaffung eines Problembewusstseins

Die Kernfrage ist, wie es erreicht werden kann, dass möglichst viele ILO Stakeholder sich mit dem Thema Haushaltsarbeit befassen. Für die Arbeitgeberorganisationen ist und bleibt Haushaltsarbeit ein irrelevantes Feld, da die ArbeitgeberInnen in der Regel Privatpersonen und nicht in den Arbeitgeberverbänden organisiert sind. Zudem sprechen sich in der ILO die Arbeitgeberverbände meistens gegen neue Konventionen aus. Bei der Internationalen Arbeitskonferenz im Juni 2010 argumentierten sie unter anderem, dass eine zu starke und unflexible Regulierung des Sektors eher zu noch mehr Informalität führen würde und zudem nationalen Spezifika nicht gerecht würde (ILO 2010b).

Regierungen sind unterschiedlich stark am Thema interessiert. In Staaten wie den Philippinen ist das Interesse am größten, da die Misshandlung und Ausbeutung von in Übersee arbeitenden Hausangestellten zu einem großen innenpolitischen Thema werden kann (vgl. Rodriguez 2010: 93ff.). Dies ist der Fall, weil rund zehn Prozent der Bevölkerung in Übersee arbeitet, davon viele Filipinas als Hausangestellte. Eine Strategie von Hausarbeiterinnenorganisationen und Gewerkschaften, damit sich die Regierungen stärker für eine Konvention einsetzen, ist es, Kontakt zu den Regierungen zu halten.

Aber auch bei den Gewerkschaften ist das Bewusstsein in Bezug auf die prekären Arbeitsverhältnisse von Haushaltsarbeiterinnen selten stark und gut verankert. Die Gründe der schlechten Organisierbarkeit wurden eingangs schon beschrieben, aber nicht zuletzt beschäftigen in vielen Ländern auch GewerkschafterInnen Haushaltsarbeiterinnen und haben wenig Interesse an höheren Löhnen (Gespräch mit der Präsidentin der brasilianischen Dienstleistungsgewerkschaft CONTRACS, Sao Paulo, 5.7.2010). Daher besteht eine Strategie darin, Gewerkschaften über einen längeren Zeitraum hinweg mit dem Thema zu konfrontieren. Gelegenheiten hierfür gibt es einige: die innergewerkschaftliche Kommunikation oder die Diskussion der Zusammensetzung der Gewerkschaftsdelegation für die ILO-Konferenz. Hausarbeiterinnenorganisationen haben zudem Druck von der Basis entfaltet, indem sie ihre Forderungen an die Gewerkschaften herantrugen, um die ILO-Stakeholder-Befragung zu beeinflussen (ILO 2010a). Zudem schickten sie selber Fragebögen zur ILO. Dies stellte für die Haushaltsarbeiterinnen eine wichtige Form der – von der ILO nicht vorgesehenen – Partizipation am ILO-Prozess dar, auch wenn die Fragebögen nicht formal ausgewertet wurden. Die Schaffung eines globalen Diskurses in und außerhalb von Gewerkschaften zu Hausarbeit wurde vorbereitet durch das langjährige Engagement von lokalen Organisationen. Dieses Strategieelement scheint zu funktionieren, wenn auch nicht überall, so gibt es in Deutschland bei fast allen Beteiligten kaum ein Wissen um den ILO-Prozess.

12.4.2 Aus Fehlern lernen

Die Regulierung von Haushaltsarbeit stand schon wiederholt auf der Agenda der ILO: 1948 wurde ein Resolution verabschiedet, 1965 gab es eine Initiative für ein Standard setzendes Verfahren. Allerdings ist es nie bis zu der Verabschiedung einer Konvention oder einer Empfehlung gekommen. Daher erachten die BefürworterInnen einer solchen Konvention es für wichtig, aus

Fehlern in der Vergangenheit zu lernen. Für den informellen Sektor existiert die 1996 verabschiedete Home Work Convention (C177), die aber mit sieben Ratifizierungen (Stand: 06.04.2010) nur auf sehr schwache Resonanz stieß. Ein Problem stellte sich bereits bei der Diskussion der Konvention: das Fehlen von Statistiken, die für die Plausibilisierung der Relevanz wichtig waren. Arbeitgeber und skeptisch eingestellte Regierungen konnten so die Relevanz der Heimarbeit in Frage stellen (Pape 2009b). Daher gab es im Vorfeld der Haushaltsarbeitskonvention den Versuch, weltweit Statistiken zusammen zu tragen, die verdeutlichen, dass es sich um einen aktuell und zukünftig relevanten Sektor handelt (Heimeshoff/Schwenken 2010).

Als weitere Schwierigkeit kommt hinzu, dass informelle Arbeit, Migration und Gender nicht nur organisatorisch getrennte Regime darstellen (Lutz 2008: 2), sondern jeweils für sich genommen schon problematische Themen im Kontext der ILO und des Arbeitsregimes sind. Eine vergleichbare Situation gab es bei der Heimarbeitskonvention:

> "[...] all home-based workers disturb the rules that have been codified in the international labor regime. These rules are premised upon a separation of home and work, ordering conditions of work (e.g. working time) and social services (e.g. occupational health) around home and workplace, perceived as clearly demarcated and mutually exclusive. In the case of the homework convention, this fed a contentious debate of what it means to be a worker" (Prügl 2009).

Zwar gibt es zu allen drei Bereichen innerhalb der ILO viel Fachwissen und es wurden wichtige Schritte unternommen, auch für diese schwachen Interessen Partei zu ergreifen und allgemein gültige Mindeststandards zu etablieren, dennoch kann über die jeweilige Marginalität und die von Prügl benannten grundsätzlichen Probleme nicht hinweggesehen werden. Im Bereich der Frauen- und Genderpolitik hat die ILO wichtige Initiativen entwickelt und über eine Gender-Mainstreaming-Strategie institutionalisiert (Schmidt 2007). Im Bereich der Migration sind ILO-Konventionen generell und insbesondere solche, die auch irreguläre MigrantInnen umfassen, von Zielländern kaum ratifiziert. Auf der Internationalen Arbeitskonferenz 2004 stand das Thema der Arbeitsmigration auf der Tagesordnung. Als Ergebnis wurde ein nicht verbindliches Dokument erstellt, das alle bisherigen Beschlüsse und Grundlagen der ILO zum Thema Migration zusammenführt und eine Rechte-basierte Strategie favorisiert (ILO 2006). Für den Bereich der irregulären Migration wurde ein Umgang gefunden, dem auch die meisten Regierungen und Gewerkschaften zustimmen konnten, auch wenn sie auf nationaler oder lokaler Ebene ein eher distanziertes Verhältnis zu irregulären MigrantInnen haben. Im Sinne einer „don't ask, don't tell"-Politik wurde nicht die Einreise oder der legale Status der MigrantInnen thematisiert, sondern pragmatische Lösungen für ein existierendes Problem gesucht. Eine Begründung von Seiten der Gewerkschaften bestand darin, dass möglichst hohe Mindeststandards für alle gelten sollen, damit ein Unterbieten von Löhnen erschwert wird.

12.4.3 Umgang mit dem spezifischen Terrain der ILO

Eine dritte Strategie, um die Basis für eine Haushaltsarbeitskonvention schon im Vorfeld zu verbreitern, besteht im bewussten Umgang mit dem Tripartismus der ILO. Die ILO-Arena ist deutlich anders beschaffen als etwa die der Vereinten Nationen, mit der mehr NGOs Erfahrung haben. Verschiedene Funktionslogiken sind immer eine Herausforderung in der internationalen Kooperation, etwa zwischen einer „internationalist identity-solidarity logic" und einer „transnational IGO-advocacy logic" (Basu 2010: 10). Die Gewerkschaftsbewegungslogik unterscheidet sich, wie ausgeführt, noch einmal von Bewegungs- und NGO-Logiken, deshalb ist bei der Zusammenarbeit viel Übersetzungsarbeit notwendig. Ein Strategieelement besteht in der Kooperation zwischen der internationalen NGO WIEGO (Women in Informal Employment: Globalizing and Organizing) und dem globalen Gewerkschaftsverband IUF (International Union of Food, Agricultural, Hotel, Restaurant, Catering, Tobacco and Allied Workers' Associations). Eine solche Kooperation hat es bisher nicht gegeben (Pape 2009a: 27). Innerhalb der Gewerkschaften können insbesondere ‚union feminists' eine wichtige Schnittstelle zwischen Frauen-, Hausarbeiterinnen- und Gewerkschaftsbewegung sein (Fonow/Franzway 2007: 165).

Ende 2006 kamen in Amsterdam organisierte Haushaltsarbeiterinnen, Gewerkschafterinnen, Frauenorganisationen und andere Gruppen zu einer Konferenz zusammen, auf der bereits gemeinsame Forderungen verabschiedet wurden (Domestic Workers Conference 2006). Der globale Gewerkschaftsverband IUF übernahm die Federführung in der Organisierung eines globalen Netzwerkes (Pape 2009a: 26). Aus dieser Kooperation ist schließlich 2008 das International Domestic Workers Network hervorgegangen. Nur Hausarbeitsgewerkschaften und andere Mitgliedsorganisationen haben das Recht, Entscheidungen zu treffen. Allein Frauen, die selbst als Hausangestellte gearbeitet haben, dürfen Ämter übernehmen. Organisationen, die unterstützend tätig sind, können sich beteiligen, allerdings ohne Stimmrecht (Pape 2009a). Das Netzwerk wird nach Außen repräsentiert von regionalen

Vertreterinnen.[2] Die Organisationsform hat auch Kritik hervorgerufen, da eher heterogen zusammengesetzte Organisationen und Netzwerke den Kriterien nicht entsprechen und sich daher nicht aktiv beteiligen können.

Eine wichtige Funktion des Netzwerkes ist, die Haushaltsarbeiterinnen mit den ILO-Verfahrensweisen vertraut zu machen. Im Juni 2009 hat der Lenkungsausschuss des Netzwerks bereits an der Internationalen Arbeitskonferenz teilgenommen, um sich genau anzusehen, wie die ILO arbeitet und wie Diskussionen auf der Internationalen Arbeitskonferenz (ILC) vonstattengehen. Das internationale Netzwerk von Haushaltsarbeiterinnen informierte zudem Gewerkschafts- und RegierungsvertreterInnen über ihre Arbeitsbedingungen und ihre Forderungen (Pape 2009a). Auf der ILO-Konferenz 2010 gab es ein Treffen mit dem Generaldirektor der ILO, Juan Somavía.

12.5 Ein globaler Diskurs zu Haushaltsarbeit?

Um auf dem Terrain der ILO erfolgreich zu sein, muss das Thema der Haushaltsarbeit auf ‚Arbeit' fokussiert werden. Eine Frage ist somit, ob es einen globalen Diskurs zu Haushaltsarbeit gibt. Zumeist gibt es zu Haushaltsarbeit eine Vielfalt von Diskursen, die die Regimekomplexität abbilden (vgl. für Europa Schwenken 2006). Einige Organisationen stellen Geschlechterverhältnisse und Frauenrechte in den Vordergrund, andere befassen sich mit Frauenhandel und Zwangsarbeit, wieder andere heben die Dimension der Arbeitsrechte hervor. Bei vielen Organisationen hat sich im letzten Jahrzehnt eine Tendenz in Richtung der Betonung von Arbeitsrechten abgezeichnet, unter anderem mit der Perspektive, längerfristig Gewerkschaften als Verbündete zu gewinnen (ebd.).

Der sich als Konsens abzeichnende Bezug auf ‚Arbeit' kann allerdings mit unterschiedlichen normativen Positionen verbunden sein: Ist es wünschenswert, dass der Sektor der bezahlten Haushaltsarbeit wächst oder sollte das Ideal nicht seine Abschaffung sein? Ist der Sektor Ausdruck von einer

---

2   Für Afrika ist dies die South African Domestic, Service and Allied Workers' Union (SADSAWU), für Asien das Asian Domestic Workers' Network (ADWN) und die Asia Migrant Domestic Worker Alliance (ADWA), für die Karibik die National Union of Domestic Employees (NUDE) aus Trinidad & Tobago, für Lateinamerika die Confederación Latinoamericana y del Caribe de Trabajadoras del Hogar (CONLACTRAHO, Latin American and Caribbean Confederation of Household Employees), für Nordamerika die National Domestic Workers' Alliance (NDWA); die regionale Vertretung innerhalb Europas ist noch ungeklärt.

wachsenden Ungleichheit zwischen Frauen, nicht nur zwischen Nord und Süd? Welche post-kolonialen und rassistischen Stereotype sind mit dem Sektor verbunden? Soll und kann Reproduktionsarbeit eine ‚Arbeit wie jede andere' werden? Sollte der Fokus von Aktivistinnen und Gewerkschaften nicht darauf liegen, die Reproduktionsarbeit gerechter zwischen den Geschlechtern zu verteilen? In vielen Staaten geht der Trend zu einer Zunahme an haushaltsnahen Dienstleistungen, also einer Kommodifizierung, nicht in Richtung der Umverteilung zwischen den Geschlechtern. Vielfach besteht auch eine Förderung von Besserverdienenden beispielsweise durch die steuerliche Absetzbarkeit von Ausgaben für Haushaltsdienstleistungen. Welche normativen Grundlagen und welche daraus resultierenden praktischen Modelle und Regelungen für die Erledigung von haushaltsnahen Dienstleistungen wünschenswert ist, wird allerdings zurzeit wenig diskutiert und spielt auch bei der ILO kaum eine Rolle (s.a. Apitzsch, Gerhard, Jurczyk, Lutz/Palenga-Möllenbeck und Rerrich in diesem Band).

Wie könnte nun ein ILO-Instrument zur Haushaltsarbeit aussehen? Das Abschlussdokument der Verhandlungen auf der 99. Internationalen Arbeitskonferenz im Juni 2010 enthält einen ausformulierten Vorschlag (ILO 2010b: 211-225). Die Definition von Haushaltsarbeit ist sehr weit gefasst. Ein/e HaushaltsarbeiterIn ist eine Person, die „in or for a household or households" arbeitet oder „any person engaged in domestic work within an employment relationship" (ebd.: 211). Es werden folgende Maßnahmen der Regulierung vorgeschlagen: Haushaltsarbeiterinnen müssen über die Bedingungen ihrer Beschäftigung informiert werden; sie genießen effektiven Schutz; sie können frei verhandeln, ob sie im Haushalt leben wollen (live-in) oder außerhalb (live-out); sie dürfen ihre Pässe behalten; die wöchentliche Ruhezeit muss mindestens 24 Stunden am Stück umfassen; es soll ein Mindestlohn, eine Sozialversicherung inklusive Mutterschutz existieren; sie sollen einen schriftlichen Vertrag erhalten und einen bezahlbaren und einfachen Zugang zur Arbeitsgerichtsbarkeit. Zur Umsetzung dieser Maßgaben sollen ILO-Mitgliedsstaaten ArbeitgeberInnen, Gewerkschaften und – insofern diese existieren – Organisationen, die Haushaltsarbeiterinnen und ihre Arbeitgeberinnen repräsentieren, konsultieren (ebd.: 213). In einer Empfehlung werden diese Grundsätze weiter spezifiziert (ebd.: 218-225). Aufgrund des Mandats der ILO sind die Vorschläge auf Fragen der Arbeitsbedingungen fokussiert. Das Thema der (irregulären) Migration wird kaum offen angesprochen. Dies wird sowohl kritisiert, weil Migrantinnen somit unsichtbar werden, als auch für eine richtige Strategie befunden, um eine Konvention nicht am kontroversen Thema Migration scheitern zu lassen und die Universalität der kodifizierten Rechte zu betonen. Insbesondere die Regierungen der

Europäischen Union haben sich auf der ILO-Konferenz 2010 dezidiert gegen den Einbezug von irregulären MigrantInnen ausgesprochen, wohingegen die USA diese einbezogen sehen möchte.

12.6 Ausblick

Es konnte gezeigt werden, dass anlässlich der Thematisierung von Haushaltsarbeit durch die ILO Organisierungsprozesse auf verschiedenen Ebenen angestoßen wurden. Diese sind teils verbunden mit langjährigen Aktivitäten von Haushaltsarbeiterinnen, teils haben neue Akteure das Thema für sich entdeckt. Das Entstehen von transnationalen Bewegungen ist voraussetzungsreich und die Zusammenarbeit von Personen, die sich selten sehen und zumeist nicht kennen, schwierig (Tarrow 2005: 5). Im Fall der Netzwerke von Haushaltsarbeiterinnen ist die Schließung der Repräsentationslücke zwischen der lokalen und transnationalen Ebene durch regionale Netzwerke erst im Ansatz erfolgt. Auch folgen transnationale Netzwerke und Gewerkschaften unterschiedlichen Logiken. Internationale Organisationen agieren ihrerseits mit einer anderen Logik. So ist durch die Aktivitäten der ILO ein Handlungsdruck entstanden, den Aktivistinnen einerseits zwar begrüßen, andererseits betonen sie, dass Organisierungsprozesse von unten mehr Zeit bedürfen als der ILO-Zeitplan erlaubt. Um dem entgegenzuwirken, sind die strategischen Lernprozesse bedeutsam, um beispielsweise im Vergleich zur Heimarbeitskonvention bessere Ergebnisse zu erzielen und Akteuren, die bislang mit den Verfahren der ILO nicht vertraut sind und deren Präsenz nicht vorgesehen ist, eine Stimme auf dem ILO-Terrain zu geben.

Als zweites Ergebnis ist festzuhalten, dass das Thema der Haushaltsarbeit sehr vielschichtig ist, denn es treffen vier Problemkomplexe und spezifische Regime zusammen: Geschlechterverhältnisse und die innerfamiliäre Verteilung von Haushaltsarbeiten, Sorgeregime als Teil von Wohlfahrtsregimen und Migrationsregime. Außerdem muss den widerstreitenden Interessen von Sende- und Zielländern sowie der MigrantInnen Rechnung getragen und Arbeitsregime in der ILO mandatsbegründet auf das Thema Arbeit konzentriert werden. Meines Erachtens ist die Dimension der Anerkennung von Haushaltsarbeit als Erwerbsarbeit ein wichtiger Fortschritt für eine Politik der Rechte, auch von Migrantinnen. Im Alltagswissen Vieler zählt bezahlte Haushaltsarbeit allerdings immer noch zum Privatbereich, sind ‚Hausmädchen' Teil der Familie, diese Position vertraten auch einige Regierungen – vor allem des Golfkooperationsrates – offen auf der ILO-Konferenz. Aus feministischer Perspektive sind die Fragen des Verhältnisses von öffentlich und privat sowie die Verteilung von Reproduktions- und Sorgetätigkeiten immer noch ungeklärt. Haushaltsnahe Dienstleistungen sind von denjenigen mit finanziellen Ressourcen einkaufbar, aber die geschlechtliche Arbeitsteilung wird nicht grundsätzlich verändert, sondern es findet eine Auslagerung möglicher Konflikte zwischen Männern und Frauen statt.

Das dritte Ergebnis bezieht sich auf die Bedeutung der diskutierten ILO-Konvention. Diese liegt meines Erachtens weniger in dem konkreten und durch das Mandat notwendigerweise begrenzten juristischen Instrumentarium, sondern in den Prozessen, die angestoßen bzw. vorangetrieben wurden: Erstens gibt es für die bis dato unsichtbaren Arbeiterinnen neue Öffentlichkeiten. Unzählige Veranstaltungen werden von Gewerkschaften, internationalen Organisationen und anderen organisiert, zu denen häufig auch Repräsentantinnen von Hausarbeiterinnenorganisationen eingeladen werden. Zweitens kann die Diskussion um eine Konvention zu Haushaltsarbeit zur Erneuerung der Gewerkschaftsbewegung beitragen, indem Gewerkschaften neue Gruppen von Beschäftigten organisieren, sowie neue Formen der Organisierung und Kooperation mit anderen zivilgesellschaftlichen Gruppen erproben und etablieren (Fonow/Franzway 2007: 165). Drittens kann die Diskussion und später das Instrument von Selbstorganisationen und Lobbyorganisationen als „organizing tool" (Prügl 2009) und zur Argumentationshilfe genutzt werden. Es hilft, die schon lange bestehenden Forderungen von Haushaltsarbeiterinnen mit neuer Legitimation zu versehen. Während des vermutlich langwierigen Prozesses der Ratifizierung und Implementation wird sich zeigen, ob die Verankerung des Themas auf lokaler und nationaler Ebene bei den Gewerkschaften Früchte trägt und die Aufmerksamkeit für das Thema gehalten werden kann.

Literatur

Ally, Shireen (2009): From Servants to Workers. South African Domestic Workers and the Democratic State. Ithaka, London: Cornell University Press.

Basu, Amrita (Hrsg.) (2010): Women's Movements in the Global Era. The Power of Local Feminisms. Philadelphia: Westview Press.

Chang, Kimberly A./Ling, L.H.M. (2000): Globalization and its Intimate Other: Filipina Domestic Workers in Hong Kong. In: Marchand, Marianne H./Runyan, Anne Sisson (Hrsg.): Gender and Global Restructuring. Sightings, Sites and Resistances. London, New York: Routledge, S. 27-43.

Domestic Workers Conference, Amsterdam (2006): Respect and Rights – Protection for Domestic/Household Workers! Report of the international conference, Amsterdam, 8-10.11.2006. http://en.domesticworkerrights.org/?q=node/21.

Fonow, Mary Margaret/Franzway, Suzanne (2007): Transnational Union Networks, Feminism and Labour Advocacy. In: Schmidt, Verena (Hrsg.): Trade Union Responses to globalization. A review by the Global Union Research Network. Geneva: ILO, GURN, S. 165-175.

Gamburd, Michele Ruth (2000): The Kitchen Spoon's Handle: Transnationalism and Sri Lanka's Migrant Housemaids. Ithaka: Cornell University Press.

Heimeshoff, Lisa-Marie/Schwenken, Helen (2010): Domestic Workers Worldwide. Summary of Available Statistical Data and Estimates. International Labour Conference, 99th Session, June 2010. Geneva: International Domestic Workers' Network.

ILO, International Labour Organisation (2006): ILO Multilateral Framework on Labour Migration. Non-binding principles and guidelines for a rights-based approach to labour migration. Geneva: ILO.

ILO, International Labour Office (2009): Decent Work for Domestic Workers. Law and Practice Report IV (1). Powerpoint Presentation. http://www.ilo.org/public/english/protection/condtrav/pdf/dw_ppt_eng.pdf (13.09.2009).

ILO, International Labour Office (2010a): Decent Work for Domestic Workers. Report IV(2). International Labour Conference, 99th Session, 2010. Geneva: ILO.

ILO, International Labour Organization (2010b): Committee on Domestic Workers. Draft report. International Labour Conference, 99th Session, Geneva, June 2010, C.T.D./D.227. Geneva: ILO.

Lutz, Helma (2008): Introduction: Migrant Domestic Workers in Europe. In: Lutz, Helma (Hrsg.): Migration and Domestic Work. A European Perspective on a Global Theme. Aldershot: Ashgate, S. 1-10.

Nuriyati, Dina/Pabon, Rebeca (2009): Migrant Domestic Workers Movement: Domestic Workers Groups and Trade Union Relation in the Case of Hong Kong and Amsterdam. Master Thesis Submitted to the Global Labour University, University of Kassel and Berlin School of Economics and Law. Kassel, Berlin.

Oishi, Nana (2005): Women in Motion: Globalization, State Policies, and Labor Migration in Asia. Stanford: Stanfort University Press.

Pape, Karin (2009a): Betreten der internationalen Bühne. Hausangestellte organisieren sich zur Einforderung global geltender Standards. In: Frauen-Solidarität, 3, S. 26-27.

Pape, Karin (2009b): Presentation given at the Workshop „Strategies for Empowerment of (Migrant) Domestic Workers", International Center for Development and Decent Work/University of Kassel, 30.11-01.12.2009. Geneva.

Prügl, Elisabeth (2009): Processes of Empowering and Disempowering Domestic Workers. Paper given at the Workshop „Strategies for Empowerment of (Migrant) Domestic Workers", International Center for Development and Decent Work/University of Kassel, 30.11.-01.12.2009 (unpublished manuscript). Geneva.

Rodriguez, Robyn Magalit (2010): Migrants for Export: How the Philippine State Brokers Labor to the World. Minneapolis, London: University of Minnesota Press.

Schmidt, Verena (2007): Combing Bottom Up and Top Down: The Gender Mainstreaming Policy of the International Labour Organization. In: Lenz, Ilse/Ullrich, Charlotte/Fersch, Barbara (Hrsg.): Gender orders unbound: Towards new reciprocity and solidarity? Opladen, Farmington Hills: Barbara Budrich Publishers, S. 251-276.

Schwenken, Helen (2006): Rechtlos, aber nicht ohne Stimme. Politische Mobilisierungen um irreguläre Migration in die Europäische Union. Bielefeld: transcript.

Shinozaki, Kyoko (2005): Making Sense of Contradictions: Examining Negotiation Strategies of ‚Contradictory Class Mobility' in Filipina/Filipino Domestic Workers in Germany. In: Geisen, Thomas (Hrsg.): Arbeitsmigration. WanderarbeiterInnen auf dem Weltmarkt für Arbeitskräfte. Frankfurt a. M., London: IKO-Verlag für Interkulturelle Kommunikation, S. 259-279.

Tarrow, Sidney (2005): The New Transnational Activism. New York: Cambridge University Press.

Autorinnenverzeichnis

Ursula Apitzsch ist seit 1993 Professorin für Politik und Soziologie im Schwerpunkt „Kultur und Entwicklung" am Fachbereich Gesellschaftswissenschaften der Goethe-Universität Frankfurt a. M. und Mitglied des Centrums für Frauenstudien und die Erforschung der Geschlechterverhältnisse. Seit 2007 geschäftsführende Direktorin des Centrums (jetzt: Cornelia Goethe Centrum). Buchveröffentlichungen u.a.: *Migration und Biographie,* Bremen 1990; *Neurath-Gramsci-Williams; Theorien der Arbeiterkultur und ihre Wirkung,* Hamburg 1993; *Migration und Traditionsbildung,* Opladen 1999; *Migration, Biographie und Geschlechterverhältnisse* (Hrsg., mit Mechtild M. Jansen), Münster 2003; *Biographical Methods and Professional Practice* (Hrsg., mit Prue Chamberlayne), Bristol 2004; *Self-Employment Activities of Women and Minorities* (Hrsg., mit Maria Kontos), Wiesbaden 2008.

Margrit Brückner ist Professorin an der Fachhochschule Frankfurt a.m., Fachbereich Soziale Arbeit und Gesundheit; Soziologin, Gruppenanalytikerin und Supervisorin (DGSv); zusammen mit Prof. Dr. Monika Simmel-Joachim Vorsitzende des Arbeitskreises „Häusliche Gewalt" des Präventionsausschusses des Landes Hessen; Vertrauensdozentin im Studienwerk der Heinrich Böll Stiftung; Veröffentlichungen über Geschlechterverhältnisse, Gewalt gegen Frauen, Frauen- und Mädchenprojekte, das Unbewusste in Institutionen, Internationale Care-Debatte; neuestes Forschungsprojekt: *Wer sorgt für wen? Sorgeprozesse und Netze des Sorgens im Kontext sich wandelnder Geschlechter- und Generationenbeziehungen*; neueste Buchveröffentlichung: *Lebenssituation Prostitution – Sicherheit, Gesundheit und soziale Hilfen.* Mit Christa Oppenheimer, Königstein: Ulrike Helmer 2006; neuester Aufsatz: *Gewalt in Paarbeziehungen.* In: Lenz, Karl/Nestmann, Frank (Hrsg.): *Handbuch Persönliche Beziehungen.* Weinheim/München: Juventa 2009, S. 791-811.

Ute Gerhard ist Professorin für Soziologie und war von 1987 bis zu ihrer Emeritierung 2004 Inhaberin des ersten bundesdeutschen Lehrstuhls für Frauen- und Geschlechterforschung an der Johann Wolfgang Goethe-Universität Frankfurt am Main. Sie ist Mitbegründerin des Cornelia Goethe Centrums und war bis 2004 geschäftsführende Direktorin. Veröffentlichungen zu Geschichte und Theorie des Feminismus, Sozial- und Gleichstellungspolitik, Rechtsgeschichte und Rechtssoziologie, Veröffentlichungen u.a.: *Frauenbewegung und Feminismus. Eine Geschichte seit 1789.* Frankfurt a. M.: Fischer 2009; *Gendering Citizenship in Western Europe: New Challenges for Citizenship Research in a Cross-National Context.* (Hrsg. mit Lister, Ruth et al.),

Bristol: Policy Press 2007; (Hrsg.): *Working mothers in Europe. A comparison of policies and practices.* Cheltenham u. a.: Elgar 2005.

Arlie Hochschild (Soziologin) ist Professorin an der Universität von Kalifornien, Berkeley. Ihre Forschungsschwerpunkte sind die Kommerzialisierung des intimen Lebens, Care und Migration sowie Emotionssoziologie. Sie ist Preisträgerin des A.S.A. Jessie Bernard Award und des Public Understanding of Sociology Award. Drei ihrer Bücher wurden von der New York Times Book Review als "notable books of the year" ausgewählt, zwei sind die Grundlage von Theaterstücken. Ihre Arbeit wurde in 14 Sprachen übersetzt. Veröffentlichungen u.a.: *Keine Zeit. Wenn die Firma zum Zuhause wird und zuhause nur Arbeit wartet.* Opladen: Leske+Budrich 2002; *Das gekaufte Herz. Die Kommerzialisierung der Gefühle.* Frankfurt a. M. u.a.: Campus-Verlag 2006; *Der 48-Stunden-Tag. Wege aus dem Dilemma berufstätiger Eltern.* (mit Anne Machung), Wien u. a.: Zsolnay 1990; *Global Woman. Nannies, Maids, and Sex Workers in the New Economy.* (Hrsg. mit Barbara Ehrenreich) New York: Metropolitan Books, 2002. Zurzeit beendet sie das Buch "Personal Life on the Commodity Frontier".

Karin Jurczyk ist seit 2002 Leiterin der Abteilung Familie und Familienpolitik am Deutschen Jugendinstitut e.v., München. Promotion zur Dr. phil. 1988 an der Universität Bremen über „Familienpolitik als andere Arbeitspolitik". Wissenschaftliche Mitarbeiterin an der Universität München in den Sonderforschungsbereichen 101 und 333 von 1979 bis 1993. Forschung zu geschlechtsspezifischer Arbeitsteilung, Gender, alltäglicher Lebensführung und Zeit. Lehrtätigkeiten an verschiedenen Universitäten. Gründungsmitglied der Frauenakademie München e.V. (FAM). Aktuelle Arbeitsschwerpunkte: Elternschaft und Arbeitswelt, Gender und Familie, Familien- und Zeitpolitiken, Hilfen für Familien und Doing Family. Kooptiertes Mitglied im 7. Familienbericht der Bundesregierung. Veröffentlichungen u.a.: *Entgrenzte Arbeit – entgrenzte Familie. Grenzmanagement im Alltag als neue Herausforderung.* Berlin: Ed. Sigma 2009; *Das Private neu denken. Erosionen, Ambivalenzen, Leistungen.* (Hrsg.), Münster: Westfälisches Dampfboot 2008.

Juliane Karakayalı ist Professorin am Lehrstuhl für Soziologie an der Evangelischen Hochschule Berlin. Sie studierte Soziologie, Germanistik und Erziehungswissenschaften an den Universitäten Hannover, Göttingen und Kassel. An der Goethe-Universität Frankfurt promovierte sie über die Frage, welche Effekte die Politik der Regulierung auf die Arbeit der in Haushalten beschäftigten transnationalen ‚care workers' hat und welche Handlungsstrategien die Migrantinnen im Umgang mit ihrer meist prekären Arbeitssituation entwickeln. Sie ist Mitglied im Netzwerk kritische Migrationsforschung. Ihre

Arbeitsschwerpunkte sind: Migration, soziale Ungleichheit, Geschlechter- und Biografieforschung. Veröffentlichung z.b.: *Transnational Haushalten. Biografische Interviews mit care workers aus Osteuropa.* Wiesbaden: VS-Verlag 2010.

Helma Lutz ist Professorin für Frauen- und Geschlechterforschung am Fachbereich Gesellschaftswissenschaften der Goethe-Universität Frankfurt a.m. Ihre Arbeitsschwerpunkte sind die Verbindung von Geschlecht und Migration, Intersektionalität, Rassismus- und Ethnizitätsforschung sowie Biografieforschung. Neuere Veröffentlichungen: *Care Work Migration in Germany: Semi-Compliance and* Complicity. In: Social Policy and Society, Volume 9, Issue 03, July 2010 (zus. mit Ewa Palenga-Möllenbeck); *Gender mobil? Geschlecht und Migration in transnationalen Räumen.* Münster: Westfälisches Dampfboot 2009; *Migration and Domestic Work: A European Perspective on a Global Theme* (Hrsg.), Aldershot: Ashgate 2008; *Vom Weltmarkt in den Privathaushalt. Die neuen Dienstmädchen im Zeitalter der Globalisierung.* Leverkusen/Opladen: Barbara Budrich 2007.

Ewa Palenga-Möllenbeck ist Soziologin, M.A. in European Culture and Economy. Wiss. Mitarbeiterin in dem DFG-geförderten Forschungsprojekt "Landscapes of Care Drain: Care provision and Care Chains from the Ukraine to Poland and from Poland to Germany" an der Goethe-Universität Frankfurt a.m. Ihre Arbeitsschwerpunkte sind Migration, Transnationalisierung sowie qualitative Forschungsmethoden. Veröffentlichungen u.a.: *„Die unsichtbaren ÜbersetzerInnen" in transnationaler Forschung: Übersetzung als Methode.* In: Lutz, H. (Hrsg.): *Gender Mobil? Geschlecht und Migration in transnationalen Räumen.* Münster: Westfälisches Dampfboot 2009; *Das Care-Chain-Konzept auf dem Prüfstand. Eine Fallstudie der transnationalen Care-Arrangements polnischer und ukrainischer Migrantinnen.* In: Metz-Göckel, S./Bauschke Urban, C. (Hrsg.): *Sonderausgabe von GENDER. Zeitschrift für Geschlecht, Kultur und Gesellschaft* 1/2011 (zus. mit Helma Lutz, in Vorb.).

Rhacel Salazar Parreñas ist seit 2007 Professorin für Asian American Studies und der Graduate Group of Sociology an der Universität von Kalifornien, Davis. Ihre Arbeitsschwerpunkte sind Frauen und Migration, Arbeit und Globalisierung mit dem empirischen Schwerpunkt auf den Philippinen. Veröffentlichungen u.a.: *The Force of Domesticity. Filipina Migrants and Globalization.* New York u.a.: New York Univ. Press 2008; *Children of global migration. Transnational families and gendered woes.* Stanford: Stanford Univ. Press 2008; *Asian diasporas. New formations, new conceptions* (Hrsg.). Stanford: Stanford Univ. Press 2007; *Servants of Globalization:*

Women, Migration, and Domestic Work. Stanford: Stanford University Press 2001.

Maria Rerrich ist seit 1993 Professorin für Soziologie an der Fakultät für angewandte Sozialwissenschaften der Hochschule München. Von 2004-2007 war sie aus familiären Gründen beurlaubt, um ihrem in den USA erkrankten Mann und ihrem pflegebedürftigen Vater in Schweden beizustehen. In diesen Jahren sammelte sie persönliche Erfahrungen mit Care und Transmigration und bekam wertvolle Einblicke in die Vorzüge und Mängel unterschiedlicher institutioneller Care-Arrangements. Ihre aktuellen Arbeitsschwerpunkte sind: soziale Ungleichheit und Geschlecht, Veränderungen der alltäglichen Lebensführung, Globalisierung des privaten Haushalts sowie Care, Migration und zivilgesellschaftliche Partizipation. Veröffentlichungen u.a.: *Weltmarkt Privathaushalt. Bezahlte Haushaltsarbeit im globalen Wandel* (Hrsg. mit Claudia Gather und Birgit Geissler) Münster: Westfälisches Dampfboot 2002, 2. Aufl. 2008; *Die ganze Welt zu Hause. Cosmobile Putzfrauen in privaten Haushalten.* Hamburg: Hamburger Edition 2006.

Agnieszka Satola, 1999-2004 M.A. in Soziologie (Jagielloński Universität in Kraków). Seit 2006 Promotionsstudium an der Goethe-Universität in Frankfurt über Biografie und Professionalität am Beispiel polnischer Migrantinnen, die in Deutschland illegal beschäftigt werden. Von 2006 bis 2008 Mitarbeiterin bei dem europäischen Forschungsprojekt "Integration of Female Immigrants in Labour Market and Society. Policy Assessment and Policy Recommendations" (FeMiPol) am Institut für Sozialforschung in Frankfurt a. M. Seit 2008 Doktorandin am Institut für Sozialforschung, Lehrbeauftragte an der Fachhochschule Frankfurt am Main am Fachbereich Soziale Arbeit und an der Hochschule Fulda im Fachbereich Sozial- und Kulturwissenschaften. Mitglied des Instituts für Migrationsstudien und interkulturelle Kommunikation an der Fachhochschule Frankfurt am Main (IMiK). Seit Mai 2008 Promotionsstipendiatin der Heinrich-Böll-Stiftung.

Marianne Schmidbaur ist seit 2008 Wissenschaftliche Koordinatorin des Cornelia Goethe Centrums für Frauenstudien und die Erforschung der Geschlechterverhältnisse. Forschungsprojekte u.a. „Employment and Women's Studies. The Impact of Women's Studies Training on Women's Employment in Europe" und „Wer sorgt für wen? Sorgeprozesse und Netze des Sorgens im Kontext sich wandelnder Geschlechter- und Generationenbeziehungen" (zus. mit Margrit Brückner). 2003 Cornelia-Goethe-Preis für herausragende wissenschaftliche Forschung auf dem Gebiet der Frauen- und Geschlechterforschung. Arbeitsschwerpunkte: historische und neue Frauenbewegungen, feministische Theorie, Professionssoziologie, Gender Studies und Care-

Soziologie. Veröffentlichungen u.a.: *Vom „Lazaruskreuz" zu „Pflege Aktuell": Professionalisierungsdiskurse in der deutschen Krankenpflege 1903-2000.* Königstein/Taunus: Helmer 2002; *Ideen und Ideale. Beiträge zur Ideengeschichte der Frauenbewegung.* (Hrsg., mit Cornelia Wenzel), Kassel 2007.

Helen Schwenken ist promovierte Sozialwissenschaftlerin und arbeitet an der Universität Kassel. Ihre Forschungsinteressen liegen in den Bereichen Arbeitsmigration, feministische Theorie und soziale Bewegungsforschung. In ihrem Buch „Rechtlos aber nicht ohne Stimme" (2005) hat sie die politischen Mobilisierungen von undokumentierten Hausarbeiterinnen untersucht. Im Rahmen des International Center for Development and Decent Work koordiniert sie derzeit verschiedene Forschungsprojekte zu Haushaltsarbeit, insbesondere zum Verhältnis von Gewerkschaften und Hausarbeiterinnen sowie zu ihren Organisierungsstrategien. In der Deutschen Vereinigung für Politische Wissenschaft ist sie Ko-Sprecherin des Arbeitskreises Politik und Geschlecht. Veröffentlichung u.a.: *Rechtlos, aber nicht ohne Stimme. Politische Mobilisierungen um irreguläre Migration in die Europäische Union.* Bielefeld: Transcript 2006.